딥러닝
모델 설계를
떠받치는
기술

딥러닝이
안 풀릴 때 보는
케라스
해법 정리서

딥러닝 모델 설계를 떠받치는 기술
딥러닝이 안 풀릴 때 보는 케라스 해법 정리서

지은이 마이크 베르니코

옮긴이 박진수

펴낸이 박찬규 엮은이 김윤래 디자인 북누리 표지디자인 Arowa & Arowana

펴낸곳 위키북스 전화 031-955-3658, 3659 팩스 031-955-3660

주소 경기도 파주시 문발로 115, 311호 (파주출판도시, 세종출판벤처타운)

가격 25,000 페이지 296 책규격 175 x 235mm

초판 발행 2019년 01월 22일

ISBN 979-11-5839-132-4 (93000)

등록번호 제406-2006-000036호 등록일자 2006년 05월 19일

홈페이지 wikibook.co.kr 전자우편 wikibook@wikibook.co.kr

이 도서의 국립중앙도서관 출판시도서목록 CIP는
서지정보유통지원시스템 홈페이지(http://seoji.nl.go.kr)와
국가자료공동목록시스템(http://www.nl.go.kr/kolisnet)에서 이용하실 수 있습니다.
CIP제어번호 CIP2019000516

딥러닝
모델 설계를
떠받치는
기술

딥러닝이
안 풀릴 때 보는
케라스
해법 정리서

마이크 베르니코 지음
/
박진수 옮김

Packt> 위키북스

내 아내 라나에게,
당신의 사랑과 지지로 인해 내 인생에서
최고의 신기원을 이루었소.

내 아들 윌리엄에게,
이 책에 더 많은 공룡이 나오지 않은 점에 실망한 내 아들.

우리 어머니 샤론에게,
그리고 결단과 유연성이 왜 더 중요한지를 가르쳐 주신
아버지를 추념하며.

역자 서문

- 실무에 필요한, 정말 놀라운 딥러닝 기법들과 당장 사용할 만한 최신 모델을 담은 책.

- 흔히 보기 힘든 첨단 해법들을 전체 맥락 속에서 이해할 수 있게 잘 정리한 책.

- 그렇지만 딥러닝/머신러닝과 케라스와 파이썬을 접해 본 사람이 따라 해 볼 수 있는 책.

- 어쨌든 딥러닝의 벽에 부딪쳐 해결책을 찾아야 할 때 참고할 만한 책.

이 책을 네 문장으로 정리하라고 하면 이렇게 말을 할 수 있을 것이다. 저자는 케라스로 이러한 기법들을 구현해 볼 수 있게 함으로써, 저수준 라이브러리를 써야 한다면 쉽게 다가서지 못 할 법한 첨단 기법들을 구현해 볼 수 있게 했다.

할 말은 많아도 내용 자체가 말하게 하는 편이 나으리라고 생각하며 책을 소개하는 말은 이것으로 줄인다.

참고로 이 책의 코드에 나오는 주석을 깃 저장소에 올려져 있는 코드 파일과 달리 모두 우리말로 번역해 이해하기 쉽게 했다.

마지막으로 감사하는 말을 빠트리면 안 될 것 같다. 이 책을 번역할 수 있게 해 준 출판사와 관계자 모든 분께 고마움을 전한다.

> **참고** _ 이 책에는 윈도우에서 텐서플로 GPU 버전과 케라스를 설치해 실행하는 방법이 나와 있지 않다. 옮긴이가 다시 설명할 수도 있겠으나 인터넷에서 얼마든지 설치 방법에 관한 정보를 찾을 수 있고 또 어렵지 않으므로 따로 언급하지는 않았다(깔끔하게 설명한 곳으로는 https://m.blog.naver.com/chrhdhkd/221082575543를 추천한다). 다만 한 가지 주의할 점은 텐서플로가 파이썬 3.5 버전에서 작동한다는 점이다. 그러므로 아나콘다를 설치하는 경우에는 3.7 버전으로 설치하더라도 가상 실행 환경을 구성할 때는 다음과 같이 python=3.5로 지정해야 한다. 이 밖에도 여러 의존성 문제가 있으니 설치 시 신중해야 하고, 간간이 이로 인해 오류가 발생하는 경우도 있는데 이럴 때도 의존성 문제 중심으로 풀면 될 것이다.
>
> ```
> c:\> conda create -n py35 python=3.5 anaconda
> ```
>
> 그리고 주피터 노트북이나 아나콘다의 스파이더와 같은 에디터를 사용할 때는 꼭 가상 환경에서 실행해야 텐서플로나 케라스 라이브러리를 사용할 수 있다는 점도 잊지 말자. 예를 들어 가상 실행 환경에 py35라면 다음과 같이 프롬프트 상에서 명령하면 된다.
>
> ```
> (py35) c:\> spyder
> ```

박진수(arigaram@daum.net)

추천사

포춘 지가 선정한 50대 기업 중 한 곳에서 처음으로 마이크 베르니코를 만났다. 그리고 나서 열중하는 시간이 이어졌는데, 공식적인 데이터 과학 교육 같은 게 없어서 우리는 모두 독학을 했다. 배경이 다양하고 모험심 많은 사람들이 모여 데이터 과학 기술을 구별하고 학습했는데, 우리가 관심을 둔 문제를 데이터 과학 기술들로 해결하기를 바랐기 때문이다. 야생 같은 환경 속에서도 흥미로우면서도 쓸 만한 것을 구축할 수 있다는 믿음을 바탕으로 낙관적인 해커 같은 방식으로 일하는 팀을 구성했다.

그러한 마음가짐이란 그가 이 책에 써 놓은 실용적이면서도 철저한 정신을 말한다. 딥러닝은 종종 신비하면서도 난해한 방식으로 만들어져 나온다. 그러나 이 지침서 속에서 마이크는 주요 딥러닝 기법을 분류함으로써 쉽게 접근해 쉽게 응용할 수 있게 했다. 이 책을 통해 여러분(바로 여러분!)은 다양한 형식으로 자신의 일에 딥러닝을 간단히 도입할 수 있다.

그는 학과가 개설되기 전부터 데이터 과학을 실천해 왔으며 3년간 대학생들에게 이 주제를 가르치고 있다. 그 전까지 그는 오랫동안 신경망 및 전문 보안 분야의 컴퓨터 과학자로 지내 왔기 때문에 사람들과 어울리는 일이나 비전문가와 소통하는 일에 익숙하다. 현재 대규모 금융 서비스 회사의 선임 데이터 과학자로 근무하며, 데이터 과학 시스템을 설계하고, 바로 응용하는 데 쓸 머신러닝 모델과 연구 결과를 펴내기 위한 머신 러닝 모델을 구축하며, 햇병아리 데이터 과학자들을 인도하고, 이해 관계자에게 데이터 과학을 가르친다. 한마디로 다재다능한 사람이다.

이 책을 통해 그의 깊은 경험과 유머 및 현실감 있는 방식의 이점을 누릴 수 있다. 여러분이 이 책을 떼고 나면 취미에 관련해서이든 아니면 일과 관련해서이든 딥러닝을 이해하며 자신이 당면한 문제에 딥러닝을 적용할 수 있다는 점을 알고 확신하게 될 것이다.

그럼 여행을 즐기면서 즐겁게 파고 들어보기 바란다!

J. 말리아 앤드류스 박사(J. Malia Andrus, Ph.D.)
데이터 과학자
시애틀 워싱턴

저자

마이크 베르니코(Mike Bernico)는 스테이트팜 상호금융(State Farm Mutual Insurance Companies)의 수석 데이터 과학자이다. 또한 스프링 필드에 자리 잡은 일리노이 대학교에서 초빙 교수로 일하면서 데이터 과학 요론과 고급 신경망 및 딥러닝을 가르친다. 같은 대학교에서 석사 학위를 받았다. 오픈소스 소프트웨어 옹호자로서 오픈소스가 세상에 끼칠 이점을 지지한다. 자전거 타기, 여행 사진 촬영 및 과실주 만들기와 같은 엄청난 취미 생활을 즐기면서도 늘 배우려고 애쓴다.

우정, 전문 기술 및 격려로 지원해 준,
현재와 과거의 매우 재능 있는
우리 회사 소속 데이터 과학자들에게 감사드린다.

이 책에 대한 통찰력과 도움을 준 기술 검토자분들께도 감사드린다.
그 누구보다도 내 아내인 라나와 내 아들 윌이
이 책에 필요한 시간을 내어 주어 고마움을 전한다.

감수자

비토르 비앙키 란제따(Vitor Bianchi Lanzetta)는 남미에서 가장 명망 있는 대학교 중 하나인 상 파울로 대학교에서 응용 경제학 석사 학위를 받았다. 신경망을 사용하여 경제에 관한 연구를 많이 해왔다. 그래서 "R Data Visualization Recipes"(R 데이터 시각화 기법, 팩트 출판사)를 저술했다. 일상적으로 데이터 과학에 큰 열정을 지닌 채로 자신이 괴짜만큼 시원시원하다고 스스로 믿으며 온 세상을 배회한다. 여러분이 이 책에서 많은 것을 배울 것이라는 점과 텐서플로가 현재 사용 가능한 것 중에서 가장 멋진 딥러닝 도구가 될 것이라는 점을 생각한다.

04

**딥러닝으로
이진 분류 문제를 풀기**

07

CNN을
처음부터 훈련하기

10

**처음부터 워드 임베딩으로
LSTM을 훈련하기**

서문

이 책은 딥러닝을 사용하기 위해 빠르게 실용적으로 학습할 수 있는 방법을 보여준다. 실생활 문제에 집중하면서 해당 주제를 독자가 잘 이해하는 데 필요한 이론과 수학을 충분히 제공한다. 딥러닝은 머신러닝의 한 분야로서 흥미롭고 빠르게 발전하고 있지만 무너질 수도 있는 분야야다. 자세하고 복잡한 연구가 매일 이뤄지는 분야여서, 이러한 연구들을 견디기 어려울 수 있기 때문이다. 그래서 이 책에서는 다양한 실용 문제에 적용할 수 있는 기술을 전하는 데에만 집중한다. 여러분이 딥러닝 기술을 사용해 머신러닝 문제를 해결하는 데 필요한 도구들을 이 책에서 찾을 수 있게 되기를 바란다.

이 책을 읽어야 할 사람

나도 데이터 과학을 늘 실천하는 사람으로서 나 이외의 데이터 과학자와 머신러닝 기술자들을 생각하며 이 책을 저술했다. 이 책은 딥러닝을 적용해 보려는 소프트웨어 기술자에게 필요하다.

딥러닝을 그저 연구만 해 볼 생각이라면 이 책이 어울리지 않지만, 이 책의 내용에 논거가 부족하다고 지적하거나 수학적 엄밀함을 비판할 정도까지 생각한다면 이 책이 필요할 것이다.

그렇기 때문에 학자나 교육자라면 이 책이 딱 적당하다. 나는 지난 3년 동안 스프링필드에 자리잡은 일리노이 대학교에서 데이터 과학을 가르치면서 미래의 머신러닝 분야에서 일할 사람들에게 영감을 불어 넣어 줄 기회를 얻었다. 이런 경험을 하는 동안 이런 책을 써 보고 싶어졌다. 나는 이렇게 생겨먹은 책이 학생들에게 아주 복잡한 주제에 흥미를 느끼도록 하기에 좋은 도구라고 생각한다.

이 책에서 다루는 내용

1장 딥러닝 건축 재료에서는 신경망 연산과 관련된 기본 사항을 검토하고, 최적화 알고리즘을 건드려 보며, 모델 검증에 관해 이야기한 다음에 심층 신경망을 만들어 보기에 알맞게 개발 환경을 구축하는 일을 다룬다.

2장 딥러닝으로 회귀 문제를 풀기에서는 아주 간단한 신경망을 만들어 회귀 문제를 풀어 보고, 더 복잡한 모델이 이와 같은 문제에 끼치는 영향을 살펴볼 수 있다.

3장 **텐서보드로 신경망의 훈련 과정을 살펴보기**에서는 곧 바로 텐서보드부터 사용해 볼 텐데, 텐서보드는 여러분이 앞으로 작성하게 될 모델을 관찰해 보완하기에 아주 좋은 애플리케이션이다.

4장 **딥러닝으로 이진 분류 문제를 풀기**에서는 딥러닝을 사용해 이진 분류 문제를 풀 수 있게 한다.

5장 **케라스로 다중 클래스 분류 문제를 풀기**에서는 다중 클래스 분류를 맛보면서 차별점을 알아볼 수 있다. 또한 과적합을 관리하는 일과 그렇게 하기에 가장 적합한 선택지를 다룬다.

6장 **하이퍼파라미터 최적화**에서는 모델을 조율하는 데 쓰이는 두 가지 개별 방식을 보여주는데, 그 중 한 가지는 잘 알려져서 치열한 검증을 거친 것인 반면에 나머지 한 가지는 최첨단 방식이다.

7장 **CNN을 처음부터 훈련하기**에서는 합성곱 신경망을 사용해 이미지를 분류하는 방법을 가르친다.

8장 **사전 훈련 CNN을 사용한 전이 학습**에서는 전이 학습 방식을 적용해 아주 적은 데이터를 가지고도 영상 분류기에서 놀라운 성능을 이끌어 내는 방법을 설명한다.

9장 **RNN을 처음부터 훈련하기**에서는 RNN과 LSTM을 다루면서 이것들을 시계열 예측 문제에 사용하는 방법을 설명한다.

10장 **처음부터 워드 임베딩으로 LSTM을 훈련하기**에서는 LSTM에 관한 논의를 계속하되, 이번에는 자연 언어 분류 과업을 논의한다.

11장 **Seq2Seq 모델을 훈련하기**에서는 기계 번역 용도로 시퀀스-투-시퀀스 모델을 훈련하는 일을 돕는다.

12장 **심층강화학습을 사용하기**에서는 심층강화학습을 소개하고 자율적인 에이전트에 힘을 실어 줄 수 있는 심층 Q 신경망을 구축한다.

13장 **생성적 적대 신경망**에서는 생성적 적대 신경망을 사용해 설득력 있는 이미지를 생성하는 방법을 설명한다.

이 책을 최대한 활용하려면

1. 나는 여러분이 선형 회귀와 로지스틱 회귀 및 랜덤 포레스트와 같은, 더 전통적인 데이터 과학 및 예측 모델링 기법을 경험해 보았을 것이라고 생각한다. 이 책이 여러분에게 머신러닝과 관련된 첫 경험을 하게 하는 자료 라면 여러분에게는 이 책이 조금 어려울 수도 있다.

2. 이 책에서는 또한 여러분이 적어도 파이썬으로 프로그램을 해 본 적이 있다거나, 적어도 자바나 C++와 같은 그 밖의 프로그래밍 언어를 사용하고 있다고 가정한다.

3. 딥러닝은 계산 집약적이어서 이 책에서 구축할 일부 모델은 엔비디아에서 제조한 GPU가 있어야 기다려 줄 만한 시간 내에 실행되는데, GPU가 없다면 아마존 웹 서비스나 구글 클라우드 플랫폼에서 GPU 기반 클라우드 인 스턴스를 사용하면 된다.

예제 코드 파일 내려받기

이 책의 예제 코드 파일을 www.packtpub.com의 계정에서 내려받을 수 있다. 이 책을 다른 곳에서 구입한 경우 www.packtpub.com/support를 방문한 다음에 등록하면 파일을 이메일로 받아 볼 수 있다. 그리고 위키북스 홈페이지 www.wikibook.co.kr에서도 파일을 내려받을 수 있다.

다음 절차를 따르면 코드 파일들을 내려받을 수 있다.

1. www.packtpub.com에 로그인하거나 등록하라.

2. SUPPORT 탭을 선택하라.

3. Code Downloads & Errata를 클릭하라.

4. Search 상자에 책의 이름을 입력하고 화면의 지시를 따른다.

파일을 내려받고 나면 다음에 나오는 것들의 최신판을 사용해 폴더의 압축을 해제해야 한다는 점, 즉 폴더를 풀어야 한다는 점에 유념하라:

- 윈도우용 WinRAR/7-Zip

- 맥용 Zipeg/iZip/UnRarX

- 리눅스용 Zip/PeaZip

책에 나오는 코드 묶음도 깃허브에서 내려받을 수 있다. 주소는 https://github.com/PacktPublishing/Deep-Learning-Quick-Reference이다. 우리는 https://github.com/PacktPublishing/에서 볼 수 있는 다양한 도서 및 영상 소개 내용에서 제공하는 다른 코드 묶음들도 보유하고 있다. 한 번 살펴보기 바란다!

사용된 규칙

이 책 전체에 사용된 많은 글자 표기 규칙이 있다.

본문 내 코드나 이름: 본문 내 코드 단어들, 데이터베이스 테이블 이름, 폴더 이름, 파일 이름, 파일 확장명, 경로 이름, 더미 URL, 사용자 입력 및 트위터 핸들을 나타낸다. 다음은 그 예이다.

"ModelCheckpoint 콜백이 우리에게 하는 일이 바로 그것이다."

코드 블록: 다음과 같이 설정된다.

```python
def binary_accuracy(y_true, y_pred):
    return K.mean(K.equal(y_true, K.round(y_pred)), axis=-1)
```

코드 블록 중에 특정 부분을 강조해야 할 때는 해당 줄이나 해당 항목을 굵게 표시한다.

```python
def build_network(input_features=None):
    inputs = Input (shape=(input_features,), name="input")
    x = Dense (32, activation='relu', name="hidden1") (inputs)
    x = Dense (32, activation='relu', name="hidden2") (x)
    x = Dense (32, activation='relu', name="hidden3") (x)
    x = Dense (32, activation='relu', name="hidden4") (x)
    x = Dense (16, activation='relu', name="hidden5") (x)
    prediction = Dense (1, activation='linear', name="final") (x)
    model = Model(inputs=inputs, outputs=prediction)
    model.compile(optimizer='adam', loss='mean_absolute_error')
    return model
```

명령 행 입력 또는 명령 행 출력: 다음과 같이 작성된다.

```
model-weights.00-0.971304.hdf5
model-weights.02-0.977391.hdf5
model-weights.05-0.985217.hdf5
```

굵은 글꼴: 새 용어나 중요 단어 또는 화면에 표시되는 단어를 나타낸다. 예를 들어 메뉴나 대화 상자의 단어가 이와 같이 본문에 나타난다. 다음은 그 예이다. "**System info**를 **Administration** 패널에서 선택하라."

 경고 또는 중요한 알림을 표시

 팁 또는 트릭을 표시

01

딥러닝 건축 재료

이 책을 읽게 된 것을 환영한다. 이 책에서 나는 데이터 과학자, 머신러닝 기술자, 그리고 딥러닝 방식으로 문제를 풀어야 하는 소프트웨어 기술자에게 딥러닝 기술을 이전보다 더 다가서기 쉽고 실용적이며 소비할 수 있는 방법으로 만들어 보려고 한다. 자신만의 딥러닝을 만들어 훈련하고 싶다면 이 안내서가 도움이 될 수 있을 것이다.

이 책은 문제를 빨리 푸는 데 도움을 주는 실용적인 안내서이다. 주로 딥러닝으로 문제를 풀어야 하는 훈련된 머신러닝 기술자와 데이터 과학자를 위한 것이다. 학습을 시작하는 데 필요한 용어와 프레임워크 및 배경 지식을 제공하는 이번 장을 제외하면 나머지 장은 순서대로 읽지 않아도 된다. 각 장에는 코드와 몇 가지 모범 사례 그리고 안전한 선택지를 골라서 완성한 실용적인 예제가 들어 있다. 그러므로 필요하다고 여기는 장으로 바로 가서 학습을 시작해도 된다.

이 책에서는 딥러닝 및 신경망에 관한 이론을 깊이 다루지는 않을 것이다. 그러한 배경 지식을 제공할 수 있는 훌륭한 책이 많이 있으므로, 그 책(참고문헌이거나 추천도서일 수 있음) 중에 적어도 한 권을 읽어 두기를 강력히 권하는 바이다 우리는 단지 여러분이 이 분야에 진출하는 데 필요한 이론과 수학적 직관을 충분히 제공하기를 바랄 뿐이다.

이번 장에서 다룰 주제는 다음과 같다.

- 심층 신경망 아키텍처
- 딥러닝을 위한 최적화 알고리즘
- 딥러닝 프레임워크
- 딥러닝용 데이터셋 구축

심층 신경망 아키텍처

신경망이 응용되는 분야에 따라서는 심층 신경망 아키텍처의 구조가 크게 다를 수 있어도 몇 가지 기본 구성요소는 모두 들어간다. 이번 단원에서는 이러한 구성요소를 간단하게 설명한다.

이 책에서 나는 심층 신경망을 은닉 계층이 두 개 이상인 신경망으로 정의한다. 게다가 우리는 *딥러닝 클럽* 가입을 제한할 생각이 없다. 따라서 우리가 다룰 신경망들의 뉴런이 100개 미만일 수도 있고, 어쩌면 수백만 개가 될 수도 있다. 우리는 합성곱 계층이나 재귀 계층과 같은 특별한 뉴런 계층을 사용할 수도 있지만, 그래도 우리는 이 모든 것을 뉴런이라고 부를 것이다.

뉴런

1개 뉴런(neuron, 즉 신경세포)은 신경망의 최소 단위이다. 이 뉴런이라는 말이 생물학에서 따온 말이기는 해도 이 책에서는 뉴런이라는 말을 생물학에서 쓰이는 개념과 다른 개념으로 사용한다[1]. 뉴런은 일반적으로 계층별로 배열된다. 이 책에서는 특정 뉴런을 n_k^l 형식으로 지목할 때, 뉴런이 들어 있는 계층을 나타낼 때는 l자를 쓰고, 해당 계층에서 특정 뉴런의 순번을 나타낼 때는 k자를 쓸 것이다. 자릿수를 0부터 세어 나가기 시작하는 프로그래밍 언어를 쓸 것이므로, 이 책에서도 0부터 세어 나가려고 한다.

---

1 (옮긴이) 생물학의 뉴런을 지칭할 때는 신경세포라고 번역하고, 연결주의 관점에서 볼 때 위상기하공간상의 신경망 그래프의 한 정점을 의미할 때는 뉴런이라고 번역했다.

뉴런의 핵심은 대부분 함께 작용하는 함수 두 개로 이뤄져 있다는 점인데, 선형 함수(linear function) 한 개와 활성 함수(activation function)[2] 한 개가 그것이다. 이 두 가지 구성요소를 자세히 살펴보자.

뉴런의 선형 함수

뉴런의 첫 번째 구성요소는 각 입력치(inputs)에 계수(coefficients)를 곱한 다음에 이것을 합산해 출력치(outputs)로 삼는 선형 함수이다. 이 함수는 실제로도 선형 회귀 함수에 다름 아니다. 이때 쓰이는 계수들을 일반적으로 신경망에서는 가중치(weights)라고 부른다. 예를 들어, $x1$, $x2$ 및 $x3$이라는 입력 특징과 출력 z가 있는 일부 뉴런이 주어졌을 때, 여기서 말하는 선형 구성요소, 즉 뉴런의 선형 함수는 다음과 같을 것이다.

$$z = x_1\theta_1 + x_2\theta_2 + x_3\theta_3 + b$$

여기서 $\{\theta_1, \theta_1, \cdots \theta n\}$는 데이터에 부여할 가중치, 즉 계수를 나타내고 b는 편향치(bias)[3]를 나타낸다[4].

뉴런의 활성 함수

뉴런의 두 번째 함수는 뉴런들 사이에 비선형성을 도입하는 알과 관련된 활성 함수이다[5]. 일반적으로 사용되는 활성 함수는 로지스틱 회귀에서 들어 보았을 법한 sigmoid 활성이다[6]. sigmoid 활성은 뉴런의 출력을 매우 큰 z 값이 파생되는 출력 공간으로 압축한다.

시그모이드(sigmoid) 함수[7]는 다음과 같다.

---

2 (옮긴이) 보통 '활성화 함수'라고도 부른다.

3 (옮긴이) 정보통신 분야나 물리학 분야에서는 '바이어스'라고 부르기도 하지만, 통계학 용어로는 편향, 수학 용어로는 치우침으로 불리는 경향이 있다. 그런데 앞으로 나오는 bias, weight, activation, error라는 용어에 대한 개념을 잘 나타내는 우리말로 나타내기 위해서 이 책에서는 각기 편향치, 가중치, 활성치, 오차 값이라고 번역했다.

4 (옮긴이) 일반적으로 가중치를 나타낼 때 w 문자를 쓰기도 한다.

5 (옮긴이) 보통 '활성화 함수'라고 부르기도 한다.

6 (옮긴이) 저자는 활성(activation)과 활성 함수(activation)를 같은 의미로 사용하므로, 활성화(activation)와 구분하기 위해 활성화 함수를 활성 함수로 번역했다.

7 (옮긴이) 활성을 나타낼 때는 sigmoid로, 활성이 아닌 함수 등을 나타낼 때는 시그모이드로 번역해 표기했다.

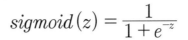

$$sigmoid\,(z) = \frac{1}{1 + e^{-z}}$$

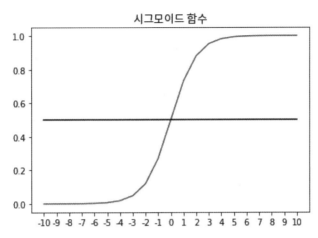

활성 함수가 중간[8]에 자리 잡은 뉴런들에 매우 중요하다는 점이 밝혀져 있다. 활성 함수를 사용하지 않으면 선형 활성(실제로는 활성화가 안 되는 함수, 더 공식적으로 말하자면 $z=z$ 인 활성 함수)들이 있는 뉴런들을 쌓은 스택[9]이 선형 함수가 되어버리고 만다.

선형 함수를 사용하게 되면 당면한 문제에 대해 작성한 신경망이 이런저런 문제를 일으킬 가능성이 높으므로 바람직하지 않다. 다시 말하면, 입력 특징(input features)과 표적 변수(target variables, 우리가 예측하는 것) 사이의 데이터에서 형성되어 있는 비선형 관계 때문에 신경망이 데이터를 모델링하지 못 한다는 말이다.

선형 함수로 모델링을 할 수 없는 함수의 표준 사례로는 배타적 논리합 함수를 들 수 있는데, 이는 다음 그림과 같다.

---

8 (옮긴이) 즉, 신경망의 중간.

9 (옮긴이) 정확히 말하면 뉴런들로 구성된 계층들을 겹겹이 적층한 스택을 말한다.

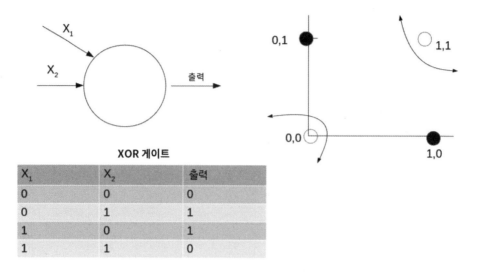

XOR 게이트

X₁	X₂	출력
0	0	0
0	1	1
1	0	1
1	1	0

그 밖에 일반적인 활성 함수로는 tanh, ReLU(rectified linear unit, 정류된 선형 유닛)가 있다.

tanh(hyperbolic tangent, 쌍곡 탄젠트) 함수는 다음과 같다.

$$tanh(z) = \frac{e^z - e^{-z}}{e^z + e^{-z}}$$

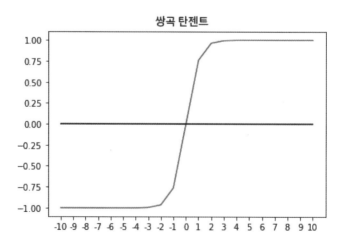

tanh는 일반적으로 중간 계층에서는 sigmoid보다 잘 작동한다. 보다시피, tanh의 출력 구간은 [−1, 1]이고, sigmoid의 출력 구간은 [0, 1]이다. tanh에 보이는 추가 폭이 경사 소멸 문제 또는 경사 폭증 문제로 알려진 현상에서 약간의 회복력을 제공하는데, 자세한 내용은 나중에 설명한다. 지금은 경사 소멸 문제가 신경망의 초기 계층에서 매우 천천히 수렴하게 할 수도 있다는 점을 아는 것으로 충분하다. 그 때문에 tanh를 사용하는 신경망은 sigmoid 활성을 사용하는 신경망보다 다소 빠르게 수렴하는 경향이 있다. 이는 tanh나 sigmoid가 여전히 ReLU만큼 빠르지 않다는 말이기도 하다.

ReLU 즉, 선형 정류 활성은 다음과 같이 정의한다.

$$f(z) = max(0, z)$$

ReLU는 안심하고 쓸 수 있으므로 이 책에서 전반적으로 사용할 생각이다. ReLU는 쉽게 계산하고 미분할 수 있을 뿐만 아니라 경사 소멸 문제(vanishing gradient problem)에 있어서는 탄력적이다. ReLU의 유일한 단점은 1차 미분계수가 정확하게 0으로 정의되지 않는다는 점이다. 리키 렐루(leaky ReLU, 누출형 ReLU)를 비롯한 변형 ReLU들은 계산하기 더 어렵지만 이런 문제에 더 좋은 성능을 보인다.

마무리하기 위해, 다소 명확한 ReLU 그래프를 보자.

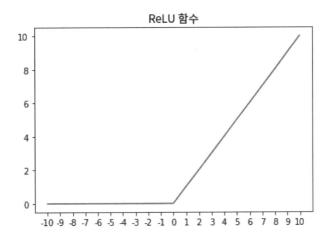

딥러닝의 손실 함수와 비용 함수

모든 머신러닝 모델은 비용 함수(cost function)를 가지고 시작된다. 간단히 말해서 비용 함수를 사용하면 모델이 훈련 데이터에 얼마나 잘 적합한지를 측정할 수 있다. 이 책에서 우리는 손실 함수(loss function)를 훈련 집합 내의 단일 관측이 얼마나 적합한지를 나타내는 정확도로 정의하고자 한다. 그러므로 비용 함수는 훈련 집합 전체의 손실을 평균화하려고 한다. 나중에 우리는 각 유형의 신경망을 소개할 때 손실 함수를 다시 살펴볼 것이다. 선형 회귀에 대한 비용 함수를 간단한 예로 들면 다음과 같다.

$$J = \frac{1}{2m} \sum_{i=1}^{m} (\hat{y} - y)^2$$

이 경우 손실 함수는 $(\hat{y} - y)^2$가 될 텐데, 실제로는 제곱 오차(squared error)가 된다. 따라서 우리가 논의 중인 비용 함수 J는 실제로는 평균 제곱 오차(mean squared error) 또는 전체 데이터셋에 대한 제곱 오차의 평균(average of the squared error)이다. 1/2이라는 항은 관습대로 일부 미적분을 더 정돈하기 위해 추가한 것이다.

순전파 과정

순전파(forward propagation)란 한 차례 관측만으로 나타난 특징들을 사용해 표적 변수를 예측하려고 하는 과정을 말한다. 2개 계층으로 이뤄진 신경망이 있다고 해 보자. 순전파 과정에서, 우리는 그 관측 $\{x_1, x_2, \cdots x_n\}$에 의해 나타나는 특징들로 일단 시작한 다음에 1 계층 내의 관련 계수로 그러한 특징들을 곱하고 각 뉴런에 편향(bias) 항을 추가한다. 그 후에 우리는 그 출력을 해당 뉴런의 활성으로 보낼 것이다. 그 다음에는 신경망의 끝에 도달할 때까지 출력이 다음 계층으로 이어지는 식으로 진행된다.

$W_1 \times x + b$ $\qquad f(x) = max(0,x)$ $\qquad W_2 \times x + b$

역전파 함수

순전파가 완료되면 각 데이터 점에 대한 신경망 예측이 제공된다. 따라서 데이터 점의 실제 값을 알 수 있다. 일반적으로 예측은 $\hat{y}$로 정의되고 표적 변수의 표적 값은 y로 정의된다.

y와 $\hat{y}$를 모두 알면 비용 함수를 사용해 신경망의 오차(error)를 계산할 수 있다. 비용 함수는 손실 함수의 평균임을 상기하자.

신경망에서 학습이 이뤄지려면, 신경망의 오차 신호가 마지막 계층에서 첫 번째 계층에 이르기까지 신경망 계층을 거치면서 역방향으로 전파되어야 한다. 역전파(back propagation)에 관해서는 신호를 옮기면서 신경망 오차를 갱신하는 동안 이 오차 신호를 역방향으로 전파하는 게 우리의 목표이다. 수학적으로 본다면, 그렇게 하려면 비용 함수를 가장 작게 만드는 값으로 향하도록 가중치를 조정하는 식으로 비용 함수를 최소가 되게 해야 한다. 이 과정을 경사 하강(gradient descent)[10]이라고 한다.

경사는 신경망 내의 각 가중치에 대한 오차 함수의 편미분이다. 연쇄 법칙과 위쪽 계층의 경사를 사용해 각 가중치의 경사를 계층별로 계산할 수 있다.

각 계층의 경사가 알려지면 경사 하강 알고리즘을 사용해 비용 함수를 최소화할 수 있다.

경사 하강 알고리즘은 신경망의 오차가 최소화되고 과정이 수렴될 때까지 이 갱신을 반복하려고 한다.

$$\theta = \theta - \alpha \frac{\partial J}{\partial \theta}$$

경사 하강 알고리즘은 알파(alpha)라고 부르는 학습 속도에 맞춰 경사(즉, 경사도)를 곱하고 각 가중치의 현재 값에서 해당 경사 값을 뺀다. 학습 속도는 하이퍼파라미터이다.

---

10 (옮긴이) '언덕 내려가기'라고도 부른다. 경사는 '어떤 언덕의 경사가 가파르다'고 말할 때의 바로 그 '경사'라는 말이다. 그러나 수학의 기울기와는 용어도 다르고 개념도 다르다. 신경망의 가중치를 좌표공간에 나타내면 마치 굴곡이 있는 언덕 같은 게 나타나는 데 이 언덕의 경사를 따라서 최저점에 도달하는 게 역전파의 목표이다. 해당 최저점이 바로 최적해(best solution)이기 때문이다. 더 자세한 내용을 알려면 신경망 입문서나 개론서 등을 책을 참고하기 바란다.

확률적 경사 하강과 미니배치 경사 하강

이전 단원에서 설명한 알고리즘은 전체 데이터셋과 관련해서 순방향 전달을 가정하거나 이에 상응하는 역방향 전달을 가정하므로 배치 경사 하강(batch gradient descent)이라고 부른다.

경사 하강을 수행하는 또 다른 방법은 한 번에 하나의 데이터 점(data point)을 사용해 신경망의 가중치를 갱신하는 것이다. 이 방법은 수렴 속도를 높이는 데 도움이 될 수 있다. 물론 단일 점의 오차 추정만으로는 전체 데이터셋의 좋은 근사가 아닐 수도 있다.

이 문제를 해결하는 가장 좋은 방법은 미니배치 경사 하강을 사용하는 것이다. 이 때 미니배치(mini batch)[11]라는 데이터의 무작위 부분 집합을 가져 와서 오차를 계산하고 신경망 가중치를 갱신한다. 이는 거의 언제나 가장 좋은 선택지이다. 아주 큰 데이터셋을 컴퓨터의 메모리나 여러 컴퓨터에서 관리되는 단위인 청크(chunk, 덩어리) 단위로 자연스럽게 대용량으로 분할할 수 있다는 이점이 보태지기 때문이다.

이것은 신경망의 가장 중요한 부분 중 하나를 아주 추상적인 수준에서 한 설명인데, 이런 설명이 우리는 이 책의 실제적인 특성에 부합한다고 믿는다. 실제로도 대부분의 현대적인 프레임워크가 이러한 단계들을 수행하기는 하지만, 적어도 그것들을 이론적인 면에서 확실히 알아둬야 할 가치가 있다. 우리는 독자에게 시간이 허락되는 한 순전파나 역전파를 해 보면서 깊이 탐구해 보기를 권한다.

딥러닝을 위한 최적화 알고리즘

경사 하강 알고리즘은 신경망의 가중치를 최적화(optimization)하는 데 사용할 수 있는 최적화 알고리즘 중 유일한 것은 아니지만 그 밖의 알고리즘들 중 대부분의 기초를 이룬다. 모든 최적화 알고리즘을 이해하는 일이 어쩌면 박사 학위만큼이나 가치가 있겠지만, 우리는 가장 실용적인 부분과 관련해서만 문장 몇 개를 할애하기로 했다.

---

11 (옮긴이) '작은 집단'이라는 뜻이다. 여기서 batch는 수학 용어로는 '집단'에 해당하는데, 데이터셋 중 일부 데이터 사례들끼리 묶어 둔 것을 의미한다

경사 하강 시 운동량을 사용하기

경사 하강을 운동량(momentum)[12]과 함께 사용하면 경사가 한 방향으로 이어질 때는 학습 속도를 높이고 경사가 오르내리는 경향이 있을 때는 학습을 느리게 하게 되어, 경사 하강이 가속화된다. 이로 인해 경사 하강 속도가 늘어난다.

운동량은 속도 항을 도입하고 갱신 규칙에서 해당 항의 가중 이동 평균을 사용하는 식으로 다음 식과 같이 계산한다.

$$v_t = \beta v_{t-1} + (1 - \beta)\, grad^2$$
$$\theta = \theta - v_t$$

아주 흔하게 운동량의 경우에는 β를 0.9로 설정하며, 대개 운동량은 변경해야 하는 하이퍼파라미터가 아니다.

RMSProp 알고리즘

RMSProp은 신경망 가중치가 나타내는 다차원 공간(multi-dimensional space)[13]에서 다른 방향으로 이리저리 움직이는 일을 완화하는 한편, 어느 한 쪽 방향에 대한 학습 속도는 높임으로써 경사 하강 속도를 높이는 데 사용할 수 있는 또 다른 알고리즘이다.

$$grad = \frac{\partial J}{\partial \theta}$$
$$v_t = \beta v_{t-1} + (1 - \beta)\, grad^2$$
$$\theta = \theta - \alpha \frac{grad}{\sqrt{v_t}}$$

---

12 (옮긴이) 운동이 이어지게 하는 힘 모멘텀이나 타성 또는 추진력이라고 부르기도 한다. 이 책에서는 물리학 용어를 선택했지만, '무언가를 계속 하게 하는 힘' 이라는 의미에서 보면 '타성'이라는 말이 여기서 설명하는 개념에 가장 가깝다.

13 (옮긴이) 신경망에 쓰이는 데이터셋에서 각 열(columns)이 이루는 낱낱의 항목이 특징(features)인데, 이 특징을 하나의 차원(dimension)으로 보면, 데이터 셋의 표현 공간은 특징 개수만큼이나 차원이 많다고 볼 수 있다. 즉, 데이터셋 표현 공간의 차원 수는 특징 개수와 같다. 그러므로 특징이 한 개면 1차원, 열 개면 10차원, 백 개면 100차원이라는 특징 표현 공간이 성립한다. 그래서 데이터셋의 표현 공간, 즉 특징 표현 공간은 거의 다차원 공간일 수밖에 없다(특징 개수 가 작은 경우는 제외).

이것은 v_t가 큰 방향으로 요동을 줄이는 효과가 있다.

Adam 최적화기

Adam은 가장 잘 알려진 최적화기 중 하나로서 필자가 가장 선호하는 최적화기이다. 이 최적
화기는 다양한 문제에서도 잘 작용한다. 그것은 운동량과 RMSProp 양쪽에서 가장 중요한
부분을 하나의 갱신 규칙으로 결합한다.

$$grad = \frac{\partial J}{\partial \theta}$$

$$m_t = \beta_1 m_{t-1} + (1 - \beta_1)\, grad$$

$$v_t = \beta_2 v_{t-1} + (1 - \beta_2)\, grad$$

$$\theta = \theta - \alpha \frac{m_t}{\sqrt{v_t + \epsilon}}$$

여기서 ϵ은 0으로 나뉘는 일을 방지하기 위해 쓰는 아주 작은 숫자를 의미한다.

Adam은 일반적으로 훌륭한 선택지이며, 신경망의 시제품부터 만들어 보는 일을 하고 싶을 때 쓰기
에 좋은 것이므로, 그 밖의 최적화기보다는 Adam부터 사용해 보는 게 시간을 절약하는 길이다.

딥러닝 프레임워크

파이썬의 numpy만 사용하게 되면 심층 신경망을 가장 확실하게 구축하고 훈련할 수 있기는
하지만, 이렇게 하자면 많은 코드가 필요하고 오랜 시간이 걸린다. 거의 모든 경우에 딥러닝
프레임워크를 사용하는 편이 훨씬 실용적이다[14].

이 책에서는 **텐서플로**와 **케라스**를 사용해 심층 신경망을 훨씬 쉽고 빠르게 만들 것이다.

---

14 (옮긴이) 이미 많은 딥러닝 프레임워크가 나와 있고 계속 나오고 있다. 그 중에서 가장 선호되는 게 텐서플로와 케라스이다. 캐글이라는 인공지능 경진대회에
서 머신러닝용 프레임워크로는 XGboost, 딥러닝용 프레임워크로는 텐서플로/케라스 조합이 가장 많이 쓰인다고 알려져 있다.

텐서플로란 무엇인가?

텐서플로(TensorFlow)는 심층 신경망을 신속하게 구축하는 데 사용할 수 있는 라이브러리이다. 텐서플로에서, 지금까지 우리가 다뤄 온 수학 연산들을 마디(node)[15]로 구현한다. 이 마디들 사이의 모서리(edge)[16]는 텐서 또는 다차원 데이터 배열이다. 텐서플로는 신경망을 그래프와 손실 함수로 정의한 다음에 해당 신경망의 경사들을 자동으로 계산함으로써, 손실 함수를 최소가 되게 하는 그래프로 최적화한다.

텐서플로는 2015년에 구글이 오픈소스 프로젝트로 출시하였다. 그 이후로 사용자가 대폭으로 늘었으며 대규모 사용자 커뮤니티가 왕성하게 활동하고 있다. 텐서플로는 자바, C ++, Go 및 파이썬용 API를 제공하지만 우리는 파이썬 API만 다루고자 한다. 그래서 이 책에서는 파이썬 API를 사용하는데, 이게 가장 널리 사용되는 API일 뿐 아니라 새 모델을 개발하는 일에도 가장 흔하게 사용되기 때문이다.

텐서플로는 그래픽 처리 장치(Graphics Processing Units, GPU) 한 개 또는 두 개 이상에서 이러한 계산을 수행할 수 있을 때 계산을 빠르게 할 수 있다. GPU를 사용한 계산을 통해 계산 속도를 높이는 일이 현대의 딥러닝에서는 필수 요건이 되었다.

케라스란 무엇인가?

심층 신경망을 처음부터 구축하기보다는 텐서플로를 이용하는 편이 훨씬 쉽기는 해도 텐서플로는 역시 상당히 저수준 API인 편이다. 케라스(Keras)는 텐서플로나 테아노(theano)나 마이크로소프트의 CNTK를 사용해 딥러닝 신경망을 신속하게 구축할 수 있게 해주는 고수준 API이다.

케라스 및 텐서플로로 제작한 모델은 이식성이 있으며, 마찬가지로 네이티브 텐서플로를 사용해서도 훈련하거나 뒷받침될 수 있다. 텐서플로로 제작한 모델을 케라스로 불러 들여 사용할 수도 있다.

---

15 (옮긴이) 즉, 마디/정점/꼭짓점/마디점/결절점 등으로 다양하게 부르지만, 이 책에서는 수학 및 통계학 용어에 맞췄다.

16 (옮긴이) 보통 에지 또는 '엣지'라고도 부르지만, 마디와 마찬가지로 수학 용어에 맞춰 번역했다. '변' 또는 '간선' 또는 '모서리'라고도 한다. 정점/간선, 꼭짓점/변, 마디/모서리, 노드/에지는 같은 것을 일컫는 말들로서 서로 짝을 이룬다.

텐서플로의 인기 있는 대안들

그 밖에도 다양하고 훌륭한 딥러닝 프레임워크들이 있다. 우리는 주로 대중성, 사용 용이성, 지원성 및 산출물(production)[17] 배포에 대한 준비성으로 인해 케라스와 텐서플로를 채택했다. 그 밖에도 뛰어난 대안이 있다는 점은 의심할 바가 없다.

텐서플로에 대한 대안 중에 내가 선호하는 것 중 일부는 다음과 같다.

- **아파치 엠엑스넷(Apache MXNet):** 아주 새로운 명령형 인터페이스인 글루온(gluon)을 갖춘 고성능 딥러닝 프레임워크이다(https://mxnet.apache.org/).

- **파이토치(PyTorch):** 원래 페이스북이 개발한 새롭고 유망한 아키텍처로 된 딥러닝 프레임워크이다(http://pytorch.org/).

- **시엔티케이(CNTK):** 마이크로소프트가 내놓은 딥러닝 프레임워크로 케라스와 함께 사용할 수 있다(https://www.microsoft.com/en-us/cognitive-toolkit/).

이 책에서 케라스와 텐서플로를 채택하기를 잘 했다고 믿고 있지만, 한편으로는 이러한 멋진 프레임워크들과 각 프레임워크 구축 과정에 참여한 공헌자들에게 감사하는 마음을 전한다.

텐서플로와 케라스에 필요한 GPU

이 책의 내용 중에 앞으로 나올 부분에서는 케라스와 텐서플로를 사용한다. 우리가 탐구해 볼 예제 중 대부분에서는 GPU를 사용해 가속해야 할 수도 있다. 텐서플로를 포함한 최신의 딥러닝 프레임워크는 GPU를 사용해 신경망 훈련 중에 필요한 방대한 계산을 빠르게 진행되게 한다. GPU가 없다면 우리가 논의할 대부분의 모델을 훈련하는 데 필요한 시간이 터무니 없이 늘어날 것이다.[18]

GPU가 설치된 컴퓨터가 없다면, 아마존 웹 서비스(Amazon Web Services) 및 구글 클라우드 플랫폼(Google Cloud Platform)에서 GPU 기반 컴퓨터 인스턴스를 빌려 쓸 수도 있다. 이 책에 나오는 예제의 경우에 우리는 우분투 서버 16.04를 실행하기 위해 Amazon

---

17 (옮긴이) 텐서플로와 케라스를 사용해 만든 생성물. 즉, 텐서플로와 케라스로 생성한 모델을 말한다.

18 (옮긴이) GPU로는 엔비디아 사의 칩셋을 추천한다. 그래야 CUDA, cuDNN 라이브러리를 파이썬과 연동해 가속하기 쉽기 때문이다. 이런 칩셋을 장착한 그래픽카드 모델 또한 다양한데 최소한 GTX-1060 이상이 필요해 보인다(2018년 기준 40만 원 내외). 그리고 그래픽카드 메모리가 많을수록 비싸지만 더 좋다. 이 메모리가 대용량 신경망 연산에 중요한 역할을 한다.

EC2 내 p2.xlarge 인스턴스를 사용한다. p2.xlarge 인스턴스를 빌려 쓰게 되면 2,496개[19] 의 CUDA 코어가 있는 엔비디아 테슬라 K80 GPU를 제공받을 수 있으므로, 최상급 데스크톱 컴퓨터를 사용할 때보다 이 책에 나오는 모델을 훨씬 더 빠르게 실행할 수 있다.

엔비디아 CUDA 툴킷과 cuDNN 설치

여러분이 딥러닝용으로 클라우드 기반 솔루션을 사용할 것 같아서 나는 우분투 리눅스에서 빠르게 실행할 수 있게 하는 지침을 마련했는데, 이 지침은 일반적으로 클라우드 제공 업체에서 흔히 제공하기도 한다. 물론, 여러분이 윈도우에 텐서플로와 케라스를 설치할 가능성도 있다. 불행히도 텐서플로 v1.2부터는 OS X에서 GPU를 지원하지 않는다.

GPU를 사용하기 전에 엔비디아 CUDA 툴킷과 cuDNN을 설치해야한다. 우리는 텐서플로 v1.4와 함께 사용하도록 권장되는 CUDA 툴킷 8.0 및 cuDNN v6.0을 설치할 것이다. 여러분이 이 단락을 다 읽기도 전에 새 버전이 나올 가능성이 높으므로 최신 필수 버전을 www.tensorflow.org에서 확인하라.

우리는 우분투에 build-essential 패키지를 설치하는 일부터 시작하려고 한다. 우분투에는 C++ 프로그램을 컴파일하는 데 필요한 것들이 대부분 들어 있다. 명령은 다음과 같다.

```
sudo apt-get update
sudo apt-get install build-essential
```

다음으로 우리는 CUDA 툴킷을 내려받아 설치할 수 있다. 앞서 언급했듯이 우리는 버전 8.0을 설치하고 관련 패치를 덧붙일 것이다. 여러분에게 알맞은 CUDA 툴킷은 https://developer.nvidia.com/cuda-zone에서 찾을 수 있다.

```
wget https://developer.nvidia.com/compute/cuda/8.0/Prod2/local_installers/
cuda_8.0.61_375.26_linux-run

sudo sh cuda_8.0.61_375.26_linux-run # 사용권 계약에 동의하고 기본 사항을 지정하라.
```

---

19 (옮긴이) 엔비디아 홈페이지는 4,992개로 나와 있다.

```
wget https://developer.nvidia.com/compute/cuda/8.0/Prod2/patches/2/cuda_8.0.61.2_linux-run

sudo sh cuda_8.0.61.2_linux-run # 사용권 계약에 동의하고 기본 사항을 지정하라.
```

이제 CUDA 툴킷을 /usr/local/cuda 경로에 설치해야 한다. 환경 변수 몇 개를 추가해 줘야 텐서플로가 CUDA 툴킷을 찾을 수 있다. ~/.bash_profile에 이러한 환경 변수를 추가하는 것이 좋다. 그러면 다음 코드와 같이 로그인 할 때마다 환경 변수가 설정된다.

```
export LD_LIBRARY_PATH="$LD_LIBRARY_PATH:/usr/local/cuda/lib64"
export CUDA_HOME="/usr/local/cuda"
```

이 시점에서 nvidia-smi라는 명령을 실행해 모든 것이 작동하는지 테스트할 수 있다. 출력 내용이 다음 내용과 비슷해야 한다.

```
$ nvidia-smi
+-----------------------------------------------------------------------------+
| NVIDIA-SMI 375.26                 Driver Version: 375.26                     |
|                                                                             |
|-------------------------------+----------------------+----------------------+
| GPU Name Persistence-M        | Bus-Id Disp.A        | Volatile Uncorr. ECC |
| Fan Temp Perf Pwr:Usage/Cap   | Memory-Usage         | GPU-Util Compute M.  |
|===============================+======================+======================|
| 0 Tesla K80 Off               | 0000:00:1E.0 Off     | 0                    |
| N/A 41C P0 57W / 149W         | 0MiB / 11439MiB      | 99% Default          |
+-------------------------------+----------------------+----------------------+
```

마지막으로 엔비디아 CUDA 심층 신경망(NVIDIA CUDA Deep Neural Network) 라이브러리인 cuDNN을 설치해야 한다.

먼저 cuDNN을 로컬 컴퓨터로 내려받자. 그렇게 하려면 엔비디아 개발자 네트워크(NVIDIA Developer Network)에 개발자로 등록해야 할 것이다. cuDNN은 cuDNN 홈페이지 (https://developer.nvidia.com/cuDNN)에서 찾을 수 있다. 로컬 컴퓨터에 내려받은 후에는 이것을 사용해 EC2 인스턴스로 이동할 수 있다. 정확한 지침이 클라우드 제공 업체에 따라 다를 수 있지만 여러분은 https://docs.aws.amazon.com/AWSEC2/latest/

UserGuide/AccessingInstancesLinux.html에서 SSH/SCP를 통해 AWS EC2에 연결하는 방법에 대한 추가 정보를 찾을 수 있다.

cuDNN을 EC2 이미지로 옮기면 다음 코드를 사용해 파일의 압축을 풀 수 있다.

```
tar -xzvf cudnn-8.0-linux-x64-v6.0.tgz
```

마지막으로 다음 코드를 사용해 압축을 푼 파일을 적절한 위치에 복사한다.

```
sudo cp cuda/include/cudnn.h /usr/local/cuda/include/
sudo cp cuda/lib64/* /usr/local/cuda/lib64
```

 왜 CUDA와 cuDNN이 따로따로 배포되고 cuDNN에 왜 등록을 해야 하는지는 알 수 없다. 내려받는 과정이 지나치게 복잡하다는 점과 cuDNN을 수작업으로 설치해야 한다는 점은 딥러닝과 관련해서 정말로 가장 큰 의문점 중 하나이다.

파이썬 설치

우리는 격리된 파이썬 가상 환경을 만들기 위해 virtualenv를 사용하려고 한다. 꼭 필요한 건 아니지만 좋은 연습이 될 것이다. 그렇게 함으로서 우리는 이 프로젝트를 위한 모든 파이썬 라이브러리를 분리된 독자적 환경에 두고 싶다. 또한 virtualenv 환경을 사용하면 나중에 심층 신경망을 꾸려서 배포하기 쉽다.

우분투에서 aptitude 패키지 관리자를 사용해 파이썬, pip 및 virtualenv를 설치해 보자. 다음은 해당 명령이다.

```
sudo apt-get install python3-pip python3-dev python-virtualenv
```

이제는 우리 작업에 쓸 가상 환경을 만들 수 있다. 우리는 모든 가상 환경 파일을 ~/deep-learn 폴더에 보관하게 될 것이다. 그렇지만 여러분은 이 가상 환경 이름을 자유롭게 원하는 대로 지어도 된다. 다음 코드는 가상 환경을 만드는 방법을 보여준다.

```
virtualenv --no-site-packages -p python3 ~/deep-learn
```

 훈련된 파이썬 개발자라면, 파이썬 3.x를 사용하도록 환경을 설정했다는 점을 눈치챘을 것이다. 아마도 대체로 필요하지는 않겠지만, 텐서플로/케라스는 모두 파이썬 2.7도 지원한다. 다시 말해서 저자는 파이썬 커뮤니티에 최신 버전의 파이썬을 지원할 도덕적 의무가 있다고 생각한다.

이제 가상 환경이 만들어졌으므로 다음과 같이 가상 환경을 활성화할 수 있다.

```
$source ~/deep-learn/bin/activate
(deep-learn)$ # 쉘이 virtualenv를 가리키는 것을 알린다는 점에 주목할 것
```

 이 시점에서 여러분은 로그인할 때마다 가상 환경을 활성화해야 할 것이다. 방금 만든 가상 환경에 언제든 들어가기를 바란다면 소스 명령을 ~/.bash_profile에 추가할 수 있다.

이제 가상 환경을 구성했으므로 가상 환경에 필요한 파이썬 패키지를 추가할 수 있다. 이 일에 착수하려면 파이썬 패키지 관리자인 pip 최신 버전을 설치해야 한다는 점에 유념하자.

```
easy_install -U pip
```

마지막으로, 아주 쉽게 개발할 수 있게 해 주는 대화형 파이썬 쉘인 IPython을 설치하는 것이 좋다.

```
pip install ipython
```

그리고 그게 전부이다. 이제 텐서플로 및 케라스를 설치할 준비가 되었다.

텐서플로와 케라스 설치

지금까지 설명한 모든 작업을 마치고 나면 아주 간단하게 텐서플로와 케라스를 설치할 수 있다는 점을 알면 기분이 좋아질 것이다.

텐서플로를 설치해 보자.

다음 명령을 사용하면 텐서플로를 설치할 수 있다.

```
pip install --upgrade tensorflow-gpu
```

 pip를 사용할 때 tensorflow-gpu라는 옵션을 사용한 점에 유념하자. pip install tensorflow(-gpu 옵션이 없음)라고 명령하면 CPU만 사용하는 버전이 설치된다.

케라스를 설치하기 전에 텐서플로가 잘 설치되었는지 확인해 보자. 이렇게 하기 위해 나는 텐서플로 웹사이트와 아이파이썬 인터프리터에서 코드를 조금 가져와 사용할 생각이다.

배시(bash) 프롬프트에서 IPython이라고 입력해 아이파이썬을 실행하자. 일단 아이파이썬이 실행된 뒤에는 텐서플로를 불러 오는 데만 집중하자. 출력 내용은 다음과 같을 것이다.

```
In [1]: import tensorflow as tf
In [2]:
```

텐서플로를 가져오는 데 문제가 생긴다면 지금까지 따라 해 온 단계를 다시 확인해 보라. 텐서플로를 가져올 수 없는 가장 흔한 이유로는 CUDA나 cuDNN이 제대로 설치되지 않았기 때문일 수 있다.

이제 텐서플로를 잘 설치했으므로 GPU로 계산이 되는지 검증해 볼 수 있는 작은 코드를 아이파이썬에서 실행해 볼 생각이다.

```
a = tf.constant([1.0, 2.0, 3.0, 4.0, 5.0, 6.0], shape=[2, 3], name='a')
b = tf.constant([1.0, 2.0, 3.0, 4.0, 5.0, 6.0], shape=[3, 2], name='b')
c = tf.matmul(a, b)
sess = tf.Session(config=tf.ConfigProto(log_device_placement=True))
print(sess.run(c))
```

우리가 바라는 대로 모든 게 이뤄졌다면 GPU가 사용되고 있다는 점을 알려주는 내용을 많이 볼 수 있을 것이다. 나는 그러한 내용에 여러분이 주목할 수 있도록 일부 출력 내용을 포함한 다음에, 증거가 될 만한 부분을 강조 처리했다. 어떤 하드웨어를 쓰느냐에 따라서 출력 내용이 달라질 수 있지만, 여기에 표시된 증거와 비슷한 게 있어야 한다.

```
/job:localhost/replica:0/task:0/device:GPU:0 -> device: 0, name: Tesla K80, pci bus
id: 0000:00:1e.0, compute capability: 3.7
MatMul: (MatMul): /job:localhost/replica:0/task:0/device:GPU:0
: I tensorflow/core/common_runtime/placer.cc:874]
MatMul: (MatMul)/job:localhost/replica:0/task:0/device:GPU:0
b: (Const): /job:localhost/replica:0/task:0/device:GPU:0
: I tensorflow/core/common_runtime/placer.cc:874]
b: (Const)/job:localhost/replica:0/task:0/device:GPU:0
a: (Const): /job:localhost/replica:0/task:0/device:GPU:0
: I tensorflow/core/common_runtime/placer.cc:874]
a: (Const)/job:localhost/replica:0/task:0/device:GPU:0
[[ 22. 28.]
 [ 49. 64.]]
```

앞서 나온 출력을 보면, 행렬 곱셈 연산뿐만 아니라 텐서 a와 b가 GPU에 할당되었다는 점을 알 수 있다. GPU에 액세스하는 데 문제가 있으면 출력 내용이 다음과 같이 나타날 수 있다.

```
I tensorflow/core/common_runtime/placer.cc:874] b_1: (Const)/job:localhost/replica:0/
task:0/device:CPU:0
a_1: (Const): /job:localhost/replica:0/task:0/device:CPU:0
I tensorflow/core/common_runtime/placer.cc:874] a_1: (Const)/job:localhost/replica:0/
task:0/device:CPU:0
```

여기서 우리는 텐서 b_1과 a_1이 GPU가 아닌 CPU에 할당된 것을 볼 수 있다. 이 경우에 텐서플로나 CUDA 또는 cuDNN을 설치하는 데 문제가 있는 것이다.

지금까지 잘 따라왔다면 텐서플로가 설치된 것이다. 이제 마지막으로 케라스를 설치할 일만 남았다.

다음 코드를 사용해 케라스를 설치할 수 있다.

```
pip install keras
```

그리고 이게 다이다! 이제 케라스와 텐서플로를 바탕으로 심층 신경망을 구축할 준비가 되었다.

스냅샷(snapshot)을 만들거나 여러분의 EC2 인스턴스의 AMI를 만들기에 적당한 때가 되었으므로 이 설치 과정을 다시 따라 할 필요는 없다.

딥러닝용 데이터셋 구축

여러분이 사용해 보았을지도 모를 여타 예측 모델과 비교할 때 심층 신경망은 매우 복잡하다. 100개의 입력 사항과 30개의 뉴런으로 구성된, 은닉 계층이 두 개이고 로지스틱 출력 계층이 한 개 있는 신경망을 생각해 보자. 이 신경망에는 3,930개의 학습 가능한 파라미터와 최적화에 필요한 하이퍼파라미터가 있게 되는데, 이 정도 규모도 아주 작은 예제에 속한다. 큰 합성곱 신경망에는 학습 가능한 파라미터가 수억 개나 있을 수도 있다. 이러한 모든 파라미터는 심층 신경망이 구조와 패턴을 학습하는 데 경이로운 영향을 끼친다. 반면에 이로 인해 과적합이 될 수도 있다.

딥러닝의 편향 오차 및 분산 오차

전형적인 예측 모델에서의 편향(bias)과 분산(variance)의 절충 관계를 잘 알고 있을 것이다. 잘 알지 못한다고 해도 우리는 여기서 간단하게 살펴볼 수 있다. 기존의 예측 모델을 사용하면 일반적으로 편향 오차 및 분산 오차를 찾으려고 할 때 흔히 어느 정도 타협을 해야 한다. 이 두 가지 오차가 무엇인지 살펴보자.

- 편향 오차(bias error)[20]: 편향 오차는 모델이 도입한 오차이다. 예를 들어, 선형 모델을 사용해 비선형 함수를 모델링하려고 시도하면 모델이 특정되기 어렵고 편향이 높아진다.

- 분산 오차(variance error): 분산 오차는 학습 데이터의 임의성[21]에 의해 생기는 오차이다. 훈련 분포에 적합될 때는 모델은 더 이상 일반화되지 않을 가능성이 크며, 과적합하거나 분산 오차가 일어난다.

대부분의 머신러닝 애플리케이션에서는 가능한 한 적은 분산 오차를 발생시키면서 편향 오차를 최소화하는 몇 가지 절충안을 찾는다. 심층 신경망에 대한 위대한 사고방식 중 한 가지는 대체로 편향과 분산을 서로 따로따로 조작할 수 있다는 점이다. 그러나 이렇게 하려면 우리는 훈련 데이터를 체계화하는 방법을 선택할 때 신중해야 한다.

---

20 (옮긴이) 정보통신 분야에서는 보통 '편향 오류'라고 부른다.

21 (옮긴이) 즉, 확률성.

train, val, test 데이터 집합

이 책의 나머지 부분에서는 데이터를 세 개의 별도 집합으로 구성해 각기 훈련 집합, 검증 집합 및 테스트 집합이라고 부를 것이다[22]. 전체 데이터셋에서 무작위로 표본을 추출한 이 세 개의 개별 데이터셋을 대략 다음과 같이 구조화하여 크기를 지정할 것이다[23].

훈련 데이터셋	검증 데이터셋	테스트 데이터셋

훈련 데이터셋은 여러분의 예상대로 신경망을 훈련하는 데 사용될 것이다.

검증 데이터셋은 이상적인 하이퍼파라미터를 찾고 과적합 여부를 측정하는 데 사용할 것이다. 신경망이 훈련 집합의 모든 데이터 점을 관찰할 수 있는 기회가 있는, 한 **에포크(epoch)**의 마지막 부분에서 우리는 검증 집합에 대한 예측을 할 것이다. 그 예측은 신경망 훈련이 언제 끝났는지를 아는 데 사용될 것이다. 이와 같이 각 에포크 끝 부분에서 검증 집합을 사용하는 방식은 일반적인 용도와 다소 다르다. 유보 검증에 대한 자세한 내용은 하스티에(Hastie) 및 팁시라니(Tibshirani) 의 *"The Elements of Statistical Learning"*(통계 학습의 요소, https://web.stanford.edu/~hastie/ElemStatLearn/)를 참조하라.

모든 훈련이 완료되면 신경망이 그때까지 겪어 보지 못했던 데이터셋인 테스트 데이터셋을 사용해 모델 성능을 정확하게 측정할 수 있다.

테스트 데이터(test)와 검증 데이터(val)를 동일한 데이터셋에서 가져와야 한다는 점이 아주 중요하다. 훈련 데이터셋이 검증 데이터셋 및 테스트 데이터셋과 일치하는 게 덜 중요하기는 해도 여전히 이상적이다. 예를 들어 이미지 확대(image augmentation, 훈련 집합 크기를

---

[22] (옮긴이) 원문에는 이 세 가지를 각기 train, val, test라고 부른다고 했는데, 이는 우리말로 번역하자면 각기 '훈련', '검증', '테스트'로 부른다는 정도의 의미여서 우리말로 옮겼을 때 오히려 문장을 이해하기 어려워지는 면이 있는 반면에, 훈련 집합, 검증 집합, 테스트 집합이라고 번역하면 훨씬 깔끔하게 이해할 수 있어서 그렇게 했다.

[23] (옮긴이) 저자는 전체 데이터 집합(흔히 '데이터셋'이라고 부름)과 훈련/검증/테스트 용도로 쓰는 데이터 집합(흔히 '집합'이라고 부름)을 때로는 '데이터셋'으로 부르기도 하고 때로는 '데이터 집합'이라고 부르기도 한다. 즉, 개념을 구분하지 않고 있으므로, 두 용어를 그냥 같은 의미라고 여기는 게 좋겠다.

키우기 위해 약간 수정한 훈련 이미지들을 훈련 집합에 추가하는 일)를 하는 경우 훈련 집합 분포가 더 이상 검증 집합 분포와 일치하지 않을 수 있다. 이런 불일치는 허용되며 동일한 분포에서 나온 검증 집합과 테스트 집합이 있는 한 신경망 성능을 적절하게 측정할 수 있다.

기존의 머신러닝 애플리케이션에서는 가용 데이터의 10 ~ 20%를 검증과 테스트에 사용하는 것이 다소 관례이다. 심층 신경망 분야에서는 우리가 공급하는 데이터 양이 너무 많아서 훨씬 더 작은 검증 집합 및 테스트 집합을 사용해서도 신경망 성능을 적절하게 측정할 수 있는 경우가 많다. 데이터 분량이 10억 개의 관측치로 이뤄져 있는 경우라면 98%, 1%, 1%로 분할해도 완전할 정도로 적절할 수 있다.

심층 신경망의 편향과 분산 관리

이제 우리는 데이터를 어떻게 구조화하고 편향과 분산을 통해 재정비할 것인지를 정의했으므로, 심층 신경망에서 편향 오차와 분산 오차를 어떻게 통제할 것인지 생각해 보자.

- **큰 편향(high bias)**: 편향이 큰 신경망은 훈련 집합을 예측할 때 오차율이 매우 높다. 이런 모델은 데이터를 적합하게 하는 일을 잘 하지 못한다. 편향을 줄이려면 여러분이 신경망 아키텍처를 변경해야 할 것이다. 계층이나 뉴런을 추가하거나 아니면 둘 다를 추가해야 할 수도 있다. 합성곱 신경망이나 재귀 신경망을 이용하면 문제가 더 잘 풀릴 수도 있다.

  물론, 때로는 신호가 부족하거나 문제가 너무 어려워서 높은 편향이 있는 문제가 되기도 하기 때문에 여러분의 기대를 합리적인 수준에 맞춰야 한다(나는 사람의 정확도부터 교정하는 편이다).

- **큰 분산(high variance)**: 신경망의 편향 오차가 낮으면 훈련 데이터를 잘 적합시키지만, 검증 오차가 테스트 오차보다 컸을 때는 신경망이 훈련 데이터에 과적합되기 시작했다. 분산을 줄이는 가장 좋은 두 가지 방법은 데이터를 신경망에 추가하는 것과 신경망에 정칙화(regularization)[24]를 보태는 것이다. 간단히 데이터를 추가할 수 있기는 해도 언제나 그럴 수 있는 것은 아니다. 이 책 전반에 걸쳐, 데이터를 추가하는 일을 다룰 때 정칙화 기법도 다룰 것이다. 우리가 이야기할 가장 일반적인 정칙화 기법은 L2 정칙화(L2 regularization), 드롭아웃(dropout), 배치 정규화(batch normalization)이다.

---

24 (옮긴이) 정규화(normalization)와 혼동해서는 안 된다. 상당 수 머신러닝/딥러닝 관련 서적에서 이 두 용어를 섞어 쓰는 데 완전히 다른 개념이다.

k 겹 교차 검증

머신러닝에 경험이 있다면, 저자인 내가 k 겹 교차 검증(k-fold cross-validation)과 관련해서(훈련/검증/테스트 집합에 대한) 유보 검증(holdout validation)을 선택한 이유가 궁금할 것이다. 심층 신경망 훈련의 계산 비용이 아주 크다. 간단히 말해서, 우리가 탐구하고자 하는 한 집합의 하이퍼파라미터들과 관련해서 k를 훈련하는 일은 일반적으로 그다지 실용적이지 않다.

충분한 양의 검증 집합과 테스트 집합이 주어졌을 때만 유보 검증이 매우 잘 수행된다고 어느 정도 확신할 수 있다. 우리는 대체로 데이터가 충분히 많은 상황에서 딥러닝을 적용해 적절한 검증 집합과 테스트 집합을 얻을 수 있기를 바란다.

하지만 궁극적으로 보면 이런 일은 여러분이 하기 나름이다. 나중에 알게 되겠지만, 케라스는 케라스 모델을 사이킷런(scikit-learn) 파이프라인에 통합할 수 있게 **scikit-learn**이라는 인터페이스를 제공한다. 이를 통해 k 겹 교차 검증이나 중층 k 겹 교차 검증을 할 수 있을 뿐만 아니라 심지어 격자 탐색(grid search)을 k 겹으로 수행할 수 있다. 심층 모델을 훈련할 때 때때로 k 겹 교차 검증(stratified k-fold)을 사용할 수 있고 이렇게 하는 게 적절하기도 하다. 즉, 책의 나머지 부분에서는 유보 검증을 사용하는 일을 집중해서 다룬다.

요약

바라건대, 이번 장이 심층 신경망 구조 및 최적화 알고리즘과 관련된 여러분의 기억을 되살리는 데 도움이 되었기를 바란다. 이 책이 말 그대로 간편하게 참고하는 도서일 뿐이어서 자세한 내용을 설명하지 않았으므로, 독자들이 새로운 내용이나 익숙하지 않은 자료들을 더 깊이 연구해 보기를 바란다.

우리는 케라스와 텐서플로의 기본 사항과 이 프레임워크를 선택한 이유를 설명했다. 또한 CUDA, cuDNN, 케라스 및 텐서플로의 설치 및 구성에 관해서도 설명했다.

마지막으로, 우리는 이 책의 나머지 부분 전체에 걸쳐 쓰게 될 유보 검증 방법론을 사용하는 이유와 심층 신경망 애플리케이션용으로 우리가 k 겹 교차 검증(즉, k 겹 CV)을 선호하는 이유를 설명했다.

다음 장에서 이 주제를 다시 다루면서 이번 장에 나온 내용을 꽤 많이 언급할 것이다. 다음 장에서는 케라스를 사용해 심층 신경망을 구축해 보는 첫 번째 단계로 회귀 문제를 해결해 볼 것이다.

02

딥러닝으로
회귀 문제를 풀기

이번 장에서는 간단한 **다층 퍼셉트론**(multi-layer perceptron, MLP)을 구축하겠다. MLP는 은닉 계층이 한 개뿐인 신경망을 멋지게 부르는 이름으로서 회귀 문제를 해결하는 데 쓴다. 그런 다음 우리는 은닉 계층이 여러 개인 심층 신경망을 향해 더 깊이 들어 갈 것이다. 그 과정에서 모델 성능과 과적합을 탐구해 볼 것이다. 그럼, 시작해 보자!

이번 장에서 다룰 주제는 다음과 같다.

- 회귀 분석과 심층 신경망
- 회귀 분석에 심층 신경망을 사용하기
- 케라스로 MLP를 구축하기
- 케라스로 심층 신경망을 구축하기
- 훈련된 케라스 모델을 저장하고 적재하기

회귀 분석과 심층 신경망

고전적인 회귀 분석에서는 선형 모델을 사용해 독립 변수 집합과 종속 변수 집합 간의 관계를 학습한다. 이 관계를 찾음으로써 우리는 독립 변수 값을 고려해 종속 변수 값을 예측할 수 있기를 기대하게 된다.

회귀 분석을 수행하는 두 번째 중요한 이유는 다른 모든 독립 변수가 일정하게 유지될 때, 단일 독립 변수가 종속 변수에 미치는 영향을 이해하기 위함이다. 전통적인 다중 선형 회귀 분석에서 가장 좋은 점 중 하나는 선형 모델의 *세테리스 패러버스(ceteris paribus)* 특성[1]이다. 독립 변수와 관련된 학습된 가중치를 사용해 단일 독립 변수가 종속 변수에 미치는 영향을, 다른 독립 변수를 고려하지 않고 해석할 수 있다. 이러한 유형의 해석은 기껏해야 도전적일 뿐이고, 게다가 데이터 및 모델과 관련된 몇 가지 가정을 해야만 함에도 불구하고 종종 아주 쓸 만할 때가 있다.

심층 신경망을 해석하기는 쉽지 않지만, 그렇게 해 보려고 하는 연구가 활발히 진행되고 있다.

심층 신경망을 해석하는 현재의 상태에 대한 소개는 몬타본(Montavon) 등이 저술한 "Methods for Interpreting and Understanding Deep Neural Networks"(심층 신경망을 해석하고 이해하는 방법들, https://arxiv.org/abs/ 1706.07979)을 참고하라.

회귀 분석에 신경망을 사용할 때의 이점

이번 장의 나머지 부분에서는 심층 신경망을 사용해 예측하는 일에 초점을 맞출 것이다. 기존의 다중 선형 회귀 분석을 사용할 때와 비교하면 신경망은 다음과 같은 이점을 가지고 있다는 점을 알 수 있을 것이다.

- 특징을 선택하거나 거르지 않아도 된다. 신경망은 놀라운 특징 공학 머신이어서 어떤 특징이 관련되어 있는지를 배울 수 있으며, 관련 없는 특징은 무시할 수 있다.

---

1 (옮긴이) 세테리스 패러버스(라틴어 발음은 '께떼리스 빠리부스')는 '나머지 것들이 같다면'이라는 뜻을 지닌 라틴어이다. 독립 변수가 여러 개일 때 그 중 한 개를 제외한 나머지 독립 변수를 동일하게 유지하는 상태에서 한 가지 독립 변수로 모델을 만드는 데 필요한 특성이다. — 출처: 영문 위키백과 외.

- 적절하게 복잡한 신경망이 주어졌을 때 특징 간의 상호작용도 학습될 수 있다(예: x_1과 x_2의 독립적인 효과 외에 $x_1 * x_2$의 영향).

- 여러분이 지금 짐작했듯이, 우리는 더 높은 고위 다항식(higher order polynomial) 관계를 배울 수 있다(예: x_2^3).

- 마지막으로, 최종 활성이 분포를 모델화할 수 있다고 확신하는 한, 우리는 정상적인 분포만 모델화하거나 비정규 분포와 관련해서는 서로 다른 모델을 사용하는 것에 국한할 필요가 없다.

회귀 분석에 신경망을 사용할 때의 단점

하지만 장점만 있는 건 아니다. 이런 간단한 문제에 신경망을 이용할 때에는 몇 가지 단점이 따라 온다. 가장 눈에 띄는 단점은 다음과 같다.

- 앞서 언급했듯이 신경망을 해석하기가 쉽지 않다.

- 특징과 데이터가 많아야 신경망이 가장 잘 작동한다. 많은 간단한 회귀 문제는 신경망의 혜택을 받을 만큼 충분히 크지 않다.

- 대부분의 경우 전통적인 다중 회귀 분석 또는 그래디언트 부스티드 트리(Gradient Boosted Trees, 경사 증폭 트리)와 같은 트리 모델이 이와 같은 문제와 관련해서는 신경망보다 뛰어난 성과를 낼 수 있다. 복잡할수록 신경망에 적합하다.

회귀 분석에 심층 신경망을 사용하기

이제 심층 신경망으로 회귀 분석을 하려는지 이해했을 것이므로, 이 일을 하는 방법을 보여 주고자 한다. 사이킷런으로 선형 회귀 분석을 하는 경우만큼 간단하지는 않아도 케라스로도 꽤 쉽게 할 수 있다는 점을 알 수 있을 것이다. 가장 중요한 것은 케라스를 사용하면 코드를 많이 바꾸지 않고도 모델 아키텍처를 신속하게 반복해 볼 수 있다는 점이다.

머신러닝 문제를 계획하는 방법

새로운 신경망을 만들 때, 나는 매번 같은 기본 단계를 따르라고 권한다.

심층 신경망은 금방 아주 복잡해질 수 있다. 계획을 하고 체계화하는 데 조금만 힘을 기울이면 작업 흐름의 속도를 크게 높일 수 있다.

다음은 심층 신경망을 구축하기 위한 단계이다.

1. 해결하려는 문제를 개략적으로 설명한다.

2. 모델의 입력 및 출력을 식별한다.

3. 비용 함수 및 계량(metrics)[2]을 선택한다.

4. 초기 신경망 아키텍처를 생성한다.

5. 신경망을 훈련하고 조절한다.

예제에 쓸 문제를 정의하기

우리는 코르테즈(P. Cortez) 등이 작성한 포도주 품질 데이터셋을 사용할 것이다(https://archive.ics.uci.edu/ml/datasets/wine+quality). 백포도주의 열 가지 서로 다른 화학적 특성을 고려해 백포도주 데이터에 존재하는 알코올의 비율을 예측해 볼 것이다.

이 데이터셋에는 총 4,898개의 관측치(observations), 즉 원소(elements)[3]가 있으며, 이는 고전적인 회귀 문제의 경우 큰 것일 수 있지만 딥러닝 문제치고는 아주 작은 편이다.

일부 빠른 탐색적 데이터 분석(exploratory data analysis)을 통해서 알코올 함유량을 예측하기 위해 사용할 열 가지 화학 특성이 모두 다양한 규모로 된 연속 변수(continuous variables)라는 점을 알 수 있다.

데이터셋 적재

머신러닝 문제 중 가장 재미있는 부분이 아닐 수도 있지만, 데이터 적재(data loading)는 중요한 단계이다. 여기서 데이터 적재 방법을 다루므로 데이터셋을 적재하는 방법에 대한 감을 얻을 수 있을 것이다.

---

2 (옮긴이) 척도, 측정 기준, 측정 지표, 지표, 계량, 거리 등으로 다양하게 불리지만, 이 책에서는 수학 및 통계 분야에 쓰이는 용어를 채택해 번역했다. 그냥 '계량' 이라고 표현한 게 이해하기 어렵다면 상황에 따라서 '계량 기준'으로 생각하든지, 또 어떤 때는 '계량한 값(즉, 계량 기준에 따라 잰 값)'이라고 생각하면 된다.

3 (옮긴이) 데이터셋이 데이터 집합을 일컫는 말이라는 점을 이해하면, 데이터셋을 이루는 개별 관측치가 원소라는 점을 쉽게 이해할 수 있다. 이런 이유로 데이터셋(dataset)과 데이터 집합(data set)을 구분해서 번역하고, 훈련셋/검증셋/테스트셋이라고 부르기보다는 훈련 집합/검증 집합/테스트 집합이라고 번역하는 이유를 알 수 있을 것이다.

```python
from sklearn.preprocessing import StandardScaler
import pandas as pd

TRAIN_DATA = "./data/train/train_data.csv"
VAL_DATA = "./data/val/val_data.csv"
TEST_DATA = "./data/test/test_data.csv"

def load_data():
    """train, val, test 데이터셋을 디스크로부터 적재한다"""
    train = pd.read_csv(TRAIN_DATA)
    val = pd.read_csv(VAL_DATA)
    test = pd.read_csv(TEST_DATA)

    # 우리는 sklearn의 StandardScaler를 사용해
    # 데이터를 평균과 단위 분산에 맞게 조정한다.
    scaler = StandardScaler()
    train = scaler.fit_transform(train)
    val = scaler.transform(val)
    test = scaler.transform(test)

    # 이 모든 데이터를 깔끔하게 유지하기 위해 dict를 사용한다.
    data = dict()
    data["train_y"] = train[:, 10]
    data["train_X"] = train[:, 0:9]
    data["val_y"] = val[:, 10]
    data["val_X"] = val[:, 0:9]
    data["test_y"] = test[:, 10]
    data["test_X"] = test[:, 0:9]

    # scaler(즉, 최소한 평균/분산)를 유지함으로써
    # 예측을 다시 원래 크기로 복원할 수 있게 하는 게 바람직하다.
    data["scaler"] = scaler
    return data
```

csv나 엑셀 또는 DBMS에서 데이터를 읽어올 때면 나는 제일 먼저 보통 데이터를 판다스
(pandas) 데이터 프레임에 넣는다.

데이터를 정규화함으로써 각 특징의 눈금(scale)[4]이 서로 비교할 수 있게 되어야 하고, 그러한 눈금이 모두 활성 함수가 처리할 수 있는 범위 내에 있도록 하는 게 중요하다. 여기서는 사이킷런의 StandardScaler(표준 척도기)를 사용해 이 작업을 수행했다.

따라서 (4898, 10) 모양[5]을 포함한 전체 데이터셋이 제공된다. 우리의 표적 변수인 알코올은 8%와 14.2% 사이의 비율로 주어진다.

데이터를 적재하기 전에 데이터를 무작위로 표본 추출하여 훈련 데이터셋과 검증 데이터셋 및 테스트 데이터셋으로 나누었으므로 여기서는 걱정할 필요가 없다.

마지막으로 load_data() 함수는 모든 것을 깔끔하게 한 곳에 보관하는 딕셔너리(dictionary, 사전)를 반환한다. 나중에 내가 ["X_train"]이라는 데이터를 참조한다는 점을 보게 되면, 내가 데이터 딕셔너리에 저장한 훈련 데이터셋을 참조하고 있다는 점도 알 수 있을 것이다

이 프로젝트의 코드와 데이터는 모두 책의 깃허브(GitHub) 사이트에서 사용할 수 있다 (https:// github.com/mbernico/deep_learning_quick_reference).

비용 함수 정의

회귀 분석을 할 때 가장 널리 사용하는 비용 함수는 **제곱근 평균 제곱 오차**(root mean squared error, RMSE)[6] 및 **평균 절대 오차**(mean absolute error, MAE)이다. 나는 여기서 MAE를 사용할 생각이다. MAE는 다음과 같이 정의한다.

$$MAE = \frac{1}{n}\sum_{j=1}^{n} \mid y_j - \hat{y}_j \mid$$

---

4 (옮긴이) 척도 또는 축척이라는 말.

5 (옮긴이) 즉, shape. 텐서의 모양을 말한다. 텐서의 크기 또는 구조라고 부르기도 한다. 그러나 크기는 size와 혼동될 수 있고, 구조는 structure나 architecture 또는 hiarachy와 혼동될 수 있어 그 본래 개념을 가장 잘 나타내는 수학 용어인 '모양'이라는 말로 번역했다. '형상'이라고 생각하면 이해하기 쉽다.

6 (옮긴이) 그냥 '제곱 평균 오차'라고 부르는 경우가 많은데, 그 개념이 다르므로 주의해야 한다.

간단히 말해서, MAE는 데이터셋의 모든 사례에 대해서 평균적이고 부호 없는(unsigned) 오차이다. RMSE와 아주 비슷하지만 평균 제곱 오차의 제곱근 대신 y와 $\hat{y}$간 차이의 절댓값을 사용한다.

$$RMSE = \sqrt{\frac{1}{n}\sum_{j=1}^{n}(y_j - \hat{y}_j)^2}$$

 여러분은 아마도 여러분에게 더 친숙한 RMSE와 MAE가 어떻게 다른지 궁금할 것이다. 오차가 데이터셋 전체에 고르게 분포되는 경우 RMSE와 MAE는 동일하다. 데이터셋에 매우 큰 이상점(outliers)이 있는 경우 RMSE는 MAE보다 훨씬 크다. 비용 함수는 여러분의 사용 사례에 적절한 것이어야 한다. 해석 가능성과 관련하여, MAE는 실제 평균 오차이기 때문에 RMSE보다 해석하기가 더 쉽다.

케라스로 MLP를 구축하기

케라스는 모델 객체의 인스턴스(instance)를 사용해 신경망을 담는다. 사이킷런에 익숙한 사람이라면, 아마도 이게 꽤 익숙할 거다. 다소 다른 점은 케라스 모델에 계층의 집합이 포함되어 있다는 점이다. 이 계층들은 우리가 정의해야 한다. 이렇게 함으로써 코드를 조금만 쓰고도 신경망 아키텍처에서 놀라운 유연성을 얻을 수 있다.

 케라스에는 현재 모델 구축용 API가 두 가지가 있다. 내가 제시하는 예제에서는 함수형 API를 사용할 것이다. 함수형 API가 약간 더 장황하기는 해도 더 나은 유연성을 얻을 수 있다. 될 수 있으면 함수형 API를 사용하기 바란다.

우리가 만들려고 하는 MLP에는 입력 계층, 은닉 계층, 그리고 출력 계층이 필요할 것이다.

입력 계층의 모양

우리가 이미 입력들을 식별했기 때문에, 우리는 입력 행렬의 행 개수가 데이터셋의 데이터 원소/관측 개수와 같고 열 개수가 변수/특징 개수와 같다는 점을 알고 있다. 그러므로 입력 행렬의 모양(shape)은 (관측 개수×10개 특징)이 된다. 텐서플로 및 케라스는 데이터셋이나 미니배치에 들어 있는 레코드의 정확한 개수를 정의하는 대신 데이터셋의 원소 개수를 정의할 때 None을 자리 표시자로 사용할 수 있다.

 케라스 또는 텐서플로의 모델 계층 모양에서 None 차원이 사용된 것을 본다면, 이는 실제로는 모든 차원이 양의 정수 값이 될 수 있다는 점을 의미한다.

은닉 계층의 모양

우리의 은닉 계층은 32개 뉴런으로 시작할 것이다. 이 시점에서, 우리는 얼마나 많은 뉴런이 필요한지 알 수 없다. 이것이야말로 진짜 하이퍼파라미터라고 할 수 있는데, 이 뉴런 개수를 나중에 탐색해 조율할 수 있다. 주어진 문제에 적합한 신경망 아키텍처를 고르는 일은 딥러닝 분야에서 알려져 있는 문제이다.

은닉 계층을 구성하는 32개 뉴런은 각기 자신들의 활성치를 출력 계층으로 출력하므로, 은닉 계층의 모양은 (10, 32)가 될 것이다.

출력 계층의 모양

마지막 계층은 은닉 계층으로부터 나오는 32개 값을 입력으로 사용해 각 관측에 대한 단일 출력 값 $\hat{y}$를 예측하는 단일 뉴런으로 구성된다.

모든 계층을 합치면 MLP 신경망 구조는 다음과 같다.

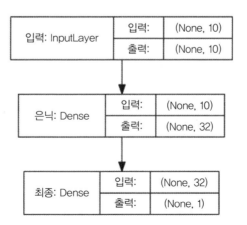

신경망 아키텍처

이제 입력과 출력을 정의했으므로 신경망의 코드를 살펴볼 수 있게 되었다.

```python
from keras.layers import Input, Dense
from keras.models import Model
def build_network(input_features=None):
    inputs = Input (shape=(input_features,), name="input")
    x = Dense (32, activation='relu', name="hidden") (inputs)
    prediction = Dense (1, activation='linear', name="final") (x)
    model = Model(inputs=inputs, outputs=prediction)
    model.compile(optimizer='adam', loss='mean_absolute_error')
    return model
```

이게 전부다! 이런 식으로 코드를 작성한 후에 다음과 같이 간단히 호출하기만 하면 이 코드를 사용해 문제에 딱 맞는 신경망 인스턴스를 구축할 수 있다.

```python
model = build_network(input_features=10)
```

하지만 이렇게 하기 전에 앞서 나온 코드에서 몇 가지 흥미로운 부분을 찾아 살펴보자.

- 모든 계층은 그 위층에 연쇄되어(chained) 있다. 각 계층을 호출할 수 있으며, 호출하면 텐서가 반환된다. 예를 들어, 은닉 계층은 다음과 같이 호출할 때 입력 계층에 묶이게 된다(tied) .

  ```python
  x = Dense (32, activation='relu', name="hidden") (inputs)
  ```

- 우리의 마지막 계층의 활성 함수는 선형이다. 이것은 어떤 활성도 사용하지 않는 것이나 마찬가지인데, 이게 바로 우리가 회귀 분석에 바라는 바이다.

- 케라스 모델은 .compile()을 사용해 컴파일해 줘야 한다.

- 컴파일을 호출할 때는, 사용할 비용 함수와 최적화기를 정의해야 한다. 이 예에서는 비용 함수로 MAE를 사용했다. 나는 기본 파라미터가 있는 Adam을 최적화기로 사용했는데, 1장에서 이것에 관해 조금 다룬 적이 있다. 결국에 우리는 Adam의 학습 속도(learning rate)를 조정하고 싶어질 것이다. 아주 간단히 이렇게 할 수 있다. 사용자 정의 Adam 인스턴스를 정의해 대신 사용하면 된다.

```python
from keras.optimizers import Adam
adam_optimizer = Adam(lr=0.001, beta_1=0.9, beta_2=0.999, epsilon=1e-08, decay=0.0)
model.compile(optimizer=adam_optimizer, loss='mean_absolute_error')
```

케라스 모델을 훈련하기

우리 신경망이 구축되고 컴파일이 되었으니 이제 남은 일은 신경망을 훈련하는 일뿐이다. 파이썬의 사이킷런을 사용할 때와 마찬가지로 다음 코드에서 볼 수 있듯이 모델 인스턴스에서 .fit()을 호출하면 훈련이 된다.

```
model.fit(x=data["train_X"], y=data["train_y"], batch_size=32, epochs=200, verbose=1,
          validation_data=(data["val_X"], data["val_y"]))
```

케라스 fit 메서드에 대한 몇 가지 중요한 논점을 살펴보자. 미니배치 경사 하강과 훈련 에포크를 잘 알고 있겠지만, 그렇지 않다면 *1장, '딥러닝 건축 재료'*에서 개요를 살펴보라. 케라스 fit 메서드의 주요 인수는 다음과 같다.

- batch_size: 케라스에서는 배치 크기의 기본값이 32이다. 배치 크기는 케라스가 사용할 미니배치의 크기를 나타낸다. 물론 이는 케라스가 미니배치 경사 하강을 사용할 것으로 가정한다는 의미이다. 어떤 이유로 미니배치 경사를 사용하지 않으려고 한다면 batch_size=None을 설정하면 된다.

- epochs: 에포크 하나는 전체 훈련 집합을 단 한 차례 지나간다는 의미이다[7]. 실제로 신경망이 수렴되었을 때 학습의 일환으로 훈련하는 횟수를 여러분이 관찰해야 하므로, 이 에포크라는 개념은 여러분이 다소 이해하기 쉬운 하이퍼파라미터인 셈이다. 나중에는 우리가 모든 에포크마다 또는 더 나아가서 직전 에포크보다 더 나은 에포크마다 모델의 가중치를 저장할 수 있다는 점을 알게 될 것이다. 일단 우리가 그렇게 적절한 에포크 때에 가중치를 저장하는 방법을 알게 되면, 우리가 생각하기에 가장 좋은 에포크를 선택한 다음에, 인간인 우리의 판단에 따라 훈련을 일찍 중단할 수 있다.

- validation_data: 여기서는 검증 집합을 지정한다. 모든 에포크가 끝날 때마다 케라스는 검증 집합을 이용해 모델을 테스트하고 손실 함수 및 지정한 그 밖의 계량들을 사용해 결과를 출력한다. 아니면 validation_split을 여러분이 검증에 사용하고 싶어 하는 훈련 집합의 백분율을 float 형식으로 지정하는 식으로 설정할 수도 있다. 두 가지 옵션 모두 잘 작동하지만 나는 데이터셋 분할과 관련해서는 아주 제대로 설명을 듣는 편을 선호한다.

- verbose: 이 단어만 봐도 무엇에 쓰는 건지 쉽게 알 수 있겠지만, 그래도 간단히 언급하는 게 좋겠다. verbose=1은 현재 에포크 상태를 표시하는 진행 표시줄을 출력하고, 이 에포크가 끝날 때 케라스는 훈련 손실과 검증 손실을 출력한다. verbose를 2로 지정하면 미니배치마다 손실 정보를 출력하고, 0으로 지정하면 케라스가 아무런 정보도 내보이지 않는다.

---

7 (옮긴이) 이 개념을 이해하려면 머신러닝과 딥러닝에서 자주 쓰이는 step, epoch, run의 상관을 이해하는 게 좋다. 스텝은 한 걸음, 에포크는 한 바퀴, 런은 한 차례라고 생각하면 된다. 예를 들어 어느 날 운동을 한 '차례' 하기로 마음 먹고, 운동장을 열 '바퀴' 돌기로 했는데, 운동장을 한 바퀴 도는 데 400 '걸음'을 걸어야 할 것으로 생각한다고 할 때의 이 차례, 바퀴, 걸음 간의 관계가 바로 런, 에포크, 스텝의 관계에 해당한다.

모델의 성능을 측정하기

이제 우리가 만든 MLP가 훈련을 받았으니, 이게 얼마나 좋은 것인지를 알아볼 수 있다. 그렇게 하기 위해 훈련용 데이터셋(train), 검증용 데이터셋(val), 테스트용 데이터셋(test)을 가지고 예측해 보려 한다. 여기에 필요한 코드는 다음과 같다.

```
print("Model Train MAE: " + str(mean_absolute_error(data["train_y"],
  model.predict(data["train_X"]))))
print("Model Val MAE: " + str(mean_absolute_error(data["val_y"],
model.predict(data["val_X"]))))
print("Model Test MAE: " + str(mean_absolute_error(data["test_y"],
model.predict(data["test_X"]))))
```

우리가 만든 MLP가 다음과 같은 성과를 거두고 있다.

```
Model Train MAE: 0.190074701809
Model Val MAE: 0.213255747475
Model Test MAE: 0.199885450841
```

데이터의 크기가 평균은 0이 되게 하고 분산은 기본 단위가 되게 조정되었다. train의 MAE는 0.19이고, val의 MAE는 0.21이다. 이 두 가지 오차가 서로 큰 차이가 나지 않으므로 내가 걱정할 정도로 과적합되지는 않았다. 내가 보지 못 하고 있던 큰 과적합(일반적으로 과적합이 더 큰 문제이기 때문)이 있을 것으로 예상하고 있었기 때문에 나는 이 모델이 너무 많은 편향치를 가지고 있다고 가정한다. 다시 말해서 데이터를 충분히 적합시키지 못 할 수도 있다는 말이다. 이런 일이 일어나면 모델의 계층이나 뉴런 중 하나를 늘리거나 아니면 둘 다 늘려야 한다. 더 깊은 신경망이 되게 해야 한다. 이 일은 다음에 하자.

우리는 신경망에 더 많은 뉴런을 추가하는 방식으로 파라미터를 늘림으로써 신경망의 편향을 줄일 수 있다. 최적화기를 조율해 보고 싶을 수도 있겠지만, 대개는 그보다 먼저 간편하게 신경망 아키텍처부터 건드려 보는 게 바람직하다.

케라스로 심층 신경망을 구축하기

모델 변경은 이전의 build_network() 함수를 재정의하는 것만큼 쉽다. 입력이 바뀌지 않았으므로 입력 계층은 그대로 유지된다. 마찬가지로 출력 계층도 동일하게 유지되어야 한다.

나는 은닉 계층들을 추가해 신경망에 파라미터를 추가하려고 한다. 은닉 계층을 추가하면 신경망은 입력과 출력 사이의 더 복잡한 관계를 학습할 수 있을 것이다. 먼저 은닉 계층 네 개부터 추가해 보자. 처음에 나오는 은닉 계층 세 개에는 각기 32개 뉴런이 있게 하고, 네 번째 은닉 계층에는 16개 뉴런을 둔다. 그러면 다음과 같은 모양이 될 것이다.

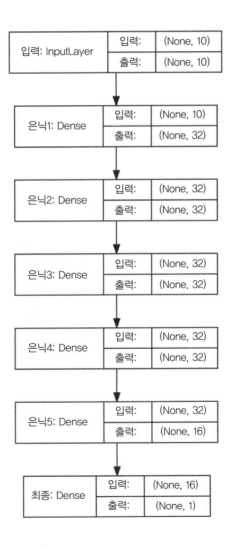

케라스로 해당 모델을 구축하는 일과 관련된 코드는 다음과 같다.

```
def build_network(input_features=None):
    inputs = Input (shape=(input_features,), name="input")
    x = Dense (32, activation='relu', name="hidden1") (inputs)
    x = Dense (32, activation='relu', name="hidden2") (x)
    x = Dense (32, activation='relu', name="hidden3") (x)
    x = Dense (32, activation='relu', name="hidden4") (x)
    x = Dense (16, activation='relu', name="hidden5") (x)
    prediction = Dense (1, activation='linear', name="final") (x)
    model = Model(inputs=inputs, outputs=prediction)
    model.compile(optimizer='adam', loss='mean_absolute_error')
    return model
```

약속했던 대로 코드가 그다지 바뀌지 않았다. 추가한 줄은 굵게 표시했다. 나머지 코드는 그대로 유지할 수 있지만 신경망의 복잡성이 증가함에 따라 더 오랜 시간 동안(더 많은 에포크를 거쳐) 훈련을 해야 하는 경우가 많다.

심층 신경망 성능 측정

이 문제를 푸는 데 있어서 심층 신경망이 MLP보다 정말로 더 나을까? 알아보자! 500 에포크를 훈련한 후 모델이 수행한 내역은 이렇다.

```
Model Train MAE: 0.0753991873787
Model Val MAE: 0.189703853999
Model Test MAE: 0.190189985043
```

이제 train의 MAE가 0.19에서 0.075로 감소했음을 알 수 있다. 우리는 신경망의 편향을 크게 줄였다.

하지만 분산은 커졌다. 훈련 오차와 검증 오차의 차이가 훨씬 더 크다. val 집합의 오차가 약간 감소했으니 그나마 다행이지만 훈련 오차와 검증 오차 간의 차이가 크면 훈련 집합에 과적합하기 시작한다.

이와 같은 경우에 분산을 줄이는 가장 간단한 방법은 훈련 데이터를 추가하거나 L2 정칙화나 드롭아웃과 같은 정칙화 기법을 적용하는 것인데 이는 다음 장에서 다룰 내용이다.

 분산이 큰 신경망이라면 데이터가 많을수록 더 좋다. 더 많은 데이터를 수집할 수 있다면, 아마도 그런 일은 시간을 허비하기에 딱 좋을 것이다.

일단 신경망이 구축되고 난 후에 나는 신경망을 통해 검증 집합 분포를 얼마나 잘 모델링하고 있는지를 알기 위해 오차를 시각적으로 검사하고자 한다. 이는 종종 내가 모델을 개선하는 데 도움이 되는 통찰력을 안겨 준다. 회귀 모델인 경우에 나는 검증 집합의 예측 값과 실제 값을 히스토그램으로 그려 보기를 좋아한다. 얼마나 잘했는지 보자. 여러분이 참조할 그래프는 다음과 같다.

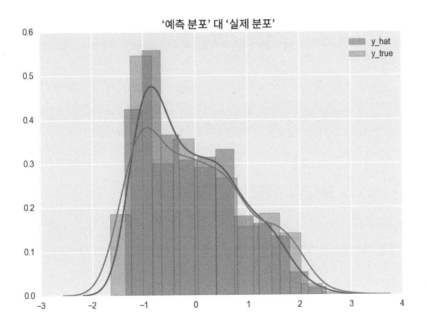

전반적으로, 나는 이 모델이 실제 분포를 상당히 가깝게 예측하고 있다고 생각한다. 실제 검증 데이터셋이 예측 데이터셋보다 약간 더 왼쪽(더 작은 값)으로 이동되는 것으로 나타나며 이는 중요한 통찰일 수 있다. 다시 말하자면, 신경망은 와인이, 특히 알코올이 다소 낮은 경우, 평균보다 더 많은 알코올을 함유하고 있다고 예측할 수 있다. 검증 데이터를 더 면밀하게 검사하면 더 많은 훈련 데이터를 수집하는 방법을 제시할 수 있다.

모델의 하이퍼파라미터 조율

이제 MLP와, 이 문제와 관련해 6개 계층으로 구성된 심층 신경망을 훈련했으므로, 모델의 하이퍼파라미터들을 조율해 최적화할 준비가 되었다.

*6장, '하이퍼파라미터 최적화'*에서 모델 조율을 자세히 설명할 것이다. 모델에 가장 적합한 파라미터를 선택하는 데 사용할 수 있는 다양한 전략이 있다. 보다시피, 여전히 최적화할 수 있는 파라미터와 하이퍼파라미터가 많이 있다.

이 모델을 완전히 조율하려면 다음을 수행해야 한다.

- 은닉 계층의 개수를 실험한다. 다섯 개는 너무 많고 한 개는 충분치 않은 것으로 보인다.

- 각 은닉 계층의 뉴런 개수를 계층 개수와 비교하며 실험한다.

- 드롭아웃과 정칙화를 보태어 실험한다.

- Adam 대신 SGD나 RMSProp을 써보거나 Adam을 쓰되 학습 속도를 다르게 해서 모델의 오차를 더욱 줄이려고 해 본다.

심층 신경망은 움직이는 부분이 너무 많고, 최적화는 때때로 지치게 하는 개념이다. 그러므로 여러분의 모델이 만족스러울 정도로 좋은 것인지를 결정해야 한다.

훈련된 케라스 모델을 저장하고 적재하기

여러분은 심층 신경망을 훈련시킨 다음에 그것을 원래 스크립트에서 다시 사용할 것 같지는 않다. 아마도 여러분은 신경망을 훈련한 다음 구조와 가중치를 저장해 새 데이터를 채점하도록 설계된 현업 적용 애플리케이션에서 사용할 수 있도록 하려고 할 가능성이 높다. 그렇게 하려면 모델을 저장하고 적재할 수 있어야 한다.

케라스에서는 모델을 아주 간단하게 저장할 수 있다. 다음 코드와 같이 모델 인스턴스의 .save() 메서드를 사용해 신경망 구조와 가중치를 hdf5 파일에 저장할 수 있다.

```
model.save("regression_model.h5")
```

진짜로 이게 전부다. 디스크에서 모델을 불러와 적재하는 일도 마찬가지로 간단하다. 이를 위한 코드는 다음과 같다.

```
from keras.models import load_model
model = load_model("regression_model.h5")
```

요약

여러분이 딥러닝이라는 것을 생각해 볼 때, 아마도 복잡하고 인상적인 컴퓨터 비전 문제와 관련을 지을 수 있겠지만, 심층 신경망은 이와 같은 단순한 회귀 문제에도 유용하다는 점을 증명할 수 있다. 내가 케라스 구문을 소개하고 간단한 신경망을 구축하는 방법을 보여 주는 과정에서 그 사실이 증명되기를 바란다.

우리가 진도를 나갈수록 훨씬 더 복잡한 것들을 보게 될 것이다. 대규모 신경망, 복잡한 비용 함수 및 고차원 입력 데이터가 그것이다. 그러나 이번 장에서 내가 사용한 과정은 대부분 그대로 유지된다. 각 경우에 우리는 문제의 개요를 설명하고, 입력과 출력을 식별하고, 비용 함수를 선택하고, 신경망 아키텍처를 생성하고, 마지막으로 모델을 훈련하고 조정한다.

다음과 같은 요인을 처리할 경우 흔히 심층 신경망에서 편향과 분산이 독립적으로 조작되고 감소될 수 있다.

- 편향(bias): 모델에 복잡성을 보탬으로써 편향을 줄일 수 있다. 뉴런이나 계층을 추가하는 게 도움이 될 것이다. 데이터를 추가한다고 해도 편향이 줄지는 않는다.
- 분산(variance): 이는 데이터를 추가하거나 정칙화를 통해 줄일 수 있다.

다음 장에서는 텐서보드를 사용해 심층 신경망을 더 빠르게 최적화하고 관련 문제를 해결하는 방법을 알아볼 것이다.

03

텐서보드로 신경망의
훈련 과정을 살펴보기

이번 장에서 나는 텐서보드(TensorBoard)를 사용해 심층 신경망을 빠르고 쉽게 훈련하는 방법을 설명하려고 한다. 나는 텐서보드가 훌륭한 도구인데도 종종 무시당한다고 생각하는데, 너무 자주 각주 정도로만 설명하거나 책의 마지막 장에서나 설명하기 때문이다. 반면에 이 책에서는 텐서보드를 개략적으로 살펴봄으로써 즉시 활용할 수 있게 한다.

이번 장에서 다룰 주제는 다음과 같다.

- 텐서보드에 대한 개요
- 텐서보드를 설정하기
- 케라스에 텐서보드를 연결하기
- 텐서보드를 사용하기

텐서보드에 대한 개요

텐서보드는 텐서플로를 사용해 생성한 심층 신경망의 계량이나 파라미터 및 구조를 시각화하는 데 도움이 되는 웹 기반 애플리케이션이다. 텐서플로는 심층 신경망을 더 빠르고 쉽게 수정하고 최적화하는데 도움이 될 것이다.

여러분이 지금쯤 짐작했듯이 심층 신경망이 아주 복잡해질 수 있다. 불행하게도 이는 잘못될 수 있는 점이 많아질 수 있다는 의미이기도 하다. 나도 때때로 실수를 저지르고는 했는데, 그런 경우에 버그가 심층 신경망 내에서 발생하고, 심층 신경망은 프레임워크 안에 자리잡은 상태이고, 이 프레임워크는 또 다른 프레임워크를 바탕으로 실행되는데, 또 다른 프레임워크라는 것이 GPU를 사용해 실행되고 있다면, 이것들 속에서 버그를 찾아 내기는 어렵다. 텐서보드는 아주 어두운 방에서 문제라는 것을 찾아내는 데 필요한 손전등 같은 것일 수 있다. 텐서보드를 사용하면 신경망을 훈련할 때 계량과 파라미터의 변화를 살펴볼 수 있으므로 문제 해결 시간을 크게 단축할 수 있다.

텐서보드는 최적화에 매우 적합하다. 텐서보드를 사용하면 여러 모델의 실행 상황을 시각적으로 서로 비교할 수 있다. 이렇게 하면 변화하는 아키텍처 및 하이퍼파라미터를 실험해 본 후에 신경망의 다른 실행 결과와 관련된 변경 사항을 평가할 수 있다. 이 모든 것이 매 에포크에 걸쳐 발생할 수 있으므로, 원한다면 잘 되지 않는 모델의 실행을 조기 중단 처리할 수 있으므로 시간과 비용을 절약할 수 있다. 텐서보드에 대한 자세한 내용은 https://www.tensorflow.org/programmers_guide/summaries_and_tensorboard에서 확인할 수 있다.

텐서보드를 설정하기

텐서보드는 독립형 웹 애플리케이션이다. 웹 브라우저를 거쳐야 텐서보드를 사용할 수 있다. 설정에는 두 단계가 필요하다. 먼저 텐서보드를 설정해 텐서플로 및 케라스에서 구축한 신경망을 시각화한 다음 텐서보드와 정보를 공유하도록 케라스를 설정한다.

이번 단원에서는 텐서보드를 설정하는 방법을 설명한다. 그리고 다음으로는 케라스 코드를 수정해 텐서보드와 정보를 공유하는 방법을 설명한다.

텐서보드 설치

텐서플로를 설치해 놓았다면 텐서보드가 컴퓨터에 이미 설치되어 있을 수 있다. 케라스 및 텐서플로와 마찬가지로 pip를 사용해 텐서보드를 설치하고 업데이트할 수 있다. 설치하려면 다음을 실행하라.

```
pip install -U tensorboard
```

텐서보드가 케라스/텐서플로와 대화하는 방법

텐서보드 및 텐서플로는 공통 로그 디렉터리를 사용해 정보를 공유한다. 케라스와 텐서플로
가 훈련되면 케라스는 계량들을 작성하고 사용자가 지정한 로그 디렉터리에 히스토그램 활성
화(이것에 관해서는 곧 더 자세히 설명한다)를 기록한다. 이제 다음 코드를 사용해 홈 디렉터
리에 이 예제의 로그 디렉터리를 생성해 보자.

```
mkdir ~/ch3_tb_log
```

텐서보드 실행

남은 일은 텐서보드 과정을 시작하는 것뿐이다. 다음 코드를 사용하면 텐서보드를 시작할 수
있다.

```
tensorboard --logdir ~/ch3_tb_log --port 6006
```

짐작했듯이 --logdir로는 우리가 방금 만든 디렉터리를 지정하고 --port 6006으로는 텐
서보드가 실행될 포트를 지정한다. 6006 포트가 기본값이지만 여러분은 어떤 포트이든지 사
용할 수 있다.

이제 여러분은 http://〈ip 주소〉:6006이라고 지정하여 텐서보드 URL을 탐험해 볼 수 있다.

브라우저에서 클라우드 서비스를 사용하는 경우 포트 6006에서 서버에 연결할 수 있도록 방
화벽이나 보안 규칙을 조정해야 할 수도 있다. 아마존 웹 서비스(Amazon Web Services,
AWS)에서 EC2 인스턴스와 연결된 보안 그룹의 인바운드 규칙을 편집하는 식으로 이렇게 할
수 있다.

내가 위에서 했던 것처럼 모든 세계가 접근할 수 있게 개방해 두기를 원할지도 모르겠다. 내게는 이 일이 테스트해 보는 일에 불과해서 보안에 별로 관심이 두지 않고 있는데, 어쨌든 나는 위험을 무릅쓰는 편이다.

모든 게 잘 되었다면 다음과 같은 빈 텐서보드가 나타나야 한다.

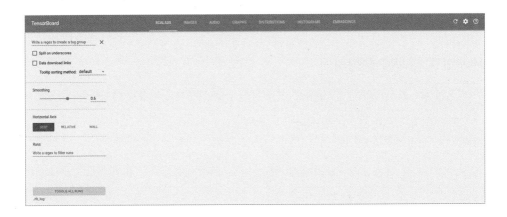

걱정하지 마라, 곧 다 채울 거다.

케라스와 텐서보드를 연결하기

이제 텐서보드가 작동 중이므로, 위에서 지정한 디렉터리에 텐서보드 로그를 기록하도록 케라스에 지시하기만 하면 된다. 다행히 이렇게 하기가 정말 하기 쉬우며, 이렇게 함으로써 케라스의 특별한 함수 유형인 콜백을 배울 좋은 기회가 되기도 한다.

케라스 콜백 소개

케라스의 콜백(callback)은 훈련 과정 중에 실행할 수 있는 함수이다. 콜백을 사용하면 1 에 포크 후에 모델 가중치를 저장하거나, 무언가에 대한 로그를 기록하거나, 하이퍼파라미터를 변경하거나 텐서보드 로그 파일을 편리하게 작성하는 일 같이 다양하고 멋진 일들을 할 수 있다. 게다가 사용자 맞춤형 콜백을 생성할 수도 있다.

다음 단원에서 텐서보드 콜백을 사용할 예정이므로 먼저 https://keras.io/callbacks에서 사용할 수 있는 모든 케라스 콜백을 살펴보는 게 바람직하다.

텐서보드 콜백은 모델을 훈련하기도 전에 구성하고 인스턴스화할 수 있는 객체이다. 우리는 이 콜백들의 목록을 만들려고 한다. 일단 우리의 심층 신경망과 함께 사용하고자 하는 콜백 목록을 만들기만 하면 간단히 그 목록을 모델의 .fit() 메서드의 인수로 전달할 수 있다. 케라스는 각 에포크마다 이와 같은 콜백들을 적절하게 사용한다. 다음 예제를 진행하는 동안에 이 점을 더 잘 이해할 수 있을 것이다.

텐서보드 콜백을 생성하기

이번 장에서는 2장, '딥러닝을 사용해 회귀 문제를 풀기'에서 신경망과 데이터를 복사해 가져오는 일부터 했다. 이번에는 간단한 몇 가지 작업을 추가로 수행해서 텐서보드 콜백을 추가하려고 한다. 먼저 우리가 만든 MLP(다층 퍼셉트론)를 수정해 보자.

먼저 다음 코드를 사용해 텐서보드 콜백 클래스를 가져와야 한다.

```
from keras.callbacks import TensorBoard
```

그런 다음에 콜백을 초기화한다. 나는 콜백을 조심스럽고 깔끔하게 다듬기 위해서 나의 모든 콜백을 만드는 함수 안에서 초기화를 하는 편이다. 아래의 create_callbacks() 함수는 .fit() 으로 전달할 모든 콜백 목록을 반환한다. 이 경우 다음 요소가 포함된 목록이 반환된다.

```
def create_callbacks():
    tensorboard_callback = TensorBoard(log_dir='~/ch3_tb_log/mlp',
                                       histogram_freq=1,
                                       batch_size=32,
```

```
                                          write_graph=True,
                                          write_grads=False)

    return [tensorboard_callback]
```

다음 단계로 넘어가기 전에 여기서 사용하는 몇 가지 인수를 살펴보자.

- log_dir: 이 인수는 텐서보드용 로그 파일을 작성하는 경로이다.

> 내가 MLP 신경망용 텐서보드 콜백 로그를 ~/ch_3_tb_log/mlp에 쓰는 것을 눈치챘을 수 있는데,
> 우리가 텐서보드용으로 지정한 디렉터리 아래에 새로운 디렉터리인 mlp라는 이름으로 만든 것이
> 다. 사실, 일부러 이렇게 했다. 우리는 2장, '딥러닝으로 회귀 문제를 풀기'에서 훈련한 심층 신경망
> 모델을 구성해 ~/ch_3_tb_log/dnn이라는 별도의 디렉터리에 로그를 기록할 것이다. 이렇게 하면
> 두 모델의 실행 결과를 서로 비교할 수 있다.

- histogram_freq: 이 인수로는 활성치 및 가중치에 대한 히스토그램 계산 빈도(에포크 단위로)를 지정한다. 이 값은 기본적으로 0이므로 로그를 훨씬 적게 기록하게 되지만, 이런 경우에 히스토그램은 생성되지 않는다. 우리는 곧 히스토그램에 관심을 두어야 할 이유와 시기에 관해 설명할 것이다.

- batch_size: 히스토그램 계산에 사용되는 배치 크기이다. 기본값은 32이다.

- write_graph: 이 함수는 부울형이다. 이것으로 텐서보드에서 신경망 그래프를 시각화할 수 있다. 이 인수를 사용하면 꽤 편리할 수 있지만 또한 로그 기록 내용이 상당히 커질 수 있다.

- write_grads: 이 함수도 부울형이다. 이것을 사용해 텐서보드에 경사에 관한 히스토그램을 계산하도록 지시할 수 있다.

> 텐서플로가 여러분을 위해 자동으로 경사를 계산해 주므로 이 write_grads는 거의 사용되지 않는
> 다. 그러나 사용자 정의 활성화나 손실을 사용하는 경우라면 훌륭한 문제 해결 도구가 될 수 있다.

텐서보드 콜백은 이미지를 입력으로 받아 동작하는 신경망이나 내장된 계층에서 사용되는 인수들을 추가로 취할 수 있다. 우리는 이 책의 뒷부분에서 이 둘을 다룰 것이다. 이러한 함수에 관심이 있는 경우에 https://keras.io/callbacks/#tensorboard에서 볼 수 있는 텐서보드 API 문서를 참조하라.

이제 콜백 목록을 만들고 콜백 인수에 MLP를 맞추기만 하면 된다. 이는 다음과 같다.

```
callbacks = create_callbacks()
model.fit(x=data["train_X"], y=data["train_y"],
          batch_size=32, epochs=200, verbose=1,
          validation_data=(data["val_X"], data["val_y"]),
          callbacks=callbacks)
```

텐서보드를 사용하기 전에, 내가 MLP를 계측했던 것과 같은 방식으로 심층 신경망을 계측할 것이다. 텐서보드 로그를 작성하는 디렉터리에 관한 코드 부분만 수정하면 된다. 참조할 수 있도록 똑같은 구현 메서드를 여기에 다시 표시했다.

다만 쉽게 이해할 수 있게 새롭게 달라진 부분만 강조했다.

```
def create_callbacks():
    tensorboard_callback = TensorBoard(log_dir='./ch3_tb_log/dnn',
                                       histogram_freq=1,
                                       batch_size=32,
                                       write_graph=True,
                                       write_grads=False)
    return [tensorboard_callback]
```

나머지 코드는 동일하다. 이제 각 신경망을 다시 훈련하고 텐서보드를 살펴보자.

텐서보드를 사용하기

이제 텐서보드를 완전히 구성하고 로그 데이터를 텐서보드로 보내는 방법을 신경망에 알려주었으므로 이를 활용할 수 있다. 나머지 장에서는 내가 선호하는 텐서보드 사용 방법을 보여주려고 한다. 텐서보드에는 이보다 더 많은 기능이 있지만 책의 나머지 부분 전체에 걸쳐 추가적인 기능들을 다시 살펴볼 생각이다.

훈련 시각화

*2장, '딥러닝으로 회귀 문제를 풀기'*에서 두 모델의 로그 데이터를 작성했으니 이제 텐서보드를 사용해 두 모델을 그래프 모양으로 비교할 수 있다. 텐서보드를 열고 SCALARS 부분으로 이동한다. 다음과 같은 모양을 볼 수 있어야 한다. 그래프를 확장하려면 loss와 val_loss를 클릭해야 할 수 있다.

모델에 대한 손실 및 val_loss 그림을 표시하는 텐서보드

화면의 왼쪽 하단 모서리를 보면 우리가 만든 각 디렉터리를 볼 수 있고, 각 디렉터리는 실행 결과와 연동되어 있다. 화면에는 두 디렉터리 모두 선택되어 있는 것으로 나타나 있다. 즉, 그래프에서 두 모델의 출력을 확인할 수 있다.

텐서보드는 수많은 실행 결과를 받아들일 수 있는데, 정규 표현식을 사용하면 일부 결과만 골라낼 수 있다(예를 들어 ^dnn*라는 정규식으로 걸러내면 dnn으로 시작하는 모든 실행 결과가 표시된다. 즉, 많은 실험 결과 또는 실행 결과를 보고 최상의 모델을 검색하려 하는 경우(예: 하이퍼파라미터 최적화) 실행 결과의 이름을 명시적으로 일관되게 지정하고 의미 있는 하이퍼파라미터 및 아키텍처 정보를 이름에 포함되게 해 두면 신속하게 탐색할 수 있다!

이러한 그래프에서 X 축의 기본 눈금은 **에포크(epochs)**이다. Y 값은 MAE인 **손실 함수(loss function)**이다. 그래프를 클릭해 더 자세히 살펴볼 수 있고, 끌어서 확대할 수 있다.

이런 식으로 그래프를 봄으로써 각 신경망의 상대적 편향과 분산을 제대로 확인할 수 있다. train 손실에 있어서 모델들 사이에 충분한 구별이 되는 반면에, 검증 집합에서는 심층 신경망이 살짝 더 나아질 뿐인데, 이는 과적합을 향하고 있다는 점을 암시한다.

신경망 그래프 시각화

우리의 훈련 과정을 살펴보고 모델을 비교하는 게 분명 대단한 일이기는 하지만 텐서보드로 이런 일만 할 수 있는 게 아니다. 신경망의 구조도 시각화할 수 있다. 여기서 나는 GRAPHS 부분으로 심층 신경망의 구조를 나타냈다.

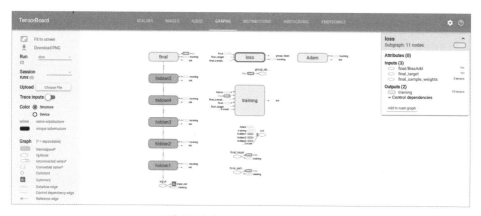

심층 신경망의 구조를 표시하는 텐서보드

training 마디는 입력 텐서들을 대표한다. 그리고 거대한 문어처럼 보이는 이 마디(node)는 그래프의 나머지 부분과 다소 도움이 되지 않는 방식으로 연결되어 있다. 이 문제를 해결하려면 마디를 클릭한 다음에 Remove from the main graph(기본 그래프에서 제거)를 클릭하기만 하면 된다. 이렇게 하면 해당 마디가 한쪽으로 옮겨진다.

문제가 생긴 신경망을 시각화하기

텐서보드는 문제 해결에 멋지게 사용할 수 있는 도구이다. 이런 주장을 증명하기 위해 나는 일부러 우리가 만든 심층 신경망을 복사한 다음에 문제를 일으켜 보려고 한다. 다행히도, 신경망을 깨뜨리기는 정말 쉽다. 내 말을 믿어 주었으면 하는 건, 기본적으로 내가 이런 점과 관련해서는 전문가라는 점을 본의 아니게 충분히 수행해 보였기 때문이다.

여러분이 방금 새로운 신경망을 훈련하고 그 손실이 이렇게 생겼다고 상상해 보라.

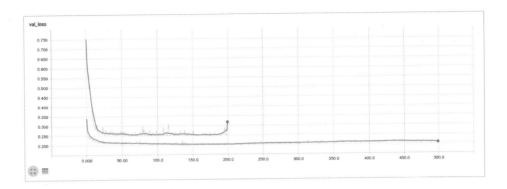

이 신경망의 손실 함수가 중단된 상태인데다가 이전의 실행 결과보다 훨씬 높다. 무엇이 잘못되었을까?

텐서보드의 **HISTOGRAMS** 부분으로 이동해 첫 번째 은닉 계층을 시각화해 보라. 두 신경망에서 은닉 계층 1에 대한 가중치들을 히스토그램으로 비교해 보자.

두 신경망에서 은닉 계층 1의 가중치 히스토그램을 표시하는 화면

dnn이라고 이름을 지은 신경망의 편향과 가중치 모두에 대해서 가중치가 그래프 전체에 분산되어 있음을 확인할 수 있다. 여러분은 각 분포가 정상(적)인 것이라고 말할 수도 있다.

DISTRIBUTIONS 부분에서 가중치와 편향을 비교할 수도 있다. 두 부분은 모두 동일한 정보를 약간 다른 방식으로 제공한다.

자, 이제 손상된 신경망의 가중치와 편향치를 살펴보자. 그다지 널리 퍼지지 않았고, 사실 가중치는 기본적으로 모두 똑같다. 신경망이 실제로는 학습하지 않는다. 그 계층의 모든 뉴런은 거의 똑같아 보인다. 다른 은닉 계층을 통해서 동일한 면을 더 많이 볼 수 있다.

내가 어떤 식으로 이렇게 했는지 궁금할 수도 있을 것이다. 여러분에게 행운이 깃든 것 같으니 내 비밀을 공개하려고 한다. 어쨌든, 여러분은 언제 자신의 신경망이 손상될지를 전혀 알지 못한다. 이 문제를 해결하기 위해, 나는 신경망의 모든 뉴런을 아주 똑같은 값으로 초기화했다. 이런 일이 일어날 때, 역전파가 되는 동안 모든 뉴런이 받는 오차는 아주 똑같고 정확히 같은 방식으로 변한다. 이렇게 되면 신경망은 대칭을 깨지 못한다. 마음 먹은 대로 신경망의 가중치를 초기화하는 능력이 정말 중요한데, 규칙을 어기면 가능한 일이다!

문제가 있을 때는 텐서보드를 이와 똑같은 방식으로 사용할 수 있다. 우리의 심층 신경망의 파라미터 개수는 4,033개로 딥러닝의 세계에서는 여전히 아주 작은 것으로 간주된다는 점에 유의하라. 텐서보드를 사용해 4,033개의 파라미터를 시각화하여 검사하고 문제를 식별할 수 있었다. 텐서보드는 딥러닝이 진행되는 어두운 방을 비추는 훌륭한 손전등인 셈이다.

요약

이번 장에서는 텐서보드를 설치하고 구성해 사용하는 방법을 이야기했다. 텐서보드의 SCALARS 부분에서 각 에포크마다 손실 함수를 검사해 모델을 시각적으로 비교하는 방법을 다루었다. 그런 다음 텐서보드의 GRAPHS 부분을 사용해 신경망 구조를 시각화했다. 마지막으로 HISTOGRAMS 부분을 보면서 문제를 해결할 수 있게 텐서보드를 사용하는 방법을 살펴보았다.

다음 장에서는 케라스와 텐서플로를 사용해 이진 분류 문제를 해결하는 방법을 살펴보고, 딥러닝 전략을 펼치겠다.

04

딥러닝으로
이진 분류 문제를 풀기

이번 장에서는 케라스 및 텐서플로를 사용해 까다로운 이진 분류 문제를 해결해 볼 것이다. 먼저 이러한 유형의 문제와 관련된 딥러닝의 이점과 단점을 이야기한 다음에 *2장, '딥러닝으로 회귀 문제를 풀기'*에서 정립한 것과 같은 프레임워크를 사용해 솔루션을 개발할 것이다.

마지막으로, 케라스 콜백을 더 깊이 다루고, 사용자 지정 콜백을 사용해 에포크별 **수신기 조작 특성 곡선 아래 영역**(receiver operating characteristic / area under the curve, ROC AUC)을 구현할 것이다.

이번 장에서 다룰 주제는 다음과 같다.

- 이진 분류 및 심층 신경망

- 사례 연구: 간질 발작 인식

- 케라스에서 이진 분류기를 만들기

- 케라스에서 검사점 콜백을 사용하기

- 사용자 정의 콜백에서 ROC AUC를 측정하기

- 정밀도, 재현율 및 f1 점수를 측정하기

이진 분류 및 심층 신경망

회귀 문제(regression problems)와 같은 이진 분류 문제(binary classification problems)[1]는 아주 흔한 머신러닝 작업이다. 그래서 딥러닝에 관한 책이라면 이것을 다루지 않고는 책이 마무리되지 않을 것이다. 확실히 우리는 아직 심층 신경망의 안식처에 도달하지는 못했지만 아직까지는 잘 나아가고 있다. 우리가 코드를 살펴보기 전에, 이진 분류 문제를 해결하기 위해 심층 신경망을 선택할 때 고려해야 할 균형을 생각해 보자.

심층 신경망의 장점

로지스틱 회귀 분석 모델과 같은 전통적인 분류기 또는 **랜덤 포레스트**(random forest)나 **그래디언트 부스팅 머신**(gradient boosting machine)[2]과 같은 트리 기반 모델과 비교하면, 심층 신경망에는 몇 가지 이점이 있다.

2장, '딥러닝을 사용해 회귀 문제를 풀기'에서 사용한 회귀와 마찬가지로 특징을 선택하거나 선별하지 않아도 된다. 우리가 이번 장에서 선택한 문제에는 178개의 입력 변수가 있다. 각 입력 변수는 x1부터 x178에 이르는 레이블로 처리한 **뇌전도도**(electroencephalogram, EEG)의 특별한 입력이다. 의사라고 할지라도 이렇게나 많은 특징(features)과 표적(targets) 변수 간의 관계를 이해하기는 어려울 것이다. 이러한 특징들 중 일부는 연관성이 없으며, 해당 변수들과 표적 사이에 높은 수준의 상호 작용이 있을 여지가 크다. 기존 모델[3]을 사용하면 특징을 선별해야만 모델의 성능을 크게 높일 수 있다. 그렇지만 심층 신경망을 사용할 때는 이렇게 할 필요가 없다.

심층 신경망의 단점

2장, '딥러닝으로 회귀 문제를 풀기'에서 말했듯이 심층 신경망을 쉽게 해석하기 어렵다. 심층 신경망이 훌륭한 예측기이기는 하지만, 심층 신경망이 어떤 식으로 그렇게 예측했는지를

---

1 (옮긴이) '이항 분류 문제'라고도 부른다. 그러나 이항(binomial)과 이진(binary)의 개념이 조금은 다르므로 이 책에서도 구분해 사용했다.

2 (옮긴이) 즉, 경사 증폭 기계.

3 (옮긴이) 즉, 심층 신경망을 사용하지 않는 모델. 기호주의 관점에서 고안된 머신러닝 알고리즘이 그러한 예이다.

이해하기란 쉽지 않다. 여러 특징 중 어떤 것이 표적을 바꾸는 데 가장 큰 영향을 끼치는지를 이해해야만 하는 경우라면, 심층 신경망은 그런 작업에 쓸 만한 적절한 도구가 아니라는 점을 거듭 마음에 새겨 두어야 한다. 하지만 작업 목표가 원시적인 예측 능력이라면[4] 심층 신경망을 고려해야 한다.

우리는 또한 복잡함도 고려해 두어야 한다. 심층 신경망은 파라미터가 많아서 복잡한 모델이다. 최고의 신경망을 찾는 데 시간과 실험이 필요할 수 있다. 모든 문제가 그 정도의 복잡성을 보장하지는 않는다.

 실제로 나는 정형 데이터(structured data, 즉 구조화된 데이터) 문제인 경우에는 딥러닝 방식을 첫 번째 해결책으로 사용하지 않는다. 그러므로 나는 가능한 한 가장 간단한 모델로 시작해서, 문제에 필요한 만큼씩 딥러닝을 반복해 보려고 한다. 문제에 이미지나 오디오 또는 텍스트가 포함되어 있다면[5] 그때 딥러닝 방식을 도입할 가능성이 크다.

사례 연구: 간질 발작 인식

아마 짐작했겠지만, 우리는 이진 분류 문제부터 풀어 볼 것이다. 우리는 '2장, 딥러닝으로 회귀 문제를 풀기'에서 정립한 것과 똑같은 프레임워크를 사용하여 문제를 계획하고 필요에 따라 수정한다. 이번 장의 전체 코드는 4장, '딥러닝으로 이진 분류 문제를 풀기'에서 해당하는 깃허브 저장소 내 폴더에서 확인할 수 있다.

데이터셋 정의하기

이번 장에서 다룰 데이터셋은 간질성 발작 인식 데이터셋이다. 이 데이터는 원래 Andrzejak RG 및 그 밖의 연구진이 Phys. Rev. E, 64, 061907로 발표한 'Indications of nonlinear deterministic and finite dimensional structures in time series of brain electrical activity'(뇌 전기 활동의 시계열에서 비선형 결정론적 유한 차원 구조의 표시: 기록 영역과 뇌 상태에 대한 의존성)라는 제목의 논문에서 나왔다. UCI 머신러닝 저장소인 http://

---

4 (옮긴이) 즉, 예측 원인을 알 필요 없이 그저 정확한 예측이 필요한 경우라면.

5 (옮긴이) 즉, 비정형 데이터가 포함되어 있다면.

archive.ics.uci.edu/ml/datasets/Epileptic+Seizure+Recognition에서 데이터를 찾을
수 있다.

우리의 목표는 입력 특징들을 고려해 환자가 발작을 일으키는지 여부를 예측할 수 있는 심층
신경망을 만드는 것이다.

데이터를 적재하기

다음 함수로 이번 장에서 사용하는 데이터를 적재할 수 있다. 2장에서 사용한 함수와 무척 비
슷하지만 이번에 쓸 데이터셋에 맞게 조정한 것이다.

```python
from sklearn.preprocessing import StandardScaler
def load_data():
    """train, val, test 데이터셋을 디스크에서 가져와 적재하기"""

    train = pd.read_csv(TRAIN_DATA)
    val = pd.read_csv(VAL_DATA)
    test = pd.read_csv(TEST_DATA)


    # 이 모든 데이터를 깔끔하게 유지하기 위해 dict를 사용한다.
    data = dict()
    data["train_y"] = train.pop('y')
    data["val_y"] = val.pop('y')
    data["test_y"] = test.pop('y')

    # 우리는 sklearn의 StandardScaler를 사용해
    # 데이터를 평균과 단위 분산에 맞게 조정한다.
    scaler = StandardScaler()
    train = scaler.fit_transform(train)
    val = scaler.transform(val)
    test = scaler.transform(test)

    data["train_X"] = train
    data["val_X"] = val
    data["test_X"] = test
```

```
# scaler(즉, 최소한 평균/분산)를 유지함으로써
# 예측을 다시 원래 크기로 복원할 수 있게 하는 게 바람직하다.
data["scaler"] = scaler
return data
```

모델의 입력과 출력

이 데이터셋에는 11,500개 행이 있다. 데이터셋의 각 행에는 178개의 데이터 점이 포함되어 있으며, 각 데이터 점은 1초 분량의 EEG 기록 표본과 100명의 서로 다른 환자들 간에 생성된 상태를 나타낸다.

데이터셋에는 다섯 개의 환자 상태가 있지만, 상태 2에서 상태 5까지 환자는 발작을 경험하지 않았다. 상태 1에 있는 환자는 발작을 경험하고 있었다.

나는 원본 데이터셋을 수정해 상태 2부터 상태 5까지를 0 클래스로 변경함으로써 문제를 이진 분류 문제가 되게 다시 구성했다. 그러므로 클래스 0은 발작이 없음을 의미하고 클래스 1은 발작을 의미한다.

2장, '딥러닝으로 회귀 문제를 풀기'에 나온 회귀 문제와 마찬가지로 train용으로는 80% val용으로는 10%, test용으로는 10%를 분할해 사용하게 될 것이다.

비용 함수

발작 확률을 예측하려면 클래스 1인 분류기(classifiers)가 필요하다. 이는 기존의 로지스틱 회귀 모델에서와 같이 출력이 [0, 1]로 제한됨을 의미한다. 이 경우 비용 함수(cost function)는 로그 손실이라고도 하는 이진 교차 엔트로피(binary cross-entropy)이다. 이전에 분류기로 작업해 본 적이 있다면 이 수학에 익숙하겠지만, 다시 떠올려 볼 수 있게 해당 공식을 여기에 다시 포함시킬 생각이다.

로그 손실을 나타내는 완전한 공식은 다음과 같다.

$$Cost = -\frac{1}{n}\sum_{i=1}^{n}[y_i \log \hat{y}_i + (1 - y_i)\log(1 - \hat{y}_i)]$$

이 공식을 아마도 $y_i = 0$ 및 $y_i = 1$일 때의 두 함수의 집합으로 간단히 여길 수 있을 것이다.

$y_i = 1$일 때

$$Cost = -\frac{1}{n}\sum_{i=1}^{n} \log(\hat{y}_i)$$

$y_i = 0$일 때

$$Cost = -\frac{1}{n}\sum_{i=1}^{n} \log(1 - \hat{y}_i)$$

여기서 로그 함수는 우리가 쉽게 구별할 수 있는 단조 함수(monotonic function, 항상 증가하거나 감소하는 함수)를 발생시키는 데 사용된다. 모든 비용 함수와 마찬가지로 우리는 신경망 파라미터를 조정해 신경망의 비용을 최소화할 것이다.

계량을 사용해 성능을 평가하기

케라스는 손실 함수(loss function) 외의 계량(metrics)[6]도 사용해 우리가 모델의 성능을 판단하는 데 도움을 준다. 손실을 최소화하는 게 좋지만, 모델이 주어진 손실 함수를 가지고 어떻게 수행하기를 기대하는지는 딱히 명료하지 않다. 계량은 모델을 훈련하는 동안에는 사용되지 않고 단지 현재 상태를 이해하는 데 도움이 될 뿐이다.

손실이 그다지 큰 의미가 없는 경우에는 정확도(accuracy)로 대신할 수 있다. 우리 인간은 정확도를 매우 잘 이해한다.

케라스는 이항 정확도(binary accuracy)를 다음과 같이 정의한다.

```
def binary_accuracy(y_true, y_pred):
    return K.mean(K.equal(y_true, K.round(y_pred)), axis=-1)
```

---

6 (옮긴이) 척도, 측정 기준, 거리, 메트릭 등 다양한 이름으로 불리지만 여기서는 수학 및 통계 분야 용어로 번역했다. 때로는 '계량 기준'이라는 의미로도 쓰인다.

이것은 단순히 전체 정답 중에 정답을 맞춘 개수로 나누는 정말 현명한 방법이다. 우리가 학교에서 아주 어릴 때부터 테스트 점수를 알아내기 위해 해 온 일과 같다.

 불균형 데이터셋(unbalanced datasets)[7]의 정확도가 너무 낮으면 우리가 사용중인 데이터셋의 균형이 잡혀 있는지 궁금해질 것이다. 사실 이 데이터셋은 균형이 잡혀 있지 않다. 데이터셋의 5분의 1만 클래스 1에 해당하기 때문이다. 이를 해결하기 위해 사용자 지정 콜백을 사용해 ROC AUC 점수를 계산한다. 모든 미니배치를 대상으로 계량이 계산되고, ROC AUC 점수가 실제로는 미니배치에 의해 정의되지 않기 때문에, 케라스에서는 ROC를 계량 기준으로 구현하지 않았다.

케라스에서 이진 분류기를 만들기

이제 우리의 문제, 입력, 원하는 출력, 비용 함수를 모두 정의했으므로 케라스에서 나머지 부분을 신속하게 코드화할 수 있다. 아직까지 유일하게 다루지 않았던 것은 신경망 아키텍처이다. 곧 신경망 아키텍처에 관해 더 이야기 할 것이다. 케라스에서 내가 가장 좋아하는 특징 중하나는 신경망 아키텍처를 쉽게 조정할 수 있다는 점이다. 이제 곧 보게 되겠지만 최고의 아키텍처를 찾으려면 실험이 많이 해 보아야 할 수도 있다. 이런 전제가 사실이라면 프레임워크가 유연할수록 일을 더 쉽게 할 수 있다.

입력 계층

이전과 마찬가지로 우리의 입력 계층은 데이터셋의 차원(dimensions)을 알아야 한다. 나는 함수 한 개 안에 케라스 모델 전체를 빌드하고, 해당 함수가 컴파일한 모델을 다시 전달할 수있게 하는 편이다. 바로 지금은 이 함수가 인수를 한 개, 즉 특징의 수만을 인수로 취한다. 입력 계층을 정의하는 데 사용되는 코드는 다음과 같다.

```
def build_network(input_features=None):
    # 먼저 우리는 shape = features[8]를 사용해 입력 계층을 지정한다.
    inputs = Input (shape=(input_features,), name="input")
```

---

7 (옮긴이) 통계학 용어에 맞추자면 '불균형자료 집합'

8 (옮긴이) 전체 차원의 개수는 텐서의 모양(shape)으로 결정되고, 텐서의 모양은 특징(features)을 통해 알 수 있으므로 shape=features 꼴의 대입식이 성립된 것이다. 그 아래 줄에서는 특징 중에 입력 특징(input_features)를 넣고 있다.

은닉 계층

우리는 입력을 정의했는데, 쉬운 부분이었다. 이제 신경망 아키텍처를 결정해야 한다. 얼마나 많은 계층과 뉴런을 포함해야 하는지 어떻게 알 수 있을까? 여러분에게 공식을 제시하고 싶다. 정말로 그러고 싶다. 그렇지만 불행하게도 그런 공식 따위는 존재하지 않는다. 사실, 어떤 사람들은 최적의 신경망 아키텍처를 그 자체를 학습할 수 있는 신경망도 만들려고 노력한다. 그러지 못 하는 우리들로서는 스스로 실험하며 찾든지 아니면 누군가가 정립한 아키텍처를 빌려 써야 한다.

너무 많은 뉴런을 사용하면 어떻게 될까?

신경망 아키텍처를 너무 복잡하게 만들면 다음과 같은 두 가지 문제가 발생한다.

- 분산이 큰 모델을 개발할 가능성이 있다.
- 이 모델은 덜 복잡한 모델보다 느리게 훈련될 것이다.

계층을 너무 많이 추가하면, 첫 부분에 나오는 계층들 중 일부 계층이 훈련이 되지 않는 상황이 벌어질 때까지, 경사가 점점 줄어들다가 마침내 사라져 버리는 문제, 즉, **경사 소멸 문제** (vanishing gradient problem)가 생긴다. 우리가 아직 그 정도 수준까지는 이르지 않았으므로 이 점에 관해서는 나중에 이야기할 생각이다.

전설적인 래퍼인 카인 크리스토퍼 월리스, 즉 노토리어스 B.I.G가 한 말과 거의 유사하게 우리는 더 많은 뉴런을 마주하게 될수록, 우리는 더 많은 문제에 당면하게 된다. 이와 같은 말에 근거해 드롭아웃(dropout), 정칙화(regularization) 및 조기 중단(early stopping)을 통해 분산을 관리할 수 있으며 GPU 기반 계산 처리가 발전하면서 더욱 강력한 신경망을 만들 수 있게 되었다.

뉴런이 너무 많은 신경망과 너무 적은 신경망 중 하나를 선택해야 하는 상황에서 단 한 번만 실험해 볼 수 있었다면 차라리 너무 많은 상황을 택해 실수를 해 보는 편을 선호했을 것이다.

너무 적은 뉴런을 사용하면 어떻게 될까?

은닉 계층이 없고 입력과 출력만 있는 경우를 생각해 보라. 우리는 이 아키텍처를 *1장, '딥러 닝 건축 재료'*에서 이야기한 적이 있는데, 그때 XOR(배타적 논리합) 함수를 모델화할 수 없 다는 점을 밝혔다. 데이터의 비선형성을 모델화할 수 없는 그러한 신경망 아키텍처들은 신경 망으로는 모델화할 수 없었다. 각 은닉 계층이 점점 더 복잡한 상호작용을 위한 기회를 제공 한다.

뉴런이 너무 적은 경우를 선택하면 다음과 같은 결과가 나타날 수 있다.

- 정말 빠른 신경망
- 그렇지만 편향이 커서 잘 예측하지 못 하는 신경망

은닉 계층의 아키텍처를 선택하기

이제 우리는 파라미터가 너무 많은 경우와 그 반대로 너무 적은 경우에 따른 비용과 행동을 이해하게 되었는데, 이제 무엇을 해야 할까? 내가 아는 한 남은 일은 실험 뿐이다.

실험을 측정하기가 까다로울 수 있다. 우리가 일찍이 만들어 본 신경망과 같이 신경망이 빠르 게 훈련된다면 여러 아키텍처를 대상으로 교차 검증을 구현함으로써 각 실행 결과를 평가해 볼 수 있을 것이다. 신경망을 훈련하는 데 오랜 시간이 걸린다면 통계적으로 덜 정교한 것으 로 잠시 남겨 둬도 될 것이다. *6장, '하이퍼파라미터 최적화'*에서 신경망 최적화를 다룰 것이 기 때문이다.

 어떤 책들은 경험 법칙에 근거하여 신경망 아키텍처를 선택할 수 있다고 한다. 나는 그런 주장이 아 직까지도 의심스럽고 믿기지 않으므로 이 책에서는 그런 주장을 찾아 볼 수 없을 것이다.

예제의 은닉 계층 부분을 코딩하기

우리 예제에서는 은닉 계층을 다섯 개 사용할 텐데, 특징들 사이에 상호작용이 많이 일어난다 고 생각하기 때문이다. 나의 예감은 주로 이 분야에 관한 지식을 바탕으로 한 것이다. 데이터 에 관해 설명한 내용을 읽어 보았기 때문에, 나는 이 데이터가 시계열을 횡단면으로 자른 것 이고, 어쩌면 자체 상관관계가 있을 수도 있다는 점을 안다.

첫 번째 계층을 이루고 있는 128개 뉴런(입력 크기보다 조금 작은 크기)으로 시작해 출력 방향으로 갈수록 뉴런 개수를 절반으로 줄일 것이다. 주먹구구식으로 이런 방식을 정한게 아니고 내 자신의 경험에 근거한 것이다. 다음 코드를 사용해 은닉 계층을 정의한다.

```
x = Dense (128, activation='relu', name="hidden1") (inputs)
x = Dense (64, activation='relu', name="hidden2") (x)
x = Dense (64, activation='relu', name="hidden3") (x)
x = Dense (32, activation='relu', name="hidden4") (x)
x = Dense (16, activation='relu', name="hidden5") (x)
```

각 계층에서 나는 ReLU 활성을 이용했는데, ReLU가 보통 가장 좋고 안전한 활성이기 때문에 그렇게 했지만, 이것 또한 실험 대상이 되는 하이퍼파라미터이기도 하다.

출력 계층

마지막으로 신경망을 위한 출력 계층이 필요하다. 다음 코드를 사용해 출력 계층을 정의한다.

```
prediction = Dense (1, activation='sigmoid', name="final") (x)
```

이 예제에서는 이진 분류기를 작성하고 있으므로 신경망에서 관측치가 클래스 1에 속할 확률을 출력하게 한다. 다행히도 sigmoid 활성이 정확히 그렇게 하면서 신경망 출력이 0과 1 사이에 있도록 제한할 것이다.

종합하기

코드를 모두 합치고 나면 케라스 모델을 컴파일할 일만 남는데, 훈련을 하는 동안에 살펴볼 손실 함수로는 이진 교차 엔트로피(binary_crossentropy)를 지정하고, 계량기준으로는 정확도(accuracy)를 컴파일 명령에서 지정한다. 다음 코드를 사용해 케라스 모델을 컴파일한다.

```
def build_network(input_features=None):
    inputs = Input (shape=(input_features,), name="input")
    x = Dense (128, activation='relu', name="hidden1") (inputs)
```

```
x = Dense (64, activation='relu', name="hidden2") (x)
x = Dense (64, activation='relu', name="hidden3") (x)
x = Dense (32, activation='relu', name="hidden4") (x)
x = Dense (16, activation='relu', name="hidden5") (x)
prediction = Dense (1, activation='sigmoid', name="final") (x)
model = Model(inputs=inputs, outputs=prediction)
model.compile(optimizer='adam', loss='binary_crossentropy', metrics=["accuracy"])
return model
```

모델을 훈련하기

이제 모델을 정의했으니 훈련할 준비가 된 셈이다. 훈련하는 방법은 다음과 같다.

```
input_features = data["train_X"].shape[1]
model = build_network(input_features=input_features)
model.fit(x=data["train_X"], y=data["train_y"],
          batch_size=32,
          epochs=20,
          verbose=1,
          validation_data=(data["val_X"], data["val_y"]),
          callbacks=callbacks)
```

이미 *2장, '딥러닝으로 회귀 문제를 풀기'*를 읽었다면 이 코드가 꽤 익숙할 것이다. 이전에 본 코드와 거의 같기 때문이다. 콜백 목록에는 텐서보드 콜백이 포함되어 있으므로, 20 에포크 동안 train 신경망을 관찰하면서 어떤 일이 발생하는지 살펴보자.

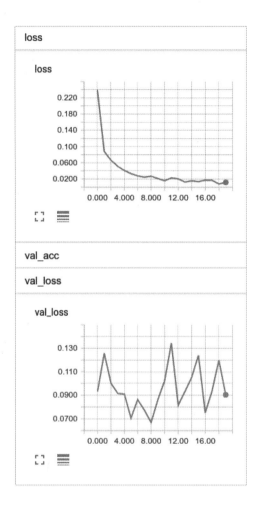

우리의 train 손실이 계속 줄어드는 동안, 우리는 우리의 val_loss가 여기저기로 퍼지고 있다는 점을 알 수 있다. 우리는 약 8 에포크 후에 다시 과적합(overfitting)되고 있다.

신경망의 분산을 줄이고 이러한 과적합을 관리할 수 있는 몇 가지 방법이 있는데 다음 장에서 이러한 방법을 대부분 다룰 예정이다. 그러기 전에 먼저 검사점 콜백(chaeckpoint callback)이라는 유용한 것부터 소개할 생각이다.

케라스에서 검사점 콜백을 사용하기

*2장, '딥러닝으로 회귀 문제를 풀기'*에서는 훈련을 마친 케라스 모델을 저장할 수 있는 .save() 메서드를 살펴보았다. 하지만 이전에 사용한 예제에서 때때로 디스크에 가중치를 기록함으로써 시간을 거슬러 올라가 과적합이 시작되기 전의 모델 버전을 저장할 수 있다면 좋지 않을까? 그렇게 한 다음 바로 거기(과적합이 시작되기 직전)에서 멈춤으로써 분산이 가장 작은 신경망을 사용할 수 있을 것이다.

이것이 바로 ModelCheckpoint 콜백이 하는 일이다. 한번 살펴보자.

```
checkpoint_callback = ModelCheckpoint(
                 filepath="./model-weights.{epoch:02d}-{val_acc:.6f}.hdf5",
                 monitor='val_acc',
                 verbose=1,
                 save_best_only=True)
```

ModelCheckpoint는 정해진 간격으로 모델을 저장한다. 여기서 우리는 ModelCheckpoint에 새롭고 가장 좋은 검증 정확도(val_acc)를 달성할 때마다 모델 사본을 저장하라고 명령할 것이다. 또한 검증 손실이나 지정한 다른 계량도 모니터링할 수 있었다.

파일 이름을 이루는 문자열에는 실행 시의 에포크 번호와 검증 정확도를 포함할 것이다. 모델을 다시 훈련하면 다음 파일이 생성되는 것을 볼 수 있다.

```
model-weights.00-0.971304.hdf5
model-weights.02-0.977391.hdf5
model-weights.05-0.985217.hdf5
```

그래서 우리는 5 에포크가 지난 후에는 최고 val_acc를 달성할 수가 없고 어떠한 검사점도 작성되지 않을 것이라는 점을 볼 수 있다. 그러므로 우리는 되돌아가서 5 에포크 시의 가중치를 다시 적재한 다음에 가장 좋은 모델로 삼아 사용할 수 있다.

여기에 에포크 5를 최고라고 부르는 몇 가지 주요 가정이 있다. 특히 데이터셋이 상대적으로 적은 경우에 이 책의 초기에 나온 예제에서처럼 신경망을 여러 번 실행하는 게 바람직하다. 우리는 이 결과가 안정적이지 않을 것이라고 확신할 수 있다.

그건 그렇고, 이 방식으로는 정말 간단하게 **과적합 방지**를 할 수 있다. 분산이 너무 커지기 전에 발생한 모델의 검사점을 사용하도록 선택할 수 있다. 이것은 조기 중단 같은 것을 하는 한 가지 방법이다. 조기 중단이란 우리가 모델이 개선되지 않고 있는 것이 목격되었을 때 지정한 에포크가 다 되기 이전에 훈련을 중단한다는 것을 의미한다.

사용자 지정 콜백에서 ROC AUC를 측정하기

콜백을 하나 더 사용해 보자. 이번에는 훈련 집합과 테스트 집합 모두와 관련해서 매 에포크 말에 '수신기 조작 특성 곡선 아래 영역'[9]을 계산하는 맞춤형 콜백을 구축하겠다.

실제로 케라스에서 사용자 지정 콜백을 생성하는 것은 매우 간단하다. 우리가 해야 할 일은 고유의 콜백을 만들고 우리가 필요한 방법을 재정의하는 것이다. 각 에포크 말에 ROC AUC 점수를 계산하려고 하므로 _epoch_end를 재정의한다.

```
from keras.callbacks import Callback


class RocAUCScore(Callback):
    def init (self, training_data, validation_data):
        self.x = training_data[0]
        self.y = training_data[1]
        self.x_val = validation_data[0]
        self.y_val = validation_data[1]
        super(RocAUCScore, self). init ()

    def on_epoch_end(self, epoch, logs={}):
        y_pred = self.model.predict(self.x)
        roc = roc_auc_score(self.y, y_pred)
```

---

9 (옮긴이) 민감도(sensitivity)와 특이도(specificity)의 상호 관계의 변화를 나타낸 곡선이 ROC이고, 그 ROC의 곡선 아래 영역을 AOC라고 한다.

```
    y_pred_val = self.model.predict(self.x_val)
    roc_val = roc_auc_score(self.y_val, y_pred_val)
    print('\n *** ROC AUC Score: %s - roc-auc_val: %s ***' % (str(roc), str(roc_val)))
    return
```

이제 새로운 사용자 지정 콜백을 생성했으므로 이것을 다음 코드와 같이 콜백 생성자 함수에
추가할 수 있다.

```
def create_callbacks(data):
    tensorboard_callback = TensorBoard(
            log_dir=os.path.join(os.getcwd(),"tb_log", "5h_adam_20epochs"),
            histogram_freq=1, batch_size=32, write_graph=True, write_grads=False)
    roc_auc_callback=RocAUCScore(
            training_data=(data["train_X"], data["train_y"]),
            validation_data=(data["val_X"], data["val_y"]))
    checkpoint_callback = ModelCheckpoint(
            filepath="./model-weights.{epoch:02d}-{val_acc:.6f}.hdf5",
            monitor='val_acc', verbose=1, save_best_only=True)
    return [tensorboard_callback, roc_auc_callback, checkpoint_callback]
```

이게 다이다! 원하는 모든 계량을 동일한 방법으로 구현할 수 있다.

정밀도, 재현율 및 f1 점수 측정하기

다른 이진 분류기도 경험해 보았겠지만, 좀 더 전통적인 이진 분류기에서 사용되는 몇 가지
일반적인 계량을 만드는 방법을 말해 두는 게 좋겠다는 생각을 한다.

케라스의 함수형 API와 사이킷런 사이의 한 가지 차이점은 .predict() 메서드의 행태이다.
케라스를 사용할 때 .predict()는 각 n 클래스에 대한 k 클래스 확률을 n×k 행렬로 반환한
다. 이진 분류기의 경우 클래스 1에 대한 클래스 확률을 나타내는 열이 한 개만 있게 될 것이
다. 이렇게 되면 케라스 .predict()가 사이킷런의 .predict_proba()와 더 비슷해진다.

정밀도(precision), 재현율(recall) 또는 기타 클래스 기반 계량을 계산할 때는[10] 다음 코드와 같이 일부 조작점(operating point)을 선택해 .predict() 출력을 변환해야 한다.

```
def class_from_prob(x, operating_point=0.5):
    x[x >= operating_point] = 1
    x[x < operating_point] = 0
    return x
```

이렇게 한 후에는 다음 코드에서 주어진 sklearn.metric에 있는 전형적인 계량들을 자유롭게 재사용할 수 있다.

```
y_prob_val = model.predict(data["val_X"])
y_hat_val = class_from_prob(y_prob_val)
print(classification_report(data["val_y"], y_hat_val))
```

요약

이번 장에서는 심층 신경망을 이진 분류기로 사용하는 일을 다뤘다. 우리는 신경망 아키텍처 설계를 선택하는 일을 논의하는 데 상당한 시간을 썼는데, 이를 통해 탐색과 실험[11]이 아키텍처를 선택하는 최선의 현재 방법이라는 생각을 접했다.

우리는 케라스의 검사점 콜백을 이용해 시간을 거슬러 올라가 우리가 좋아하는 **성능 특성 (performance characteristics)**[12]을 가진 모델 버전을 찾아내는 방법을 배웠다. 그런 다음 사용자 지정 콜백을 만들어 사용해 훈련 받은 모델에서 ROC AUC 점수를 측정한다. 케라스 .predict() 메서드를 sklearn.metrics의 기존 계량들과 섞어 사용하는 방법을 살펴봄으로써 마무리했다.

다음 장에서는 다중 클래스 분류를 살펴보고 학습 과정 중에 과적합을 방지하는 방법을 자세히 알아보자.

---

10 (옮긴이) 정밀도와 재현율의 상관을 나타낸 그래프를 정밀도–재현율 그래프라고 하며, 이 그래프에서는 각 재현율에 해당하는 정밀도를 합산해 평균을 낸 값인 평균 정밀도(average precision, AP)를 알 수 있는데, 여기서 소개하는 사이킷런에서 해당 함수를 제공한다.

11 (옮긴이) 이 책에서는 주요 실험 수단으로는 ROC AUC 및 관련된 계량기준인 정확도/민감도를 다뤘으며, 주요 검색 수단으로는 AP 및 관련된 계량기준인 정밀도/재현율/f1 점수를 다뤘다.

12 (옮긴이) 통계 용어이다. 주요 성능 특성 측정 수단으로는 앞에서 다룬 ROC AUC와 AP를 들 수 있다.

05

케라스로
다중 클래스 분류 문제를 풀기

이번 장에서는 케라스와 텐서플로를 사용해 많은 독립 변수와 함께 클래스(class)가 열 개인 다중 클래스 분류 문제(multi-class classification problem)를 해결할 것이다. 이전과 마찬가지로 이 문제에 딥러닝을 적용할 때의 장단점을 이야기하겠지만, 단점을 찾아내기는 어려울 것이다. 마지막 부분에서는 상당한 시간을 써서 과적합을 제어하는 방법을 논의해 보려고 한다.

이번 장에서 다룰 주제는 다음과 같다.

- 다중 클래스 분류와 관련된 심층 신경망

- 사례 연구: 손글씨 숫자 분류

- 케라스로 다중 클래스 분류기를 만들기

- 드롭아웃을 사용해 분산을 통제하기

- 정칙화를 사용해 분산을 통제하기

다중 클래스 분류와 관련된 심층 신경망

마침내 여기까지 왔다! 우리가 드디어 재미있는 일을 해냈다! 이번 장에서는 관찰 결과를 여러 클래스로 분류할 수 있는 심층 신경망을 만들 텐데, 다중 클래스 분류는 신경망이 정말 잘 작동하는 방식이다. 이런 종류의 문제에 대한 심층 신경망의 이점을 조금 더 이야기 해보자.

그냥 똑같은 이야기이기는 한데, 시작하기 전에 다중 클래스 분류를 정의해 보자. 우리가 다양한 과일들의 무게를 입력으로 사용하는 한편, 무게를 통해 과일을 예측할 수 있는 분류기가 있다고 상상해 보라. 출력은 클래스 집합(애플, 바나나, 망고 등)들 중에서 정확히 한 개 클래스일 수 있다. 이것은 다중 클래스 분류에 해당하는데, 이것을 다중 레이블과 혼동하지 말아야 하는게, 다중 레이블이란 레이블 집합이 상호 배타적이지 않은 관측치에 레이블이 적용되는지 여부를 모델이 예측할 수도 있을 때에 해당하는 말이다.

장점

우리가 예측해야 할 많은 클래스가 있을 때, 상대적으로 여타 모델에 비하면 심층 신경망이야말로 정말 훌륭한 수행 모델이다. 입력 벡터에 있는 특징의 수가 크게 늘어나면 신경망은 자연스럽게 적합(fit)되게 된다. 이 두 가지 상황이 같은 문제에 겹치게 될 때가 바로 내가 시작했던 신경망일 수 있다. 이것이 바로 우리가 이번 장에서 다룰 사례 연구에서 보게 될 문제 유형이다.

단점

이전에 본 바와 같이, 더 단순한 모델이 어떤 일을 더 잘 할 수도 있을 뿐만 아니라, 어떤 때는 딥러닝 모델보다 더 잘해 낼 수도 있다. 나머지 모든 조건이 동일하다면 여러분은 아마 더 단순한 모델을 더 좋아할 것이다. 그러나 심층 신경망이 지닌 복잡성의 단점이 종종 클래스의 수가 증가함에 따라 줄어들기도 한다. 클래스를 많이 사용하려면 모델을 구현하기가 훨씬 더 복잡해지며, 어떤 모델의 경우에는 모델에서 사용할 다중 클래스 전략을 하이퍼파라미터 형태로 최적화해야만 할 수도 있다.

사례 연구: 손글씨 숫자 분류

우리는 다중 클래스 분류 신경망을 사용해 손글씨 숫자의 해당 클래스를 인식할 수 있게 하려고 한다. 이전과 마찬가지로 이번 장에 나오는 전체 코드는 책의 깃허브 저장소에 있고 따라서 해 보기를 바란다면 5장에도 나와 있다.

문제 정의

MNIST 데이터셋은 거의 표준적인 신경망 데이터셋이 되었다. 이 데이터셋은 각 숫자를 나타내는 10개의 클래스(0~9)에 속하는 6만 개의 손글씨 숫자로 구성된다. 이 데이터셋은 아주 일반적이어서 많은 딥러닝 프레임워크는 MNIST를 적재하는 메서드를 아예 API에 내장하고 있다. 텐서플로와 케라스는 둘 다 이 데이터셋을 내장하고 있는데, 우리는 케라스에 내장된 MNIST 적재기(loader)를 사용해서 편하게 가져다 쓸 생각이다. 그러나 원본에서 데이터를 가져오거나 MNIST에 관한 기록을 자세히 알아보려면 http://yann.lecun.com/exdb/mnist/를 참조하라.

모델 입력 및 출력

데이터셋은 미리 5만 개 관측치가 들어있는 훈련 집합과 1만 개 관측치가 들어있는 테스트 집합으로 나뉘어 있다. 나는 훈련 집합에서 끝부분에 있는 5,000개의 관측 결과를 가져와 검증 집합으로 사용할 생각이다.

입력 평탄화

입력되는 각 관측은 가로 28개 픽셀이고 세로 28개 픽셀 크기로 된 흑백 이미지이다. 이와 같은 이미지는 0에서 255 사이의 숫자가 원소인 28×28 행렬로 디스크에 표시되는데, 여기서 각 값은 해당 픽셀의 검은색 강도이다. 이 시점에서 우리는 2차원 벡터에서 신경망을 훈련하는 방법만을 알고 있으므로(더 잘 하는 방법은 나중에 배우게 될 것이다) 28×28 행렬을 1×784 꼴로 된 입력 벡터로 평탄화(flattening)할 생각이다.

1×784 벡터를 모두 쌓으면 50,000×784 꼴로 된 훈련 집합이 된다.

여러분이 합성곱 신경망을 경험한 적이 있다면 아마도 지금 당장 호기심 가득한 눈빛을 보일지는 몰라도, 경험해 보지 못했다면 이렇게 하는 더 나은 방법을 곧 보게 될 것이다. 그래도 이번 장을 너무 빨리 건너뛰지는 말기 바란다. 평탄하게 한 MNIST는 정말 훌륭한 데이터셋이라고 생각하는게, 입력 정보가 많은 분야(예: IoT, 제조, 생물학, 약학 및 의학 분야 사용 사례)에서 발생하는 복잡한 실제 문제와 유사한 행태를 띄기 때문이다.

범주형 출력

우리의 출력 계층은 각 클래스당 뉴런 한 개가 대응하는 꼴로 이뤄질 것이다. 각 클래스에 연관된 각 뉴런은 해당 클래스의 확률을 0과 1 사이의 값으로 예측하도록 훈련된다. 소프트맥스(softmax)라는 특별한 활성 함수를 사용해 이 모든 출력이 합쳤을 때 1이 되게 하는데, 소프트맥스의 세부 사항은 곧 다룬다.

즉, 클래스를 이항 또는 범주에 맞춰 인코딩(encoding, 부호화)해야 한다는 말이다. 예를 들어 $y = [0, 3, 2, 1]$을 가지고 범주별로 인코딩하면 다음과 같은 행렬 y가 될 것이다.

$$y = \begin{bmatrix} 1 & 0 & 0 & 0 \\ 0 & 0 & 0 & 1 \\ 0 & 0 & 1 & 0 \\ 0 & 1 & 0 & 0 \end{bmatrix}$$

다행히도, 케라스는 우리를 위해 이 전환을 담당하는 편리한 함수를 제공한다.

비용 함수

우리가 사용할 비용 함수는 **다항 교차 엔트로피(multinomial cross-entropy)**라고 불린다. 다항 교차 엔트로피는 *4장의 한 단원인 '케라스에서 이진 분류기를 사용하기'*에서 보았던 이진 교차 엔트로피(binary cross-entropy) 함수의 일반화에 불과하다.

여러분에게 그냥 **범주형 교차 엔트로피(categorical cross-entropy)**를 보여주는 대신에, 두 가지를 함께 살펴보자. 나는 그것들이 똑같은 것이라고 여기는데 그 이유를 들면 다음과 같다.

$$Cost = -\frac{1}{n}\sum_{i=1}^{n}\left[y_i\log(p_i) + (1-y_i)\log(1-p_i)\right] = -\frac{1}{n}\sum_{i=1}^{n}\sum_{j=1}^{m}\left[y_{ij}\log(p_{ij})\right]$$

이 방정식은 참이다(m=2일 때).

자자, 흥분하지 말기 바란다. 나도 안다, 수식이 너무 많이 나온다는 걸. 범주형 교차 엔트로피 방정식은 늘 정확하다. 그 다음으로 정확한 건 이진 교차 엔트로피다. 이제, m=2인 상황을 상상해 보라. 이 경우, j=0과 j=1에 대한 합계인 $y_{ij}\log(p_{ij})$를 볼 수 있는데, i의 각 값은 여러분이 이진 교차 엔트로피에서 얻을 수 있는 결과와 같을 것이다. 이런 식으로 축소해 보는 게 범주형 교차 엔트로피를 이해하기에 충분할 것으로 기대한다. 그렇지 않다면, 몇 가지 값을 선택해 코드를 작성해 보는 게 바람직하다. 지금은 고생스럽겠지만 코드를 잠깐이면 작성할 수 있으므로 나중에 나한테 고마워할 거다!

계량

범주형 교차 엔트로피는 훌륭한 비용 함수이지만, 실제로 신경망에서 기대할 수 있는 예측 품질에 관해서는 많은 것을 말해주지 않는다. 불행하게도, ROC AUC와 같은 이진 분류 계량(binary classifications metrics)도 별로 도움이 되지 않는게, 이진 분류 AUC를 넘어서는 것은 실제로는 정의되어 있지 않기 때문이다.

더 나은 계량이 부족하다는 점을 감안할 때, 나는 사람이 이해할 수 있는 훈련 계량 기준으로 정확도를 사용하려고 한다. 다행히도 이 경우에는 데이터셋이 균형을 이루고 있다. 정확도는 예상과 같이 실제 값이 예측 값과 일치하는 횟수를 총 데이터셋 크기로 나눈 값이라고 정의한다.

훈련이 끝나면, 나는 각 클래스의 정확도(accuracy)와 재현율(recall)을 개별적으로 보여주기 위해 사이킷런의 분류 보고서를 사용할 것이다. 여러분이 원한다면 혼동 행렬(confusion matrix)을 써서도 이렇게 할 수 있다.

케라스로 다중 클래스 분류기를 만들기

우리는 이제 문제를 잘 정의했으므로 코드화할 수 있다. 앞에서 말한 적이 있지만 이번에는 입력과 출력을 약간 변형해야 한다. 신경망을 구축할 때 이 방법을 보게 될 것이다.

MNIST 적재

다행히도 MNIST 데이터를 검색하고 적재(loading)[1]하는 MNIST 적재 함수가 케라스에 내장되어 있다. 다음 코드와 같이 keras.datasets.mnist를 가져와 load_data() 메서드를 사용하면 된다.

```
(train_X, train_y), (test_X, test_y) = mnist.load_data()
```

train_X의 모양(shape)은 $50,000 \times 28 \times 28$이다. '모델 입력 및 출력' 단원에서 설명한 대로 28×28 행렬을 784개 원소로 이뤄진 벡터로 평탄화해야 한다. NumPy를 사용하면 아주 쉽게 평탄화할 수 있다. 다음 코드는 이 기법을 보여준다.

```
train_X = train_X.reshape(-1, 784)
```

그런 상황에서 우리는 입력 값의 눈금(scale, 크기)을 조정해 맞추는 일을 생각해 보아야 한다. 이전에는 사이킷런의 StandardScaler(표준 눈금 조절기)를 사용했다. MNIST에서는 그렇게 할 필요가 없다. 모든 픽셀이 동일하게 0에서 255라는 범위 안에 있으므로, 다음 코드처럼 데이터 형식을 float32로 명시적으로 캐스팅해 값을 0에서 1 사이가 되게 쉽게 변환할 수 있다.

```
train_X = train_X.astype('float32')
train_X /= 255
```

---

1 (옮긴이) 데이터 과학 분야에서는 '로딩'이라기보다는 그냥 '적재'라고 부르는 경향이 있다. 이는 아마도 프로그램을 로딩하는 일과 구분하기 위해서 그러는 것으로 보인다. 그래서 '로더'도 '적재기'라고 번역했다. 운영체제의 부속 프로그램인 로더와 구분하기 위해서다.

데이터를 적재하는 동안 '모델 입력 및 출력' 단원에서 설명한 대로 종속 변수 벡터
(dependent variable vectors)를 범주형 벡터로 전환해야 할 수 있다. 우리는 keras.utils.
to_categorical()를 사용해 그렇게 하려고 하는데, 다음 코드를 보면 이해하기 쉬울 것이다.

```
train_y = to_categorical(train_y)
```

이것으로 이제 데이터를 훈련할 준비를 마쳤다!

입력 계층

우리의 입력 계층이 실제로는 이전에 나온 예제와 달라지지 않았지만, 빠르게 참조할 만한 적
절한 예제이기 때문에 여기에 포함시키려고 한다.

```
def build_network(input_features=None):
    inputs = Input (shape=(input_features,), name="input")
```

은닉 계층

나는 뉴런이 512개인 첫번째 은닉 계층을 사용할 것이다. 이 개수가 입력 벡터의 784개 원소
개수에 비하면 조금 적기는 해도 꼭 개수를 맞춰야 한다는 규칙은 없다. 다시 말하지만, 이 아
키텍처는 시작에 불과하므로 최상의 아키텍처는 아니다. 그런 다음에 나는 다음 코드처럼 두
번째 은닉 계층과 세 번째 은닉 계층에서는 크기를 줄였다.

```
x = Dense (512, activation='relu', name="hidden1") (inputs)
x = Dense (256, activation='relu', name="hidden2") (x)
x = Dense (128, activation='relu', name="hidden3") (x)
```

출력 계층

우리의 출력 계층에는 뉴런을 10개 두게 될 텐데, 각 클래스마다 하나의 뉴런이 있게 된다.
이는 y 벡터를 대상으로 to_categorical()을 사용할 때 부여한 인코딩에 해당한다.

```
prediction = Dense (10, activation='softmax', name="output") (x)
```

보다시피, 우리가 사용하고 있는 활성은 소프트맥스(softmax)라고 한다. 소프트맥스가 무엇이고 왜 유용한지를 이야기해 보자.

소프트맥스 활성

심층 신경망 대신 k 로지스틱 회귀(k logistic regressions)를 사용하는 중이었다고 생각해보면, 각 회귀 과정에서 한 개로 된 클래스의 소속(membership)을 예측하게 된다. 각 클래스당 한 개씩 대응하는 로지스틱 회귀를 모으면 다음과 같다.

$$f(x) = \begin{cases} P(Y=0) = sigmoid\,(\theta_0 * X) \\ P(Y=1) = sigmoid\,(\theta_1 * X) \\ P(Y=2) = sigmoid\,(\theta_2 * X) \\ P(Y=k) = sigmoid\,(\theta_k * X) \end{cases}$$

이 로지스틱 회귀 그룹을 사용할 때의 문제는 각 개별 로지스틱 회귀 분석의 출력이 독립적이라는 것이다. 우리 집합에서 이러한 로지스틱 회귀 중 몇 가지가 특정 클래스의 소속을 불확실하게 해 $P(Y=k)$ = 0.5 정도의 복수 응답이 발생한 경우를 상상해 보라. 이렇게 하면 반드시 합계가 1이 되지는 않기 때문에 이러한 출력을 k개 클래스 전체에 걸친 클래스 소속 자격의 전체적인 확률로 사용할 수는 없다.

소프트맥스는 이러한 모든 로지스틱 회귀의 출력을 1로 합산되게 하고 출력을 전체 클래스 소속 확률로 사용할 수 있도록 압축하기 때문에 도움이 된다.

소프트맥스 함수는 다음과 같다.

$$\sigma\,(z)_j = \frac{e^{z_j}}{\sum_{k=1}^{K} e^{z_k}}$$

(j = 클래스 1부터 k까지에 해당하고, 이때 z_j/z_k는 k에 속하는 로지스틱 회귀이다.)

그러므로 소프트맥스 함수를 이전의 회귀 집합 앞에 두면 우리는 편리하게 1로 합산할 수 있는 일련의 확률들을 얻을 수 있는데, 이 확률을 k 클래스 전체에 걸친 클래스 소속 확률로 사용될 수 있다. 이렇게 하면 전반적인 함수가 다음과 같이 바뀐다.

$$P(Y=k) = softmax = \begin{cases} P(Y=0) = sigmoid(\theta_0 * X) \\ P(Y=1) = sigmoid(\theta_1 * X) \\ P(Y=2) = sigmoid(\theta_2 * X) \\ P(Y=k) = sigmoid(\theta_k * X) \end{cases}$$

앞의 함수를 다항 로지스틱 회귀(multinomial logistic regression)라고 한다. 이것은 계층이 하나이고 출력만 있는 신경망의 일종이다. 우리가 다항 로지스틱 회귀 분석을 자주 사용할 일은 더 이상 없다. 하지만 우리는 분명히 소프트맥스 함수는 거의 항상 사용할 것이다. 책에 나와 있는 대부분의 다중 클래스 분류 문제에서는 소프트맥스를 사용할 것이기 때문에 이해하는 데 문제는 없을 것이다.

여러분이 나처럼 수학식을 잘 읽어내지 못한다면 코드로 소프트맥스(softmax)를 보는 편이 더 쉬울 것 같다. 그러므로 진도를 빼기 전에 다음 코드 조각을 살펴보자.

```
def softmax(z):
    z_exp = [math.exp(x) for x in z]
    sum_z_exp = sum(z_exp)
    softmax = [round(i / sum_z_exp, 3) for i in z_exp]
    return softmax
```

한 가지 예를 간단히 시도해 보자. 다음과 같은 로지스틱 출력 집합이 있다고 해 보자.

```
z = np.array([0.9, 0.8, 0.2, 0.1, 0.5])
```

소프트맥스를 적용하면 다음과 같이 이러한 출력을 상대적인 클래스 확률들로 쉽게 전환할 수 있다.

```
print(softmax(z))
[0.284, 0.257, 0.141, 0.128, 0.19]
```

종합하기

이제 개별적으로 각 부분을 다루었으니 신경망 전체를 살펴보자. 이 신경망은 우리가 이전에 책에서 다룬 모델들과 비슷해 보인다. 그러나 우리는 이번 장의 비용 함수 부분에서 다룬 손실 함수인 categorical_crossentropy를 사용하고 있다.

우리는 다음 코드를 사용해 신경망을 정의할 것이다.

```python
def build_network(input_features=None):
    # 먼저 우리는 shape = features를 사용해 입력 계층을 지정한다.
    inputs = Input (shape=(input_features,), name="input")

    x = Dense (512, activation='relu', name="hidden1") (inputs)
    x = Dense (256, activation='relu', name="hidden2") (x)
    x = Dense (128, activation='relu', name="hidden3") (x)
    prediction = Dense (10, activation='softmax', name="output") (x)

    model = Model(inputs=inputs, outputs=prediction)
    model.compile(optimizer='adam', loss='categorical_crossentropy', metrics=["accuracy"])

    return model
```

훈련

신경망을 정의하고 데이터를 적재했으니 이제 남은 것은 모델을 훈련하는 일뿐이다. [2]

 이 예제뿐만 아니라 여러 다른 예제에서 나는 train_X, val_X, test_X와 같은 다양한 데이터셋을 전달하기 위해 data라는 딕셔너리(dictionary)[2]를 사용하고 있다. 나는 코드를 읽기 쉽게 하기 위해서, 그리고 더 자주 딕셔너리 전체를 전달해야 하기 때문에 이런 표기법을 사용하고 있다.

---

2 (옮긴이) 사전 형태로 된 자료구조. 마이크로소프트 등의 용례에 따르면 '사전'으로 불러야 하지만, 이 책에서 리스트를 목록이라고 부르지 않고 있고 '사전'이라는 말이 다른 개념으로도 쓰이고 있어서 딕셔너리로 표기했다.

방금 만든 모델을 다음과 같이 훈련할 수 있다.

```
model = build_network(data["train_X"].shape[1])
model.fit(x=data["train_X"], y=data["train_y"],
            batch_size=30,
            epochs=50,
            validation_data=(data["val_X"], data["val_y"]),
            verbose=1,
            callbacks=callbacks)
```

나는 우리가 전에 쓰던 것과 똑같은 콜백을 사용하고 있다. ROC AUC가 다중 클래스 분류기
와 관련해서는 명료하게 정의되어 있지 않으므로 *4장, '딥러닝으로 이진 분류 문제를 풀기'*
에서 작성한 ROC AUC 콜백을 사용하지 않는다.

> 이 문제를 창의적으로 해결하는 해법이 있는데, 예를 들면 "Approximating the multiclass ROC
> by pairwise analysis"(http://citeseerx.ist.psu.edu/viewdoc/download?doi=10.1.1.108.3250re
> p=rep1type=pdf)와 "Volume under the ROC surface"(http://citeseerx.ist.psu.edu/viewdoc/
> download?doi=10.1.1.14.2427rep=rep1type=pdf)는 이 문제를 언급하고 있는 아주 좋은 논문들이
> 다. 그러나 실제로 이러한 방식과 계량은 거의 사용되지 않으며, R에서 가장 일반적으로 구현된다.
> 따라서 일단은 다중 클래스와 관련해서는 정확도를 사용하기로 하고 R에서 멀리 떨어져 있자.

모델이 훈련을 하는 동안에 텐서보드를 관찰하자.

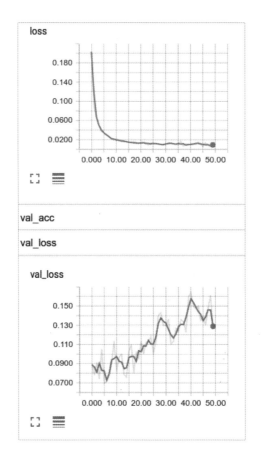

다음 단락을 읽기 전에 잠시 시간을 갖고 이 그래프가 무엇을 말하는지를 생각해 보라. 무슨 의미인지 감이 잡히는가? 좋다. 계속해 보자.

그런데 이 상황이 무엇인가 익숙하다. 훈련 손실(loss)은 계속해서 줄어들고 있는 반면에 검증 손실(val_loss)은 증가하고 있다. 과적합에 맞닥뜨린 것이다. 조기 중단(early stopping)이 확실한 선택지이기는 하지만, 과적합을 다루기 위한 몇 가지 새로운 기법을 소개해 볼 생각이다. 다음 단원에서 드롭다운(dropdown) 및 L2 정칙화(L2 regularization)[3]를 살펴보자. 하지만 그러기 전에, 우리는 다중 클래스 신경망을 이용해 정확도를 측정하고 예측을 하는 방법을 살펴봐야 한다.

---

3 (옮긴이) 정칙화를 물리학에서는 '고르기'라고 한다. 어떤 이는 '규제'라고도 부르는데 정확한 용어는 정칙화이다. 정규화(normalization)와 혼동하기도 하는데 개념이 다르다.

다중 클래스 모델에서 사이킷런의 계량을 사용하기

이전과 마찬가지로, 모델을 측정하기 위해 사이킷런에서 계량들을 빌릴 수 있다. 그러나 그렇게 하려면 사이킷런이 클래스 지표가 아닌 클래스 레이블을 기대하기 때문에 모델의 범주형 y 출력에서 쉽게 변환할 필요가 있다.

이렇게 도약해 볼 수 있게, 다음 코드를 사용해 예측을 해 보자.

```
y_softmax = model.predict(data["test_X"])
```

그런 다음에 다음 코드를 사용해 손쉽게 클래스가 될 가능성이 가장 큰 클래스의 인덱스를 선택한다.

```
y_hat = y_softmax.argmax(axis=-1)
```

그러면 이전에 했던 것처럼 사이킷런의 분류 보고서를 사용할 수 있다. 이전과 똑같은 코드는 다음과 같다.

```
from sklearn.metrics
import classification_report print(classification_report(test_y, y_hat))
```

우리는 이제 모든 10개 클래스의 정확도, 재현율, f1 점수를 볼 수 있다. 다음 그림은 sklearn.metrics.classification_report()로 나오는 출력을 보여 준다

```
model test loss is 0.096906474605 accuracy is 0.9806
             precision    recall   f1-score   support

         0      0.99       0.99      0.99        980
         1      0.99       0.99      0.99       1135
         2      0.99       0.97      0.98       1032
         3      0.99       0.98      0.99       1010
         4      0.98       0.98      0.98        982
         5      0.99       0.97      0.98        892
         6      0.98       0.99      0.98        958
         7      0.98       0.98      0.98       1028
         8      0.95       0.97      0.96        974
         9      0.97       0.97      0.97       1009

avg / total     0.98       0.98      0.98      10000
```

드롭아웃을 사용해 분산을 통제하기

심층 신경망의 과적합을 줄이는 정말 좋은 방법은 드롭아웃(dropout)[4]이라고 불리는 기술을 사용하는 것이다. 드롭아웃은 은닉 계층에서 뉴런을 중도탈락시킨다. 다음 그림에 보이는 식으로 이뤄진다.

모든 미니배치를 처리하는 동안에 우리는 각 은닉 계층에서 꺼버릴(off) 마디를 무작위로 선택할 것이다. 우리가 드롭아웃을 구현한 몇 개의 은닉 계층이 있다고 상상해 보라. 그리고 탈락 확률(drop probability)을 0.5로 선택했다. 즉, 모든 미니배치별로 그리고 모든 뉴런에 대해 우리는 동전을 던져 그 뉴런을 사용할지 여부를 판가름한다는 뜻이다. 이런 식으로 결정하면 아마도 그 은닉 계층에 있는 뉴런의 약 절반을 무작위로 끄게 될 것이다.

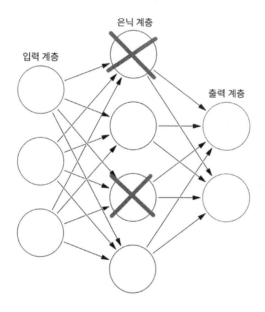

---

4 (옮긴이) 통계학에서는 자료를 통계 대상에서 제외하는 일을 중도탈락(dropout)이라고 하는데, 여기서는 뉴런을 신경망에서 퇴출하는 행위를 지칭하고 있다. 그래서 중도탈락이라고 하지 않고 이미 널리 쓰이고 있는 '드롭아웃'이라는 용어를 채택해 번역했다. 다만 드롭아웃이라는 개념을 이해하는 일이나, 탈락 확률(드롭 확률이라는 말보다 더 이해하기 쉬워서 만든 용어)과 같은 용어를 이해하려면 '중도 탈락'이라는 말을 염두에 두는 게 바람직하다.

이 일을 계속해서 반복하면 이는 마치 우리가 많은 소형 신경망들을 훈련하는 것과 같아진다. 모델 가중치는 상대적으로 더 작은 상태로 남게 되며, 신경망 크기가 더 작을수록 데이터에 과적합될 가능성이 줄어든다. 또한 각 뉴런들이 할 일을 하는 기타 뉴런들에 덜 의존할 수 있게 한다.

드롭아웃은 여러분이 직면할 가능성이 있는, 대부분은 아닐지라도, 딥러닝 문제 중 많은 문제에서 과적합을 해결하는 데 경이로울 정도로 잘 먹혀든다. 모델이 크게 분산된 경우에 과적합을 줄이기 위한 첫 번째 선택지는 드롭아웃이다.

케라스에는 신경망에서 쉽게 드롭아웃을 구현할 수 있게 Dropout 계층을 내장하고 있다. Dropout 계층은 단순히 이전 계층에 속한 뉴런에서 출력한 내용을 무작위로 끄는 역할을 할 뿐이므로 신경망이 Dropout을 사용하게 개조하기는 쉽다. Dropout 계층을 사용하려면 먼저 다음 코드와 같이 사용 중인 다른 계층 유형 외에 새로운 계층을 가져와야 한다.

```
from keras.layers import Input, Dense, Dropout
```

그런 다음에 다음 코드와 같이 모델에 Dropout 계층을 삽입하면 된다.

```python
def build_network(input_features=None):
    # 먼저 우리는 shape = features를 사용해 입력 계층을 지정한다.
    inputs = Input (shape=(input_features,), name="input")
    x = Dense (512, activation='relu', name="hidden1") (inputs)
    x = Dropout (0.5) (x)
    x = Dense (256, activation='relu', name="hidden2") (x)
    x = Dropout (0.5) (x)
    x = Dense (128, activation='relu', name="hidden3") (x)
    x = Dropout (0.5) (x)
    prediction = Dense (10, activation='softmax', name="output") (x)
    model = Model(inputs=inputs, outputs=prediction)
    model.compile(optimizer='adam', loss='categorical_crossentropy',
    metrics=["accuracy"])
    return model
```

이것은 우리가 이전에 사용했던 것과 아주 똑같은 모델이다. 다만 각 Dense 계층 뒤에 Dropout 계층을 삽입한 점이 다른데, 나는 드롭아웃을 구현할 때 보통 이런 식으로 시작한다. 그 밖의 모델의 아키텍처를 결정할 때와 마찬가지로 일부 계층에서 드롭아웃을 구현하거나, 아니면 모든 계층에서 구현하거나, 그것도 아니면 어떤 계층에서도 드롭아웃을 구현하지 않는 선택지를 택할 수 있다. 또한 탈락 확률(dropout probability)과 유지 확률(keep probability)도 변경할 수 있다. 이 확률을 0.5부터 지정해 보면 좋은 게 이게 꽤 잘 작동하는 경향이 있기 때문이다.

 모든 계층에서 유지 확률을 0.5로 지정하는 편이 안전하다. 첫 번째 계층에서만 드롭아웃을 사용하는 게 두 번째로 안전한 방법이다.

이제 드롭아웃을 적용한 새 모델을 훈련하고 첫 번째 시도와 비교해 보자.

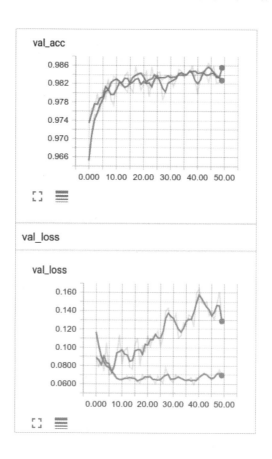

먼저 검증 정확도(val_acc)를 살펴보자. 드롭아웃을 사용하는 모델이 비정칙화 모델만큼 빠르게 훈련하기 위해 노력하는데 이 경우에는 상당히 빠르게 속도를 내는 것 같다. 약 44 에포크일 때의 검증 정확도를 살펴보라. 비정칙화 모델보다 약간 낮다.

이제 검증 손실(val_loss)을 살펴보자. 드롭아웃이 모델의 과적합에 끼친 영향을 볼 수 있는데 도드라진 영향을 끼치고 있다. 이로 인해 최종 제품에서 볼 때는 작은 개선에 불과할 수 있지만, 드롭아웃이 검증 손실이 크는 일을 잘 막아내고 있다는 점은 확실하다.

정칙화를 사용해 분산을 통제하기

정칙화(regularization)는 과적합을 제어하는 또 다른 방법으로, 모델이 커질수록 개별 가중치를 벌충하는 방법이다. 선형 분석이나 로지스틱 회귀 분석 같은 선형 모델에 익숙하다면, 정칙화는 뉴런 수준에서 적용되는 기술과 아주 똑같다는 점을 알 수 있을 것이다. 신경망을 정칙화할 때는 L1과 L2라고 불리는 두 가지 유형의 정칙화를 사용할 수 있다. 그렇지만 대체로 L2 정칙화가 계산 측면에서 더 효율적이어서 신경망에는 L2 정칙화를 사용한다.

우리는 신속하게 비용 함수를 정칙화해야 한다. 범주형 교차 엔트로피인 C_0을 초기 비용 함수로 가정하면 정칙화된 비용 함수는 다음과 같다.

$$C = C_0 + \frac{\lambda}{2n} \sum_w w^2$$

여기서 λ는 적용된 정칙화 양을 변경하기 위해 늘리거나 줄일 수 있는 정칙화 파라미터이다. λ가 정착화 파라미터로 가중치 중에서 큰 값을 벌충함으로써 전체적으로 가중치가 더 작은 신경망을 만들 수 있다.

신경망의 정칙화에 대한 자세한 내용에 대해서는 http://neuralnetworksanddeeplearning.com/chap3.html에 게시된, 마이클 닐슨(Michael Nielsen)의 *"Neural Networks and Deep Learning"* 중에서 3장을 참조하라.

정칙화는 케라스 계층의 가중치(weights), 편향치(biases) 및 활성치(activations)[5]에 적용
될 수 있다. 기본 파라미터와 함께 L2를 사용해 이 기술을 시연해 보자. 다음 예에서는 각 은
닉 계층에 정칙화를 적용했다.

```
def build_network(input_features=None):
    # 먼저 우리는 shape = features를 사용해 입력 계층을 지정한다.
    inputs = Input (shape=(input_features,), name="input")
    x = Dense (512, activation='relu', name="hidden1", kernel_regularizer='l2') (inputs)
    x = Dense (256, activation='relu', name="hidden2", kernel_regularizer='l2') (x)
    x = Dense (128, activation='relu', name="hidden3", kernel_regularizer='l2') (x)
    prediction = Dense (10, activation='softmax', name="output") (x)
    model = Model(inputs=inputs, outputs=prediction)
    model.compile(optimizer='adam', loss='categorical_crossentropy', metrics=["accuracy"])
    return model
```

이제 기본 L2 정칙화를 다른 두 모델과 비교해 보자. 다음 그림은 비교 결과를 보여 준다.

---

5 (옮긴이) 영어 원문을 직역하면 '가중, 편향, 활성에 적용할 수 있다'고 말하고 있지만 가중치(weights)을 수치와 관련해서는 가중치라고 부르듯이, 편향과 활성
도 마찬가지로 편향치와 가중치라고 여기면 된다. 딥러닝 관련 도서를 번역할 때면 역자는 activation이라는 말을 문맥에 따라 활성(행위를 명사형으로 지칭할
때)/활성화(동사의 의미가 강할 때)/활성치(수치의 의미가 강할 때)/활성함수(함수의 약어로 쓰일 때) 등으로 번역할 수 있다. 마찬가지로 bias도 문맥에 따라서
편향/편향치 등으로 번역했다.

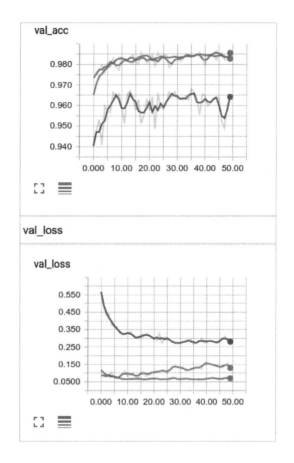

우리의 L2 정칙화로 처리한 새 신경망은 불행하게도 오염되기 쉽다. 이 경우에는 L2 정칙화가 너무 잘 작동하는 것 같다. 우리의 신경망은 현재 편향치가 크고 나머지 두 개 신경망만큼 많이 학습하지 못했다.

이 문제에 정칙화를 적용해 보기로 결심했다면 정칙화 비율을 변경해 보는 식으로 더 적절한 비율을 찾으려고 했겠지만, 너무 요원한 일이기 때문에 우리가 다뤄 보았던 드롭아웃 모델보다 더 잘 해 낼 수 있는지 모르겠다.

요약

이번 장에서는 심층 신경망이 다중 클래스 분류에 얼마나 능력을 잘 발휘하는지를 제대로 살펴볼 수 있었다. 소프트맥스 함수를 자세히 다루었고 신경망을 구축하고 훈련해 손글씨 숫자를 10개 클래스로 분류했다.

마지막으로, 모델이 과적합되고 있다는 점을 알아차렸을 때 우리는 드롭아웃과 L2 정칙화를 모두 사용해 모델의 분산을 줄여 보려고 했다.

지금까지, 여러분은 심층 신경망을 다룰 때 아키텍처, 학습 속도를 결정해야 할 뿐만 아니라 심지어 정칙화 비율까지도 선택해야 한다는 점을 알게 되었다. 다음 장에서는 이러한 선택사항을 최적화하는 방법을 알아보려 한다.

하이퍼파라미터 최적화

심층 신경망을 사용할 때의 가장 큰 단점 중 하나로는 신경망이 잘 작동하려면 많은 하이퍼파라미터를 최적화해야 한다는 점이다. 앞서 나온 여러 장에서도 하이퍼파라미터를 추정해야 했지만 그렇게 하는 방법을 다루지는 않았다. 하이퍼파라미터 최적화는 정말 큰 주제이다. 대부분 해결되지 않은 문제인데, 이 책에서 관련 주제를 모두 다루지는 못 할지라도 어느 정도는 다루어야 한다고 생각한다.

이번 장에서는 내가 확신하는 몇 가지 실용적인 조언을 하려고 한다. 확실히 이번 장에 나오는 내용이 나의 경험에서 비롯된 것이므로 다소 독선적이고 편파적일 수 있다. 이러한 개인적인 경험이 여러분이 관련 주제를 더 많이 탐구해 볼 수 있게 할 뿐만 아니라 여러분에게도 유용하기를 바란다.

이번 장에서 다룰 주제는 다음과 같다.

- 신경망 아키텍처도 하이퍼파라미터라고 생각해야 하는가?

- 어떤 하이퍼파라미터를 최적화해야 하는가?

- 하이퍼 파라미터 최적화 전략으로는 어떤 것들이 있는가?

신경망 아키텍처도 하이퍼파라미터라고 생각해야 하는가?

가장 단순한 신경망을 구축할 때조차도 신경망 아키텍처에 관련해서 다양한 선택을 해야 한다. 은닉 계층을 한 개만 사용해야 할까, 아니면 천 개를 사용해야 할까? 각 계층에 뉴런을 몇개 둘 것인가? 모든 뉴런의 활성화 함수로 relu를 사용할 것인가, 아니면 tanh를 사용할 것인가? 모든 은닉 계층에 드롭아웃을 사용해야 할까, 아니면 첫 번째 계층에만 사용해야 할까? 신경망 아키텍처를 설계할 때 선택해야 할 사항들이 많다.

이런 경우에는 각 하이퍼파라미터별로 최적인 값을 철저히 탐색해 보는 방식이 가장 흔하게 쓰이는 방식이다. 그러나 신경망 아키텍처를 철저히 탐색하기는 쉽지 않다. 실제로 그렇게 할 시간이나 계산 능력이 없을 것이다. 연구자들이 철저한 탐색을 통해 최적의 구조를 찾는 경우를 보기는 정말 힘든데, 선택해야 할 경우의 수가 너무 많고 정답이 하나 이상 있기 때문이다. 그 대신에 이 분야의 연구자들은 실험을 통해 이미 알려져 있는 아키텍처를 바탕으로 삼은 상태에서 새롭고 기발한 아키텍처를 만듦으로써 기존 아키텍처를 개선하려고 시도하려는 점을 볼 수 있다.

그러므로 우리는 하이퍼파라미터를 철저하게 탐색하는 데 쓸 전략을 다루기 전에, 가장 좋은 신경망 아키텍처는 아닐지라도 그나마 합리적이고 그 중에서도 가장 나은 신경망 아키텍처인지 여부를 따져보는 데 도움이 될 두 가지 전략을 살펴보자.

거인의 어깨 위에 서기

사르트르의 베르나르(Bernard of Chartres)는 다른 사람들의 발견을 바탕으로 학습한다는 개념을 주장하기는 했지만, *"내가 더 멀리 볼 수 있었다면, 그건 내가 거인의 어깨 위에 서 있었기 때문이다"*고 말한 사람은 정작 아이작 뉴튼(Isaac Newton)이었다. 분명히 말하지만 바로 이 게 내가 하고 싶은 말이다.

새로운 딥러닝 문제를 위한 신경망 아키텍처를 설계해야 한다면, 나는 가장 먼저 이전에 만족스럽게 해결되었던 유사한 문제를 찾아내는 일부터 할 것이다. 여러분이 당면한 문제를 아직까지 아무도 해결하지 못 했을 수도 있지만, 비슷한 해결책이 있을 수도 있다.

적용 가능한 해결책이 몇 개 정도는 있을 가능성이 매우 크다. 그렇다면, 그리고 시간이 허락 한다면, 몇 차례의 실행 결과를 평균하며 어떤 것이 가장 잘 작동하는지에 관한 정보를 얻을 수 있을 것이다. 물론 이 시점에서 철저히 연구해야 한다.

과적합이 될 때까지 추가한 다음에 정칙화하기

유사한 문제를 푸는 데 동원한 아키텍처를 찾아 적어도 여러분에게 적합한 아키텍처에 가까 워질 수 있기를 희망한다. 신경망 아키텍처를 더욱 최적화하기 위해서 여러분은 어떻게 할 것 인가?

- 여러 실험적 실행을 거치며 신경망이 문제에 과적합될 때까지 계층이나 뉴런을 추가해 봐라. 딥러닝 방식으로 말한다면, 더 이상 편향치가 큰 모델이 나오지 않을 때까지 유닛을 추가하라는 말이다.
- 일단 과적합되기 시작하면, 훈련 데이터에 잘 적합된, 어쩌면 너무 잘 적합된 신경망 아키텍처를 찾을 수 있을 것이다. 이때 드롭아웃, 정칙화, 조기 중단 등의 방법을 동원해 분산을 줄이는 데 초점을 맞추어야 한다.

이 접근법 중 많은 부분이 유명한 신경망 연구자인 제프리 힌튼(Geoffrey Hinton)으로부터 비롯되었다. 과적합을 피하기보다는 과적합을 오히려 신경망 아키텍처를 구축하는 데 필요한 첫 발판으로 삼는다는 점에서 흥미로운 생각이라고 할 수 있다.

최적의 신경망 아키텍처를 선택하는 데 사용할 수 있는 법칙 따위가 없어도 최상의 아키텍처 가 존재할 가능성이 크기 때문에, 나는 실제로 이런 전략이 아주 효과적이라고 생각한다.

실천적 조언

앞서 말한 내용이 전혀 과학적이지 않다고 느낀다고 해도 할 말은 없다. 나도 과학적이라고 생각하지 않을 뿐만 아니라 과학적인 것처럼 하려고 하지도 않는다. 여러분은 아마도 미리 정 의한 일부 구성내역 집합들 중에서 최적의 신경망 아키텍처를 찾아 볼 수 있을 것으로 보이는 데, 이게 적절한 접근 방식이기도 하다. 사실, 이런 접근 방식이 엄밀할수록 더 이상 말할 필 요도 없이 더 정확하다. 이번 과정은 여러분이 가능한 한 몇 에포크 내에 충분히 좋은 것을 찾 을 수 있도록 도와주는 실용적인 조언을 하기 위한 것이다.

어떤 하이퍼파라미터를 최적화해야 하는가?

비록 여러분이 위에 언급한 나의 조언을 따르고 만족할 만큼 훌륭한 아키텍처를 구성했을지라도 여러분은 해당 아키텍처에서 다시 또 이상적인 하이퍼파라미터를 찾아야 한다. 우리가탐색해 보기를 바라는 일부 하이퍼파라미터는 다음과 같다.

- 최적화기 선택. 지금까지는 최적화로 Adam을 사용해 왔지만, rmsprop이나 잘 조율된 SGD가 더 나을 수도 있다.
- 각 최적화기에는 학습 속도(learning rate), 운동량(momentum) 및 감쇠(decay)와 같은, 조정할 수 있는 일련의 하이퍼파라미터가 있다.
- 신경망 가중치 초기화.
- 뉴런 활성.
- 탈락 확률이나 L2 정칙화에 쓰이는 파라미터와 같은 정칙화 파라미터.
- 배치 크기.

앞에서도 말했지만 이게 다는 아니다. 각 은닉 계층의 뉴런 개수를 다양하게 해 보고, 계층별탈락 확률을 다양하게 해 보는 등으로 다양한 시도를 해 볼 수 있다. 우리가 암시해 온 것처럼하이퍼파라미터를 조합하는 일에는 한계가 없다. 또한 이러한 선택들이 신경망 아키텍처와무관하지 않기 때문에 계층을 추가하거나 제거하면 이러한 모든 하이퍼파라미터에 대한 최적의 선택이 바뀔 수 있다.

하이퍼 파라미터 최적화 전략으로는 어떤 것들이 있는가?

이번 장의 이 요점을 통해 우리는 모든 하이퍼파라미터 조합들을 시도해 보는 일이 대부분 계산적으로 불가능하거나 적어도 실용적이 못하다라고 제안했다. 심층 신경망을 훈련하는 데는 확실히 오랜 시간이 걸릴 수 있다. 이 문제를 풀기 위해 병렬 처리를 하거나 컴퓨터 자원을 더 때려 박을 수도 있겠지만, 하이퍼파라미터를 탐색할 때의 가장 큰 제약 사항은 시간일수 있다.

시간이 가장 큰 제약 조건이고 우리가 쓸 수 있는 시간 안에 모든 가능성을 합리적으로 탐구할 수 없다면, 확보한 시간 내에 가장 유용하게 먹힐 만한 전략을 만들어야 할 것이다.

이번 단원의 나머지 부분에서는 하이퍼파라미터 최적화를 위한 몇 가지 일반적인 전략을 설명한 다음에, 내가 가장 좋아하는 두 가지 방법으로 케라스에서 하이퍼파라미터를 최적화해보일 것이다.

공통 전략

모든 머신러닝 모델에서 사용되는 하이퍼파라미터 최적화를 위한 일반적인 전략 집합이 있다. 전반적으로 이러한 전략에는 다음과 같은 것들이 포함된다.

- 격자 탐색
- 임의 탐색
- 베이즈 최적화
- 유전 알고리즘
- 하이퍼파라미터에 대한 머신러닝

격자 탐색(grid search)이란 모든 것을 뒤져 보거나, 최소한 서로 떨어진(이산된) 덩어리들을 뒤져 본 다음에 마구잡이로 찾아낸 하이퍼파라미터들의 최상의 조합을 보고하는 방식이다. 이 방식으로는 우리가 식별한 하이퍼파라미터 공간에서 최상의 해법과 덜 좋은 그 밖의 해법을 모두 찾을 수 있다.

하지만 격자 탐색은 딥러닝에 아주 실용적이지는 못하다. 가장 기본적인 신경망은 예외이겠지만, 있을 법한 모든 변수들의 있을 법한 모든 값을 현실적으로는 탐구할 수 없다. **임의 탐색**(random search)을 통해 각 파라미터 분포에서 임의로 표본을 추출해 n개 사례를 시도하면 (*n * 사례당_훈련_시간*)이 문제 해결에 할당하고자 하는 시간의 예산이 된다.

베이즈 최적화(Bayesian optimization)는 이전 관측치를 사용해 다음에 표본으로 추출할 하이퍼파라미터 집합을 예측한다. 베이즈 최적화가 보통 마구잡이 대입 방식보다 우수한 반면에, 최신 연구 성과에 따르면 철저하게 수행하는 기법보다 아주 조금밖에 성능이 향상되지 않는 것으로 나타났다. 게다가 베이즈 방식들은 이전의 경험에 의존하기 때문에 어떤 방식으로도 당황스러울 정도로 같은 결과가 나오지 않는다.

유전 알고리즘(genetic algorithms)은 일반적으로 머신러닝에 대한 매우 흥미롭고 활발한 연구 분야이다. 하지만, 현재 내 의견으로는 유전 알고리즘들 또한 이전의 경험에 의존하기 때문에 심층 신경망 파라미터 최적화에 좋은 선택지는 아니라는 것이다.

이 분야의 최신 연구 중 일부는 주어진 신경망 아키텍처에 대한 최적의 파라미터를 예측할 수 있는 신경망을 훈련하는 일을 연구한다. 어떤 한 모델로 다른 모델을 파라미터화할 수 있다는 생각은 확실히 아주 재미난 것인데, 이번에 이것을 자세히 살펴볼 생각이다. 어쩌면 이 방식으로 스카이넷[1]을 불러들이는 것인지도 모르겠다. 두고 보면 알 것이다.

사이킷런의 임의 탐색 기능을 사용하기

격자 탐색과 임의 탐색을 사이킷런으로 쉽게 구현할 수 있다. 이번 예제에서는 케라스의 KerasClassifier 클래스를 사용해 모델을 포장(wrap)함으로써 사이킷런 API와 호환되도록 할 것이다. 그런 다음 사이킷런의 RandomSearchCV 클래스를 사용해 하이퍼파라미터 탐색을 수행한다.

이를 위해 현재 익숙한 모델 빌드 함수를 약간 변경할 것이다. 다음 코드에서와 같이 탐색하려는 하이퍼파라미터로 파라미터를 지정한다.

```
def build_network(keep_prob=0.5, optimizer='adam'):
    inputs = Input (shape=(784,), name="input")
    x = Dense (512, activation='relu', name="hidden1") (inputs)
    x = Dropout (keep_prob) (x)
    x = Dense (256, activation='relu', name="hidden2") (x)
    x = Dropout (keep_prob) (x)
    x = Dense (128, activation='relu', name="hidden3") (x)
    x = Dropout (keep_prob) (x)
    prediction = Dense (10, activation='softmax', name="output") (x)
    model = Model(inputs=inputs, outputs=prediction)
    model.compile(optimizer=optimizer, loss='categorical_crossentropy',
                  metrics=["accuracy"])
    return model
```

---

1 (옮긴이) '터미네이터'라는 영화에 나오는 인공지능으로 스스로 각성하여 인류를 전멸시키려고 한다.

이 예제에서는 드롭아웃에 대한 이상적인 값을 탐색해보고 여러 가지 다른 최적화기를 사용해 볼 생각이다. 이렇게 하려면, 우리의 임의 탐색 방법으로 최적화기를 바꿀 수 있도록 최적화기를 함수의 파라미터로 포함해야 한다. 물론, 이와 같은 방법론을 적용해 그 밖의 많은 신경망 아키텍처 선택지를 파라미터화하고 테스트할 수 있지만, 여기서는 단순함을 유지하려고 한다.

그런 후에 다음 코드에서와 같이 탐색하려는 모든 있을 법한 하이퍼파라미터 및 값에 대한 공간을 딕셔너리 형식으로 반환하는 함수를 만든다.

```python
def create_hyperparameters():
    batches = [10, 20, 30, 40, 50]
    optimizers = ['rmsprop', 'adam', 'adadelta']
    dropout = np.linspace(0.1, 0.5, 5)
    return {"batch_size": batches, "optimizer": optimizers, "keep_prob": dropout}
```

이제 RandomSearchCV를 사용해 이 두 개를 연결하는 일만 남았다. 먼저 우리의 모델을 keras.wrappers.scikit_learn.KerasClassifier로 포장함으로써 다음 코드에서 보듯이 사이킷런과 호환되도록 할 것이다.

```python
model = KerasClassifier(build_fn=build_network, verbose=0)
```

그런 다음에 다음 코드를 사용해 하이퍼파라미터 딕셔너리를 구한다.

```python
hyperparameters = create_hyperparameters()
```

그리고 나서는 마지막으로 다음 코드와 같이 모델의 파라미터 공간을 탐색하는 데 사용할 RandomSearchCV 객체를 생성한다.

```python
search = RandomizedSearchCV(estimator=model,
param_distributions=hyperparameters, n_iter=10, n_jobs=1, cv=3, verbose=1)
```

이 RandomizedSearchCV 객체를 일단 적합시키면, 이 객체는 파라미터 분포에서 값들을 임의로 선택한 다음에 이것들을 모델에 적용한다. 이 작업은 10회(n_iter=10) 수행되며, 우리가 3겹 교차 검증을 사용했기 때문에 각 조합을 세 번 시도한다. 이것은 우리가 그 모델을 총 30번 적합시킬 것이라는 점을 의미한다. 전체 런(run)의 평균 정확도를 사용하면 최상의 모델이 클래스 속성인 .best_estimator로 반환되고 최상의 파라미터가 .best_params_로 반환된다.

모델을 적합시키기 위해, 우리는 fit 메서드를 마치 모델이었던 것처럼 호출하기만 하면 되는데, 이는 다음 코드에서 보는 바와 같다.

```
search.fit(data["train_X"], data["train_y"])

print(search.best_params_)
```

이 격자상에서 5장, '케라스로 다중 클래스 분류 문제를 풀기'에 나오는 MNIST 모델을 적합시키는 데는 'Tesla K80 GPU' 인스턴스를 사용하는 경우에 약 9분이 걸린다. 이번 단원을 마치기 전에 다음 코드에 나와 있는 것처럼 탐색 시 출력되는 내용 중 일부를 살펴보자.

```
Using TensorFlow backend.
Fitting 3 folds for each of 10 candidates, totalling 30 fits tensorflow/core/
common_runtime/gpu/gpu_device.cc:1030] Found device 0 with properties:
name: Tesla K80 major: 3 minor: 7 memoryClockRate(GHz): 0.8235
pciBusID: 0000:00:1e.0
totalMemory: 11.17GiB freeMemory: 11.10GiB tensorflow/core/common_runtime/gpu/
gpu_device.cc:1120] Creating TensorFlow device (/device:GPU:0) -> (device: 0, name: Tesla
K80, pci bus id: 0000:00:1e.0, compute capability: 3.7)
[Parallel(n_jobs=1)]: Done 30 out of 30 | elapsed: 8.8min finished
{'keep_prob': 0.20000000000000001, 'batch_size': 40, 'optimizer': 'adam'}
```

이 출력에서 볼 수 있듯이, 10회 실행 결과로 볼 때 제일 마지막 줄에 나오는 하이퍼파라미터들이 최상의 성능 집합을 나타내는 것으로 표시되었다. 물론 우리는 더 많이 반복 실행해 보면서 더 나은 선택지를 찾을 수도 있을 것이다. 그렇지만 우리 예산은 시간, 인내심, 클라우드 계정에 연결된 신용 카드로만 결정된다.

하이퍼밴드

하이퍼밴드(Hyperband)는 2016년에 Lisha Li, Kevin Jamieson, Guilia DeSalvo, Afshin Rostamizadeh, Ameet Talwalker가 개발한 하이퍼파라미터 최적화 기법이다. https://arxiv.org/pdf/1603.06560.pdf에서 논문을 읽어 볼 수 있다.

앞서 나온 RandomSearchCV에서와 같이 많은 잠재적인 하이퍼파라미터 집합을 마구잡이로 표본을 추출(random sampling)하는 것을 상상해 보라. RandomSearchCV가 완료되면 표본 중 가장 적합한 단일 하이퍼파라미터 구성을 선택한다. 하이퍼밴드는 몇 차례 되지 않는 반복을 거친 후에도 최상의 하이퍼파라미터 구성이 다른 구성보다 뛰어난 성능을 발휘한다는 생각을 바탕으로 한 것이다. 하이퍼밴드라는 말에 포함된 band라는 어구는 밴딧(bandit)에서 유래하며, 멀티암드 밴딧(multi-arm bandit)[2] 기법에 기반한 탐색 대 이용(이 기술은 성능 최적화라는 목표에 따라 경쟁 선택 간에 리소스 할당을 최적화하는 데 사용됨)을 나타낸다.

하이퍼밴드를 사용하면 있을 법한 구성 집합(n)을 가지고 시도해 볼 수 있을 텐데, 여기서 n은 1회 반복당 훈련을 의미한다. 하이퍼밴드를 개발한 이들은 이 반복 항(즉, n)을 가능한 여러 용도로 사용하기 위해 열어두고 있다. 하지만, 나는 에포크로 반복 횟수를 지정할 것이다. 첫 번째 훈련 루프가 완료되면 결과 구성이 성능별로 정렬된다. 그런 다음 이 목록 중에서 위쪽 절반에 해당하는 부분이 더 많은 반복을 늘리기 위해 훈련된다. 이런 식으로 절반을 줄이고 접는 과정을 반복하면 탐색 시 지정한 횟수만큼 반복하도록 구성할 수 있는 아주 작은 구성 집합이 되어 간다. 이런 과정을 거치면 있을 법한 모든 구성을 최대 에포크에 이를 때까지 탐색하는 것보다 더 짧은 시간 내에 *최적*의 하이퍼파라미터 집합을 얻을 수 있다.

이번 장의 깃허브 저장소에 하이퍼밴드 알고리즘을 구현한 hyperband.py가 들어 있다. 이러한 구현은 대부분 FastML을 바탕으로 구현한 것에서 파생되는데, FastML은 http://fastml.com/tuning-hyperparams-fast-with-hyperband에서 찾을 수 있다. 이를 사용하려면 다음 코드와 같이 하이퍼밴드 개체를 인스턴스화해야 한다.

---

2 (옮긴이) '팔이 여러 개인 산적'이라는 뜻으로 카지노의 슬롯머신을 산적이라고도 부르는데, 이 슬롯머신이 여러 대인 상황에서 어떻게 하면 최상의 결과를 뽑아낼 수 있을까를 탐색하는 머신러닝 기법이다. '멀티암드 밴딧'으로 검색하면 다양한 자료를 찾을 수 있다.

```
from hyperband import Hyperband
hb = Hyperband(data, get_params, try_params)
```

하이퍼밴드 생성자에는 다음 세 가지 인수가 필요하다.

- data: 지금까지 나온 예제에 사용된 데이터 딕셔너리

- get_params: 탐색 중인 하이퍼파라미터 공간으로부터 표본을 추출하는 데 사용되는 함수의 이름

- try_param: n_itter 반복에 대한 하이퍼파라미터 구성을 평가하고 손실을 반환하는 데 사용할 수 있는 함수의 이름

다음 예제에서는 파라미터 공간에 걸쳐서 균일한 방법으로 표본을 추출하기 위해 get_params를 구현한다.

```
def get_params():
batches = np.random.choice([5, 10, 100])
optimizers = np.random.choice(['rmsprop', 'adam', 'adadelta'])
dropout = np.random.choice(np.linspace(0.1, 0.5, 10))
return {"batch_size": batches, "optimizer": optimizers, "keep_prob": dropout}
```

보다시피 선택한 하이퍼파라미터 구성이 딕셔너리로 반환된다.

다음으로, 다음과 같이 하이퍼파라미터 구성에서 지정한 반복 횟수만큼 모델 적합화를 할 수 있도록 try_params를 구현할 수 있다.

```
def try_params(data, num_iters, hyperparameters):
    model = build_network(keep_prob=hyperparameters["keep_prob"],
                                optimizer=hyperparameters["optimizer"])
    model.fit(x=data["train_X"], y=data["train_y"],
                batch_size=hyperparameters["batch_size"],
                epochs=int(num_iters))
    loss = model.evaluate(x=data["val_X"], y=data["val_y"], verbose=0)
    return {"loss": loss}
```

try_params 함수는 원하는 수의 계량을 추적하는 데 사용할 수 있는 딕셔너리를 반환한다. 그러나 런들을 비교하는 데 사용되므로 손실이 필요하다.

hyperband 객체는 .run() 메서드를 호출해 위에서 설명한 알고리즘을 실행한다.

```
results = hb.run()
```

이 경우 results는 각 런, 런 시간 및 테스트된 하이퍼파라미터의 딕셔너리가 된다. 이렇게 고도로 최적화된 탐색 작업조차도 시간이 많이 걸려서 GPU 사용 비용이 많이 나가게 되므로 이번 장에 나오는 MNIST 탐색 결과를 깃허브 저장소에 있는 hyperband-output-mnist. txt에 포함시켰는데 이것을 https://github.com/mbernico/deep_learning_quick_reference/tree/master/chapter_6에서 찾아 볼 수 있다.

요약

하이퍼파라미터 최적화는 우리의 심층 신경망에서 가장 좋은 결과를 얻는 데 중요한 역할을 하는 단계이다. 개방적이고 활동적인 머신러닝 연구야말로 하이퍼파라미터를 가장 잘 찾아내는 방법이다. 여러분의 딥러닝 문제에 최첨단 기술을 구현할 수는 있겠지만, 그렇게 결정하기 전에 탐색 시 소요되는 런타임(run time)과 관련한 구현 복잡성을 고려해야 한다.

가장 확실하고 철저하게 탐색할 수 있는 신경망 아키텍처와 관련된 결정 사항들이 있지만, 위에서 설명한 바와 같이, 일련의 휴리스틱 및 모범 사례를 통해 충분히 다가선다거나 탐색 파라미터의 수를 줄일 수 있다.

궁극적으로 하이퍼파라미터 탐색은 경제적인 문제이며, 모든 하이퍼파라미터 탐색 시 가장 먼저 고려해야 할 부분은 최상의 하이퍼파라미터 구성을 분리하려고 시도할 때 걸리는 계산 시간과 개인 시간이라는 예산이다.

이번 장으로 딥러닝의 기본을 마무리한다. 다음 장에서는, 우리는 컴퓨터 비전부터 시작해서, 신경망의 좀 더 흥미롭고 발전된 응용으로 넘어갈 것이다.

07

CNN을
처음부터 훈련하기

심층 신경망으로 인해 컴퓨터 비전 처리에 혁명이 일어났다. 사실, 지난 몇 년 동안 컴퓨터 비전 분야에서 이루어진 발전으로 인해 많은 소비자들이 매일 사용하는 심층 신경망을 만들 수 있게 되었다는 점을 인정한다. 우리는 이미 *5장, '케라스로 다중 클래스 분류 문제를 풀기'*에서 컴퓨터 비전 분류기를 본 적이 있는데, 이때 우리는 심층 신경망을 사용해 손글씨 숫자를 분류했다. 이번에는 합성곱 계층이 작동하는 방식, 그것을 사용하는 방법을 설명하고 어떻게 하면 컴퓨터 비전 문제를 해결하기 위해 더 좋고 더 강력한 신경망을 케라스에서 만들 수 있는지를 보여주려고 한다.

이번 장에서 다룰 주제는 다음과 같다.

- 합성곱 소개
- 케라스로 합성곱 신경망을 훈련하기
- 데이터를 확대하기

합성곱 소개

훈련된 합성곱 계층(convolutional layer)은 필터라고도 부르는 특징 검출기(feature detectors)가 많이 들어가 있는 꼴로 구성되어 있는데, 이 필터는 움직이는 창 역할을 하며 입력 이미지 위를 미끄러지듯이 이동한다. 잠시 후에 필터 안에 무엇이 있는지 얘기하겠지만, 지금은 블랙박스처럼 여기면 된다. 이미 훈련을 받은 단일 필터를 상상해 보라. 이 필터는 이미지에서 어두운 색과 밝은 색이 바뀌는 부분, 즉 어두운 색과 밝은 색의 경계면(즉, 가장자리 또는 모서리)을 감지하도록 훈련되었다. 필터가 이미지를 건너가면서, 필터의 출력은 감지하려는 특징의 존재 유무와 위치를 나타내므로, 이게 두 번째 필터 계층에 유용할 수 있다. 우리의 사고 실험을 조금 더 확대해 보면, 이제 하나의 필터가 두 번째 합성곱 계층에 있다고 상상해보라. 그것은 또한 이미 훈련된 것이다. 아마도 이 새로운 계층은 이전 계층에서 발견된 두 개의 변이 존재하는 직각을 감지하는 방법을 배웠을 것이다. 이 일을 계속해 보자. 계층을 더할수록 더 복잡한 특징들을 배울 수 있다. 특징 위계구조(feature hierarchies)라는 개념은 신경회로의 중추적인 역할을 한다. 이홍락 등이 2011년에 저술한 'Unsupervised Learning of Hierarchical Representations with Convolutional Deep Belief Networks'(심층 신뢰망을 사용한 위계적 표현의 비지도 학습)에 나오는 다음 이미지는 특징 위계구조의 개념을 매우 잘 보여준다.

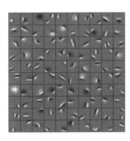 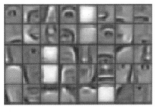 

이것은 매우 강력한 기술로서 이전에 나온 MNIST에서 사용했던 flatten 메서드 및 classify 메서드보다 장점이 몇 가지 더 많다. 잠시 후에 이 점을 이야기해 보겠지만, 먼저 필터 안을 좀 더 자세히 살펴보자.

합성곱의 계층은 어떻게 작용하는가?

직전 단원에서 나는 합성곱 계층이 특징 감지기 역할을 하는 필터의 집합이라고 말했다. 우리가 그 아키텍처를 아주 깊이 탐구하기 전에, 실제로 합성곱이 무엇인지 수학적으로 검토해 보자.

먼저 다음 4×4 행렬과 나중에 우리가 필터라고 부를 3×3 행렬을 수작업으로 합성곱 처리한다. 합성곱 처리 과정의 첫 번째 단계는 필터[1]와 4×4 행렬의 첫 번째 9개 상자[2]를 원소별로 곱하는 것이다.

Step 1: 4*1 + 2*0 + 1*-1 + 6*1 + 5*0 + 2*-1 +3*1 + 0*0 + 3 *-1 =

4	2	1	1
6	5	2	1
3	0	3	0
1	4	6	2

*

1	0	-1
1	0	-1
1	0	-1

=

7	

이 작업을 수행한 후에는 필터를 한 칸만큼 밀어 둔 다음에 동일한 작업을 수행한다[3]. 마지막으로 필터를 다시 한 번 아래로 밀어 보자. 이런 합성곱 과정이 일단 완료되면 다음 그림과 같이 2×2 행렬이 나온다.

4	2	1	1
6	5	2	1
3	0	3	0
1	4	6	2

*

1	0	-1
1	0	-1
1	0	-1

=

7	5
-1	6

---

1 (옮긴이) 즉, 오른쪽에 보이는 행렬

2 (옮긴이) 즉, 왼쪽에 보이는 바둑판 모양 행렬에서 (4, 2, 1), (6, 5, 2), (3, 0, 3)이 이에 해당

3 (옮긴이) 즉, 오른쪽 바둑판을 왼쪽 바둑판 위에서 한 칸 더 오른쪽으로 밀어 넣는다는 뜻. 따라서 이번에 필터와 곱할 대상은 (2, 1, 1), (5, 2, 1), (0, 3, 0)이 된다.

엄밀히 말하면, 이것은 합성곱이 아니라 교차상관(cross-correlation)이다. 우리는 그것을 관례적으로 합성곱이라고 부르며, 우리의 목적이라는 측면에서 봤을 때 합성곱과 교차상관 사이의 차이점이 아주 적다.

3차원 합성곱

MNIST에 나오는 이미지는 회색조(grayscale)로 되어 있으므로 각 이미지를 2차원 행렬에서 0~255 사이인 픽셀 농도 값으로 표시하면 그만이다. 하지만 우리는 대체로 컬러 이미지로 작업을 하고는 한다. 컬러 이미지는 실제로는 3차원 행렬로, 이미지 높이, 이미지 너비 및 색상이 각기 1개 차원이 된다. 그러므로 이미지의 각 픽셀에 대해 빨간색, 파란색 및 녹색 값이 따로 있는 행렬이 생성된다.

이전에는 2차원 필터를 사용했지만 (높이, 너비, 3(색상)) 모양으로 된 행렬과 *3×3×3* 필터 사이의 합성곱을 수행함으로써 아주 간단히 우리의 아이디어를 3차원상에 적용해 볼 수 있다. 결국 우리는 행렬을 이루는 3개 축 모두에서 원소별 곱을 취할 때에도 2차원 출력은 여전히 남게 된다. 다시 한 번 떠올려 본다면, 이러한 고차원 행렬을 보통 텐서(tensors)라고 부르는데 우리가 하고 있는 일이란 텐서를 그대로 흐르게 만드는 일인 것이다.

합성곱의 계층

우리는 앞서 relu처럼 비선형성과 결합된 선형 함수의 여러 유닛(뉴런이라고 부르는 것)으로 구성된 심층 신경망의 계층에 관해 이야기했다. 합성곱 계층에서 각 유닛은 비선형성과 결합된 필터이다. 예를 들어, 케라스에서는 다음과 같이 합성곱 계층을 정의할 수 있다.

```
from keras.layers import Conv2D
Conv2D (64, kernel_size=(3,3), activation="relu", name="conv_1")
```

이 계층에는 64개의 개별 유닛이 있으며 각 유닛은 *3×3×3* 꼴로 된 필터이다. 합성곱 연산이 완료된 후 각 유닛은 기존 완전 연결 계층과 같이 출력에 편향과 비선형성을 (해당 항에 잠깐 동안만 더) 추가한다.

다음 단계로 넘어가기 전에, 예제 하나의 차원을 간단히 살펴봄으로써 우리가 지금 같은 부분을 보고 있다고 확신하고자 한다. *32×32×3* 꼴로 된 입력 이미지가 있다고 상상해 보라. 이제 우리는 합성곱 계층을 써서 이 이미지를 둘둘 감는다. 이 계층에는 64개의 필터가 포함되어 있으므로 출력은 $30 \times 30 \times 64$이다. 각 필터는 단일한 30×30 행렬을 출력한다.

합성곱 계층의 이점

자, 이제 여러분이 합성곱 계층이 어떻게 작동하는지를 이해했기를 바라고, 왜 이 모든 난해한 수학을 했는지에 관해 이야기해보자. 왜 우리는 이전에 사용하던 일반적인 계층 대신에 합성곱 계층을 사용해야 할까?

앞에서 설명한 것과 동일한 출력 형태를 얻기 위해 일반적인 계층을 사용했다고 가정해 보자. $32 \times 32 \times 3$ 이미지를 가지고 착수했으므로 총 3,072개 값이 있게 된다. 그리고 나서 $30 \times 30 \times 64$ 행렬이 남겨졌다. 총 57,600개의 값이 있게 된 셈이다. 이 두 행렬은 완전 연결 계층을 사용해 연결하려 한다면, 이 계층에는 176,947,200개의 훈련 가능한 파라미터가 있게 된다. 1억 7600만 개란 소리다.

그러나 앞에서 다룬 합성곱 계층을 사용할 때는 64개의 $3 \times 3 \times 3$ 필터를 사용해 1,792개의 파라미터에 대해 1,728개의 학습 가능 파라미터와 64개의 편향치를 추가했다.

그러므로 확실히 합성곱 계층에는 훨씬 적은 파라미터만 쓰인다는 점을 알 수 있는데, 왜 이것이 중요할까?

파라미터 공유

전체 이미지에 걸쳐 필터를 사용하게 되므로 특징이 이미지 내의 어디에 있는지에 관계없이 필터는 특징을 탐지하는 방법을 학습한다. 이렇게 함으로써 변환 불변성(translation invariance)을 얻게 되는데, 이게 실제로 유용하다. 이는 우리가 전체 이미지 내에서의 방향에 관계 없이 무엇인가 중요한 것을 탐지할 수 있다는 뜻이기 때문이다.

MNIST를 떠올려 본다면, 사진의 어느 부분에 9라는 숫자가 있든지에 상관 없이 이 숫자의 특징인 고리 모양을 탐지할 수 있다는 점을 쉽게 생각해 낼 수 있다. 생각을 조금 더 발전시켜서 사진을 보고 고양이 사진인지 아니면 자동차 사진인지로 분류해내는 분류기를 생각해 보자. 자동차 타이어처럼 복잡한 것을 감지할 수 있는 일련의 필터를 쉽게 생각해낼 수 있다. 타이어와 같은 게 있는 이미지라면 고양이 사진이 아니라는 점을 분명히 알 수 있기 때문에(물론 자동차를 운전하는 고양이가 찍힌 사진이 아니라면), 자동차의 방향이 어디로 향하고 있는 지 타이어를 탐지해 내는 게 유용할 것이다.

국부적 연결성

필터들의 크기가 고정되어 있으므로 필터들은 인접 픽셀 간의 연결성에 초점을 맞춘다. 이것은 필터들이 국부적 특징(local features)을 가장 강하게 학습할 것이라는 점을 의미한다. 비선형성을 지닌 계층 내의 그 밖의 필터들과 결합하면 점점 더 크고 복잡한 특징에 주의를 기울일 수 있다. 이러한 국부적 특징을 쌓아가는 일은 매우 바람직하며, 합성곱 계층이 그다지도 중요한 이유이기도 하다.

풀링 계층

합성곱 계층 외에도, 합성곱 신경망은 종종 **풀링 계층**(pooling layer)[4]이라고 불리는 또 다른 종류의 계층을 이용한다. 풀링 계층은 합성곱 계층이 추가될 때 합성곱 신경망의 차원을 줄이는 데 사용되며, 이로 인해 과적합을 줄일 수 있다. 풀링 계층은 특징 감지기를 좀 더 로버스트(robust)하게[5] 만드는 추가적인 이점을 가지고 있다.

풀링 계층은 행렬을 겹치지 않는 부분들로 나눈 다음, 일반적으로 각 부분에서 최댓값을 취한다(최대 풀링의 경우). 대안으로 평균을 사용할 수도 있지만 현재 거의 사용되지 않는다. 다음 그림은 이 기술을 보여 준다.

---

4 (옮긴이) 여기서 pooling이란 말을 통계학 용어들에서 찾아볼 수 있다. pooling of classes(계급의 합동화), pooling of error(오차의 합동화), pooled data(합동 자료)가 대표적인 예이다. 합성곱 신경망에 쓰이는 풀링 계층이라는 것도 통계학의 합동이라는 개념을 차용한 것으로 여겨지는데, 예를 들어 풀링 계층에 의해 풀링 처리된 데이터야말로 합동 자료(pooled data)에 다름 아니다. 그렇다면 사실 '풀링 계층'이라는 말보다는 '합동 계층'이라는 말이 적절한 번역어일 것이다. 수학 용어를 차용하자면 '병합 계층'에 해당한다. 다만, 출판사의 지침에 맞춰 일단 더 널리 쓰이는 번역어를 채택하기는 했다. 하지만 역자 입장에서는 '합동'이라는 말로 언젠가는 바꿔 쓰기를 바란다. convolution은 합성곱이라고 하면서, pooling을 합동이나 병합이라고 부르지 말아야 할 이유는 없다고 본다.

5 (옮긴이) 즉, 대표성을 더 잘 띄게. 여기서는 단순히 견고하다(robust)는 점을 말하는 게 아니라 통계적 개념인 로버스트성(robustness, 통계적 대푯값의 적절성)을 말하는 것으로 보인다. 즉, 픽셀 값들을 합동(pooling, 병합)함으로써 여러 픽셀을 잘 대표하는 값을 찾아낸다는 뜻이다. 그림에서 {1, 8, 4, 2}인 픽셀들의 대푯값으로 가장 큰 값인 {8}을 취하는 예를 보면 알 수 있다.

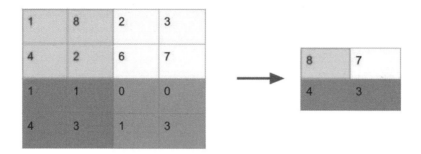

예상대로 케라스에서는 풀링 계층을 구현하기가 매우 쉽다. 다음 코드를 사용해 계층에 풀링 처리를 할 수 있다.

```python
from keras.layers import MaxPooling2D
pool1 = MaxPooling2D (pool_size=(2, 2), name="pool_1")
```

여기서 우리는 풀링 창을 2×2로 정의하고 있다.

이전에 패딩(padding, 즉 채우기)을 논의하지는 않았지만, 일부 아키텍처에서는 출력 차원이 입력 차원과 같아지도록 0을 사용해 합성곱 계층이나 풀링 계층의 입력을 채우는 일이 흔하다. 케라스의 합성곱 계층이나 풀링 계층 모두에서 기본값은 유효한 패딩이지만 관례상 패딩이 없음을 의미한다고 해석한다. 원하는 경우 파라미터 padding을 padding="same"으로 설정해야 패딩이 적용된다.

배치 정규화

배치 정규화(batch normalization)는 우리 신경망이 전반적으로 더 나은 성능을 발휘하고 더 빨리 학습하는 데 도움이 된다. 배치(batch)[6] 정규화는 애플리케이션 내에서 이해하기 아주 쉽지만, 왜 그것이 여전히 연구자들에 의해 논의되고 있는 거일까?

배치 정규화를 적용할 때 각 미니배치(minibatch)[7]에 대해 각 비선형성 처리 이후(또는 이전)에 평균이 0이고 단위 분산이 되도록 배치를 정규화할 수 있다. 이렇게 하면 각 계층이 정규화된 입력을 학습할 수 있으므로 해당 계층은 더 효율적으로 학습할 수 있게 된다.

---

6 (옮긴이) 수학 및 통계 용어로는 '집단' 또는 '묶음'에 해당한다.

7 (옮긴이) 수학 용어로는 '작은 집단'.

케라스에서는 배치 정규화 계층을 구현하기가 쉬우며, 나는 이번 장의 예제용으로 각 합성곱 계층을 사용할 것이다. 배치 정규화에는 다음 코드가 사용된다.

```
from keras.layers import BatchNormalization
x = BatchNormalization (name="batch_norm_1")
```

케라스에서 합성곱 신경망을 훈련하기

합성곱 신경망의 기초를 다뤘으니 이번에는 구축할 차례이다. 이 사례연구에서 우리는 CIFAR-10으로 잘 알려진 문제를 다룰 것이다. 알렉스 크리제프스키(Alex Krizhevsky), 비노드 나이르(Vinod Nair), 제프리 힌튼(Geoffrey Hinton)이 이 데이터셋을 만들었다.

입력

CIFAR-10 데이터셋은 10개 클래스로 분류되는 32×32 컬러 이미지 6만 장으로 구성되며, 클래스당 이미지는 6,000장이다. 나는 5만 개 이미지를 훈련용 집합으로 사용하고, 5,000개 이미지를 검증용 집합으로 사용하고, 5,000개 이미지를 테스트 집합으로 사용할 생각이다.

합성곱 신경망을 위한 입력 텐서 계층은 (N, 32, 32, 3)이 될 텐데, 우리는 이것을 이전에 했던 것처럼 build_network 함수로 전달할 것이다. 신경망을 구축하는 데 사용되는 코드는 다음과 같다.

```
def build_network(num_gpu=1, input_shape=None):
inputs = Input (shape=input_shape, name="input")
```

출력

이 모델의 출력은 클래스 예측이며, 예측 값은 0부터 9에 해당한다. 우리는 MNIST에서 했던 것처럼 10개 마디(node)로 된 소프트맥스를 사용할 것이다. 놀랍게도, 우리의 출력 계층이 변하지 않았다. 다음 코드를 사용해 출력을 정의한다.

```
output = Dense (10, activation="softmax", name="softmax") (d2)
```

비용 함수와 계량

5장에서는 다중 클래스 분류기의 손실 함수로 범주형 교차 엔트로피를 사용했다. 이것은 또다른 다중 클래스 분류기에 불과하며, 우리는 손실 함수로서 범주형 교차 엔트로피를 계속 사용할 수 있고, 계량으로 정확도를 사용할 수 있다. 이미지를 입력으로 사용하는 방식으로 바꿨지만 운 좋게도 비용 함수와 계량은 변경되지 않았다.

합성곱 계층

이 구현에서 다른 점이 있는지 궁금해지기 시작했다면, 그게 바로 여기 있다. 나는 배치 정규화 및 최대 풀링과 더불어 두 개의 합성곱 계층을 사용할 것이다. 이렇게 하려면 다양한 선택을 해야만 할 것이다. 물론 우리는 나중에 하이퍼파라미터 형태로 탐색할 수도 있다. 하지만 매도 먼저 맞는 게 낫다. 도널드 커누스(Donald Knuth)가 말하듯이 조숙한 최적화는 모든 악의 근원이다. 우리는 다음 코드 조각을 사용해 두 개의 합성곱 블록을 정의할 것이다.

```
# 합성곱 블록 1
conv1 = Conv2D (64, kernel_size=(3,3), activation="relu", name="conv_1") (inputs)
batch1 = BatchNormalization (name="batch_norm_1") (conv1)
pool1 = MaxPooling2D (pool_size=(2, 2), name="pool_1") (batch1)

# 합성곱 블록 2
conv2 = Conv2D (32, kernel_size=(3,3), activation="relu", name="conv_2") (pool1)
batch2 = BatchNormalization (name="batch_norm_2") (conv2)
pool2 = MaxPooling2D (pool_size=(2, 2), name="pool_2") (batch2)
```

이제 확실히 우리는 두 개의 합성곱 블록을 지니게 되었다. 이 블록들은 합성곱 계층, 배치 정규화 계층, 그리고 풀링 계층으로 구성되어 있다.

첫 번째 블록에서는 64개의 3×3 필터를 사용하고 있다. 나는 유효한 패딩(또는 패딩 없음)과 1이라는 보폭(stride)[8]을 사용한다. 배치 정규화 시에는 어떠한 파라미터도 필요하지 않으며 훈련할 수 있는 대상이 아니다. 풀링 계층은 2×2 풀링 창, 유효한 패딩 및 2 보폭(보폭은

---

8 (옮긴이) 합성곱을 할 때 필터를 이미지 위에서 몇 칸 단위로 이동할지를 결정하는 수치. 즉, 필터가 사람이라면 걸음걸이의 넓이에 해당하므로 '보폭'이라는 번역어가 타당하다. 보폭이 1이면 한 칸씩 이동한다는 뜻이다.

곧 창의 차원에 해당함)[9]을 사용한다.

두 번째 블록은 거의 같다. 하지만 필터 수가 절반인 32개로 줄었다.

이 아키텍처에는 많은 꼭지(knob)가 있지만, 내가 먼저 조율하고자 하는 것은 합성곱의 핵(kernel)[10] 크기이다. 핵의 크기를 선택하는 게 중요해지는 경향이 있다. 사실, 구글의 인셉션(Inception)과 같은 몇몇 현대적 신경망 아키텍처를 사용하면 동일한 합성곱 신경망에서 사용하는 필터의 크기를 다양하게 할 수 있다.

완전 연결 계층

합성곱과 풀링이라는 두 차례 처리 후에, 텐서가 상대적으로 작고 깊어졌다. pool_2 이후의 출력 차원은 (n, 6, 6, 32)이다.

우리는 바라던 대로 이 합성곱 계층에서 $6 \times 6 \times 32$ 텐서가 나타내는 관련 이미지 함수를 추출했다. 이러한 특징들을 사용해 이미지를 분류하기 위해 최종 출력 계층으로 가기 전에 이 텐서를 몇 개의 완전 연결 계층으로 연결할 것이다.

이번 예에서는 512개 뉴런이 있는 완전 연결 계층과 256개 뉴런이 있는 완전 연결 계층 및 마지막으로 10개 뉴런이 있는 출력 계층을 사용한다. 또한 과적합을 방지하기 위해 드롭아웃을 사용하게 되겠지만 아주 조금만 사용할 생각이다! 이 과정에 대한 코드를 여러분이 참조할 수 있게 보이면 다음과 같다.

```
from keras.layers import Flatten, Dense, Dropout
# 완전 연결 계층들
flatten = Flatten() (pool2)
fc1 = Dense (512, activation="relu", name="fc1") (flatten)
d1 = Dropout (rate=0.2, name="dropout1") (fc1)
fc2 = Dense (256, activation="relu", name="fc2") (d1)
d2 = Dropout (rate=0.2, name="dropout2") (fc2)
```

---

9 (옮긴이) 풀링 시에는 합성곱 시 필터를 이동하는 방식과 다르게 각 풀링 대상 창의 크기만큼 한 번에 이동하므로 보폭 크기 = 풀링 창 크기인 셈이 된다. 그러므로 창의 크기는 창의 차원에 해당하므로 보폭 크기가 곧 창의 차원이 되는 셈이다.

10 (옮긴이) 핵심부, 중심부라는 뜻. 수학/통계 용어에 맞춰 번역 용어를 채택했다. 이 용어를 낯설어 하는 사람이 있는데, 통계학에 광범위하게 사용되는 용어이므로 '커널'보다 '핵'에 익숙해지는 게 나을 것 같다. 다만 '커널 메서드'처럼 특정한 것의 명칭으로 쓰일 때는 그 명칭 그대로 사용하는 편이 나을 것이다.

나는 앞에서는 flatten 계층에 관해 말한 적이 없다. flatten 계층은 이름만으로도 그 역할을 알 수 있다. n×6×6×32 텐서를 n×1152 벡터로 평탄하게(flattens) 만드는 게 이 계층의 역할이다. 이 벡터는 완전 연결 계층들의 입력으로 사용된다.

케라스의 다중 GPU 모델

많은 클라우드 컴퓨팅 플랫폼은 여러 GPU가 포함된 인스턴스를 규정(provision)할 수 있다. 우리 모델의 크기와 복잡성이 커지면 여러분은 여러 GPU에서 작업 부하를 병렬 처리하려고 할 것이다. 이렇게 하는 게 네이티브 텐서플로에서는 다소 복잡한 과정이 될 수 있지만 케라스에서는 그저 함수 호출에 불과하다.

다음 코드와 같이 평상시처럼 모델을 빌드하라.

```
model = Model(inputs=inputs, outputs=output)
```

그런 다음에 아래 코드의 도움을 받아 해당 모델을 keras.utils.multi_gpu_model에 전달한다.

```
model = multi_gpu_model(model, num_gpu)
```

이 예제에서 num_gpu는 사용할 GPU 수를 나타낸다.

훈련

모델을 통합하고 새롭고 멋진 다중 GPU 기능을 통합한, 다음과 같은 아키텍처를 제안한다.

```
def build_network(num_gpu=1, input_shape=None):
    inputs = Input (shape=input_shape, name="input")

    # 합성곱 블록 1
    conv1 = Conv2D (64, kernel_size=(3,3), activation="relu", name="conv_1") (inputs)
    batch1 = BatchNormalization (name="batch_norm_1") (conv1)
    pool1 = MaxPooling2D (pool_size=(2, 2), name="pool_1") (batch1)
```

```
# 합성곱 블록 2
conv2 = Conv2D (32, kernel_size=(3,3), activation="relu", name="conv_2") (pool1)
batch2 = BatchNormalization (name="batch_norm_2") (conv2)
pool2 = MaxPooling2D (pool_size=(2, 2), name="pool_2") (batch2)

# 완전 연결 계층들
flatten = Flatten() (pool2)
fc1 = Dense (512, activation="relu", name="fc1") (flatten)
d1 = Dropout (rate=0.2, name="dropout1") (fc1)
fc2 = Dense (256, activation="relu", name="fc2") (d1)
d2 = Dropout (rate=0.2, name="dropout2") (fc2)

# 출력 계층
output = Dense (10, activation="softmax", name="softmax") (d2)

# 마무리 및 컴파일
model = Model(inputs=inputs, outputs=output)
if num_gpu > 1:
    model = multi_gpu_model(model, num_gpu)
model.compile(optimizer='adam', loss='categorical_crossentropy',
              metrics=["accuracy"])
return model
```

이것을 사용하여 모델을 빌드할 수 있다.

```
model = build_network(num_gpu=1, input_shape=(IMG_HEIGHT, IMG_WIDTH, CHANNELS))
```

그런 다음에 여러분이 예상했던 대로 모델을 적합화한다.

```
model.fit(x=data["train_X"], y=data["train_y"],
          batch_size=32,
          epochs=200,
          validation_data=(data["val_X"], data["val_y"]),
          verbose=1,
          callbacks=callbacks)
```

이 모델을 훈련할 때 과적합이 즉시 근심거리가 된다는 점을 알아차리게 될 것이다. 상대적으로 수수한 합성곱 계층 두 개를 사용할지라도 우리는 이미 약간 과적합되게 하고 있다.

다음 그래프에서 과적합의 효과를 볼 수 있다.

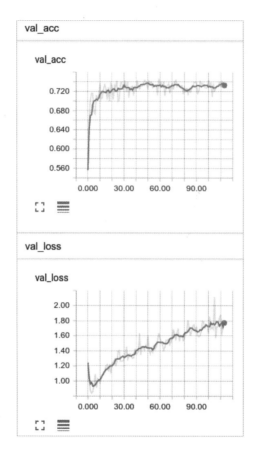

놀라울 게 없는 게, 관측이 5만 건이나 될지라도 특별히 컴퓨터 비전 문제와 관련해서는 그다지 많은 데이터가 아니다. 실제로 컴퓨터 비전 문제에서는 데이터셋이 아주 클 때 이점을 얻는다. 실제로 첸 선(Chen Sun)은 https://arxiv.org/abs/1707.02968의 데이터 볼륨 로그를 통해 추가 데이터가 컴퓨터 비전 모델을 선형적으로 지지하는 경향이 있음을 보여주었다. 불행히도 이번 예제에 쓸 더 많은 데이터를 찾을 수는 없다. 하지만 어쩌면 우리는 무언가를 만들 수 있을지도 모른다. 다음에 데이터 확대에 관해 이야기해 보자.

데이터를 확대하기

데이터 확대(data augmentation)[11]란 이미지를 변형시킨 다음에 원본 이미지와 변형된 이미지를 모두 사용해 훈련하는 기술이다. 고양이를 사용해 훈련을 했다고 상상해 보라.

이 이미지를 수평으로 뒤집으면 다음과 같은 효과를 얻을 수 있다.

---

11 (옮긴이) 데이터 첨가, 데이터 보강, 데이터 덧붙임, 데이터 부풀리기 등으로 다양하게 불리고 다양하게 번역될 수 있는 용어이지만 개념에 가장 가깝다고 여겨지는 통계학 용어를 채택했다.

물론 이 이미지도 원본과 똑같은 이미지이지만, 우리는 원본과 변형본을 모두 훈련용 사례로 사용할 수 있다. 이것은 우리 훈련 집합에 서로 다른 고양이 두 마리가 있는 경우만큼 좋은 상황은 아니지만, 고양이가 마주보는 방향에 상관없이 고양이라는 것을 컴퓨터에 가르칠 수 있게 해준다.

실제로, 우리는 수평 뒤집기 이상의 것을 할 수 있다. 이미지를 수직으로 뒤집거나 이동하거나 무작위로 회전할 수 있다. 이를 통해 데이터셋을 인위적으로 부풀려 실제 데이터보다 더 많게 할 수 있다. 물론 이 정도의 작업까지만 수행할 수 있기는 해도, 데이터가 거의 없을 때 데이터를 아주 잘 보완하는 도구가 된다.

케라스의 ImageDataGenerator

얼마 전까지만 해도 이미지 확대를 수행하는 유일한 방법은 변형을 코드화하여 훈련 집합에 무작위로 적용하고 나서, 변형된 이미지를 디스크에 저장하는 것이었다(이리 하든 저리 하든 번거로운 일이기는 마찬가지였다). 다행히 케라스는 이제 ImageDataGenerator라는 클래스를 제공하는데, 이 클래스는 우리가 훈련하는 동안 변형 코드를 제시하지 않아도 즉시 변형할 수 있게 한다.

ImageDataGenerator에서 다음과 같이 인스턴스화하는 방식으로 데이터 생성기 객체를 만들 수 있다.

```
def create_datagen(train_X):
    data_generator = ImageDataGenerator(
        rotation_range=20,
        width_shift_range=0.02,
        height_shift_range=0.02,
        horizontal_flip=True)

    data_generator.fit(train_X)
    return data_generator
```

이 예에서는 이동(shift), 회전(rotation), 수평 뒤집기(horizontal flip)를 모두 사용한다. 나는 아주 조금만 이동시키고 있다. 경험을 통해서 나는 이보다 더 큰 이동이 너무 크다는 점을 알게 되었는데, 내 신경망이 아무것도 학습할 수 없었기 때문이다. 여러분의 경험은 여러분이 지닌 문제에 따라 다양하겠지만, 나는 이미지가 더 클수록 변형을 더 잘 받아드릴 것으로 예상한다. 이 예제에서는 32 픽셀 크기로 된 이미지를 사용하고 있는데 이것은 꽤 작은 편이다.

생성기를 사용한 훈련

여러분이 이전에 생성기(generator)를 사용해 본 적이 없다면 생성기는 반복기(iterator)처럼 작동하는 것처럼 보일 것이다. ImageDataGenerator.flow() 메서드를 호출할 때마다 이 메서드는 제공된 이미지에 무작위 변환을 적용해 새로운 훈련용 미니배치를 생성한다.

케라스의 Model 클래스는 지정된 데이터셋이 아닌 생성기에 맞도록 하는 .fit_generator() 메서드와 함께 제공된다.

```
model.fit_generator(data_generator.flow(data["train_X"], data["train_y"], batch_size=32),
                    steps_per_epoch=len(data["train_X"]) // 32,
                    epochs=200,
                    validation_data=(data["val_X"], data["val_y"]),
                    verbose=1,
                    callbacks=callbacks)
```

여기서는 기존의 x 및 y 파라미터를 생성기로 대체했다. 가장 중요한 것은 steps_per_epoch(에포크 당 스텝 수) 파라미터이다. 훈련 집합으로부터 몇 번이든 표본을 바꿀 수 있으며, 매번 무작위 변형을 적용할 수 있다. 이것은 우리가 가지고 있는 데이터보다 더 많은 미니배치를 사용할 수 있다는 것을 의미한다. 여기서 나는 내가 지닌 관측 수만큼 많은 배치를 표본 추출하려고 하지만, 필수적인 것은 아니다. 할 수만 있다면 이 숫자를 더 늘릴 수 있고 또 늘려야 한다.

이 일을 마무리하기 전에 이런 경우에 이미지 확대가 얼마나 유용한지 살펴보자.

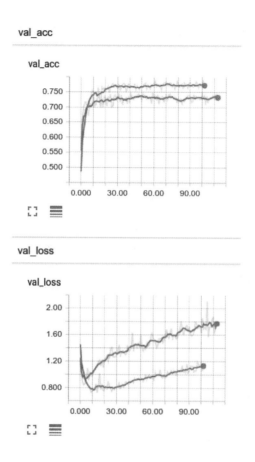

보다시피, 이미지 확대를 아주 조금만 했는데도 크게 도움이 되었다. 전반적으로 정확도가 높아졌을 뿐만 아니라, 우리의 신경망이 훨씬 천천히 과적합되고 있다. 데이터가 적어서 컴퓨터 비전 처리에 문제가 생긴다면 이미지 확대가 필요할 것이다.

요약

이번 장에서는 많은 것을 간단히 다뤄 보았다. 우리는 합성곱 계층에 관해서, 그리고 합성곱 계층이 어떻게 신경망에 사용될 수 있는지를 이야기했다. 또한 배치 정규화와 풀링 계층 및 데이터 확대도 다루었다. 마지막으로 케라스를 이용해 합성곱 신경망을 처음부터 훈련했고, 그 후 데이터 확대 기법을 이용해 그 신경망을 개선했다.

우리는 또한 데이터가 많이 필요한 컴퓨터 비전 기반 심층 신경망 문제가 어떻게 되는지에 대해서도 이야기했다. 다음 장에서는 내가 가장 좋아하는 기술 중 하나인 전이 학습을 펼쳐 보이고자 한다. 전이 학습을 응용하면 훨씬 더 적은 데이터로 놀라운 결과를 낼 수 있으므로 컴퓨터 비전 문제를 빨리 해결하는 데 도움이 될 것이다.

08

사전 훈련 CNN을 사용한
전이 학습

전이 학습(transfer learning)은 경이롭다. 사실, 놀라운 것들로 가득 찬 책이 있다고 해도 전이 학습은 어쩌면 그 중에서도 가장 놀라운 것이라고 말을 할 수 있을 거다. 그런 식으로 말하지 않는다고 해도 전이 학습이라는 게 아마도 여러분에게 가르칠 수 있는 가장 유용하고 실용적인 딥러닝 기법이라고 말할 수 있을 거다. 전이 학습을 사용하면 풀어야 할 문제의 크기에 비해 데이터가 적거나 연산 능력이 많이 모자랄 때에도 컴퓨터 비전 문제 등의 딥러닝 문제를 해결할 수 있다. 이번 장에서는 전이 학습이 무엇인지, 언제 사용해야 하는지를 살펴보고 마지막으로 케라스에서 전이 학습이 되게 하는 방법을 살펴볼 것이다.

이번 장에서 다룰 주제는 다음과 같다.

- 전이 학습의 개요
- 전이 학습을 사용해야만 하는 때
- 원본 및 대상의 크기와 유사도의 영향
- 케라스로 하는 전이 학습

전이 학습의 개요

*7장, '합성곱 신경망'*에서는 약 5만 회 관측을 가지고 합성곱 신경망을 훈련했고, 신경망과 문제가 복잡해서 불과 몇 에포크가 지난 후에 훈련 집합이 지나치게 과적합하게 되었다. 기억하겠지만 훈련 집합에 속한 관측치가 5만 건이나 될지라도 컴퓨터 비전 문제와 관련해서는 그다지 크지 않고 말한 적이 있다. 맞다. 컴퓨터 비전 문제가 데이터를 사랑하기 때문에 더 많은 데이터를 제공할수록 더 나은 성능을 보여준다.

우리가 컴퓨터 비전과 관련한 최첨단 기술이라고 생각할 수 있는 심층 신경망은 이미지넷(ImageNet)이라고 부르는 데이터셋으로 훈련하는 경우가 많다. 이미지넷 데이터셋 (http://www.image-net.org/)은 120만 개 이미지를 1,000개 클래스로 분류하는 분류기이다. 이게 더 좋아 보인다! 이렇게 큰 데이터셋을 사용하면 연구자들이 정교한 특징들을 탐지할 수 있는 정말 복잡한 심층 신경망을 구축할 수 있다. 물론 120만 개 이미지를 사용하면서 계층이 100개 이상인 모델을 훈련하는 데는 많은 비용이 든다. 훈련하는 데 몇 시간이 아니라 몇 주 또는 몇 달이 걸릴 수도 있다.

수많은 계층이 있고 수백만 개 이미지로 훈련을 받은 최첨단 신경망 중 하나를 아주 적은 데이터만 사용하는 우리 자신의 컴퓨터 비전 문제에 적용한다면 어떨까? 이게 바로 전이 학습이다!

전이 학습을 사용하려면 다음 단계를 수행한다.

1. 매우 복잡한 컴퓨터 비전 문제로 훈련을 받은 모델을 사용해 시작한다. 이를 원본 정의역(source domain)이라고 부른다.

2. 신경망의 마지막 계층(소프트맥스 계층)과 가능만 하다면 추가 완전 연결 계층들을 제거한다.

3. 마지막 몇 개의 계층을 새로운 문제에 적합한 계층으로 바꾼다. 이를 대상 정의역(target domain)[1]이라고 한다.

4. 이미 훈련된 모든 계층을 동결해 가중치가 변경되지 않도록 한다.

5. 대상 정의역 데이터를 가지고 신경망을 훈련한다.

---

1 (옮긴이) 수학 용어로는 목적 정의역, 통계학 용어로는 목표 정의역, 의학 용어로는 표적 정의역, 화학 용어로는 과녁 정의역으로 번역되어 쓰이는 용어이다. 이 책에서는 정보통신 분야의 관례(원본과 대상으로 호칭한다는 점)를 따라 대상 정의역이라는 용어를 채택했다. 여기에 쓰이는 target이라는 말이 머신러닝의 '목표 값'(또는 표적 값)과 같은 게 아니라 전이 학습 '대상'을 지칭한다는 점에 유념하자.

여기서 멈추면 일반적으로 특징 추출이라고 하는 것과 다를 바가 별로 없는데, 원본 정의역으로 훈련한 신경망을 사용해 대상 정의역에 대한 시각적 특징을 추출하기 때문이다. 그런 다음 우리는 상대적으로 작은 신경망을 그 특징 추출 신경망에 체결(bolt on)시켜 대상 정의역 과제를 수행한다. 우리의 목표와 데이터셋에 따라 달라지겠지만 이 정도면 충분할 것이다.

동결된 계층(frozen layers)의 일부 또는 전부를 선택적으로 풀어서 전체 신경망을 미세 조정(fine-tuning)하고 일반적으로 아주 느린 학습 속도로 다시 훈련한다. 조만간 미세 조정을 사용해야 할 때에 관해 이야기하겠지만, 먼저 전이 학습을 사용해야 하는 몇 가지 이유를 살펴보도록 하겠다.

전이 학습을 사용해야만 하는 때

전이 학습은 제한된 데이터를 가지고 있을 때와 유사한 문제를 해결하는 신경망이 존재할 때 정말 잘 작동한다. 전이 학습을 사용하면 최첨단 신경망이나 방대한 양의 데이터를 다른 작은 문제에 응용할 수 있다. 그렇다면 언제 전이 학습을 이용해야 할까? 언제든 할 수 있다! 하지만, 여러분이 먼저 생각했으면 하는 두 가지 규정이 있다. 그것들을 다음 단원에서 논의할 것이다.

제한된 데이터

컴퓨터 비전과 전이 학습에 관해 가장 자주 묻는 질문은 다음과 같다. 이미지를 몇 개 가지고 있어야 하는가? 다음 단원에서 볼 수 있듯이, 대체로 많을수록 더 좋으므로 간단히 대답하기는 어렵다. 더 좋은 질문은 다음과 같다. 업무상 문제를 적절히 해결하는 일에 몇 개의 이미지를 사용할 수 있는가?

그렇다면 데이터셋은 어느 정도까지 제한할 수 있을까? 과학과는 거리가 멀지만, 나는 이진 분류 작업을 위해 2,000개 이미지를 사용해 유용한 모델을 만들었다. 일반적으로 작업이 단순해지고 이미지 집합이 다양해지면 작은 데이터셋으로 더 만족스러운 결과를 얻을 수 있다.

경험에 비추어 볼 때, 여러분은 최소한 수천 개의 학습용 이미지가 필요하고, 보통 1만 개에서 2만 개에 이르는 이미지가 있으면 더 바람직하다.

공통 문제 정의역

대상 정의역이 원본 정의역과 최소한 어느 정도 비슷해야 전이 학습이 잘 작동하는 경향이 있다. 예를 들어, 여러분이 이미지를 고양이와 개 중 한 가지로 분류하고 있다고 상상해 보라. 이 유형 즉, 이미지넷으로 훈련되어 이 문제에 사용하기에 이상적인 이미지 분류기는 많다.

반면에 우리의 문제가 CT 스캔 필름이나 MRI 필름을 종양이 들어 있는지 없는지로 분류하는 것이라고 가정해 보자. 이 대상 정의역은 이미지넷이라는 원본 정의역과 매우 다르다. 따라서 전이 학습 사용 시 장점이 있을 수 있지만, 우리는 훨씬 더 많은 데이터와 이 대상 정의역에 신경망을 적응시키기 위한 약간의 미세 조정이 필요할 것이다.

원본 및 대상의 크기와 유사도의 영향

얼마 전까지만 해도 데이터 크기(data volume)[2]와 원본 정의역과 대상 정의역 간의 유사도(similarity)가 전이 학습 성과에 미치는 영향에 대한 조사가 거의 이루어지지 않았으나, 이것은 전이 학습에 중요한 주제일 뿐 아니라 내가 글을 쓴 적이 있는 주제이기도 하다. 동료인 윤타오 리(Yuntao Li), 딩차오 장(Dingchao Zhang)과 더불어 저술한 'Investigating the Impact of Data Volume and Domain Similarity on Transfer Learning Applications'(전이 학습 애플리케이션에 대한 데이터 분량과 정의역 간 유사도의 영향 조사'(https://arxiv.org/pdf/1712.04008.pdf)라는 논문에서 이 주제들에 대해 몇 가지 실험을 했다.

우리가 찾아낸 점은 다음과 같다.

더 많은 데이터가 항상 유용하다

구글 연구진이 'Revisiting Unreasonable Effectiveness of Data in Deep Learning Era'(딥러닝 시대에 데이터로 인한 불합리한 효과를 되짚어 본다)라는 논문에서 3억 회의 관측치를 포함하는 내부 데이터셋을 만들었다고 했는데, 이 정도 분량은 분명히 이미지넷의 분량보다 훨씬 크다. 그런 다음 이 데이터셋에서 몇 가지 최첨단 아키텍처를 훈련하면서 모델에

---

2 (옮긴이) 데이터 볼륨, 데이터 체적, 데이터 분량 등으로 번역될 수 있는 용어이지만 알기 쉬운 말을 채택했다.

표시되는 데이터 양을 1,000만 개에서 3,000만 개, 1억 개, 그리고 최종적으로 3억 개로 늘렸다. 이를 통해 모델 성능이 훈련에 사용되는 관측 개수의 로그에 맞춰 선형적으로 증가했다는 것을 보여주었고, 더 많은 데이터가 원본 정의역에서 항상 도움이 된다는 점을 보여주었다.

하지만 대상 정의역에 대해서는 어떨까? 우리는 이번 장 후반부에서 사용할 개/고양이 데이터셋을 포함해 전이 학습 중에 사용할 수 있는 유형과 비슷한 데이터셋 몇 가지를 사용해 구글의 연구진이 한 실험을 반복했다. 우리는 대상 정의역 모델의 성능도 원본 정의역에서처럼 훈련에 사용된 관측치 개수의 로그에 따라 선형적으로 증가한다는 점을 찾아냈다. 더 많은 데이터가 항상 도움이 된다.

원본/대상 정의역 유사도

전이 학습에는 원본 및 대상 문제 정의역이 서로 얼마나 유사한지에 대한 우려가 있다. 얼굴을 인식하도록 훈련된 분류기는 아마도 다양한 아키텍처를 인식해야 하는 대상 정의역으로 쉽게 전이되지 않을 것이다. 우리는 원본 정의역과 대상 정의역이 아주 비슷한 경우를 실험했을 뿐만 아니라 원본 정의역과 대상 정의역을 최대한 다르게 한 실험도 진행했다. 당연히 전이 학습 애플리케이션의 원본 정의역 및 대상 정의역이 매우 다를 경우 유사한 경우보다 더 많은 데이터가 필요했다. 또한 시각적으로 매우 다른 경우 특징 추출 계층들이 학습을 아주 많이 다시 해야 했기 때문에 미세 조정도 그만큼 더 많이 해야 했다.

케라스로 하는 전이 학습

이 책의 다른 예제와 달리, 여기서는 대상 정의역 문제와 원본 정의역 문제 및 사용 중인 신경망 아키텍처를 모두 다루어야 한다. 먼저 대상 정의역에 대한 개요부터 살펴볼 텐데, 우리가 해결하려는 문제를 살펴보자는 말이다. 그런 다음 원래 신경망이 훈련을 받은 것, 즉 원본 정의역을 살펴보고 사용할 신경망 아키텍처를 간략하게 설명하겠다. 그런 다음 나머지 장에서는 문제를 이것과 관련지어 보자. 두 정의역의 크기와 유사도는 신경망 성능과 밀접한 관련이 있기 때문에 두 정의역을 따로따로 생각해 보아야 한다. 대상과 원본이 밀접할수록 결과가 좋다.

대상 정의역 개요

이번 장에 나오는 예제에서는 캐글이 제공하는 개/고양이 데이터셋을 사용해 작업할 것이다. 이 데이터셋은 25,000개에 이르는 개/고양이 이미지로 구성되어 있다. 개 사진과 고양이 사진은 각기 12,500개씩 한 클래스를 구성하는 식으로 완벽하게 균형을 이루고 있다. https://www.kaggle.com/c/dogs-vs-cats/data에서 데이터셋을 내려받을 수 있다.

이번 문제는 이진 분류 문제이다. 각 사진에 개나 고양이가 들어 있지만 둘 다 들어 있지는 않는다.

이 데이터셋은 2007년 마이크로소프트 리서치에 근무하던 제레미 엘슨(Jeremy Elson) 등이 수집한 것으로 현재 www.kaggle.com에서 제공하고 있다. 물론 내려받은 다음에 학술용으로는 자유롭게 사용할 수 있지만 캐글 계정이 필요하고 최종 사용자 사용권을 수락해야 한다. 환상적인 데이터셋이므로 여기서 사용할 수 있게 설명 내용을 포함했다.

원본 정의역 개요

우리는 이미지넷으로 훈련한 심층 신경망을 가지고 착수할 생각이다. 전이 학습 개요를 다룬 단원을 다시 떠올려보면·이미지넷이 약 120만 개 이미지를 1,000개 클래스로 분류하는 분류기라는 점이 생각날 것이다. 개와 고양이의 이미지가 이미지넷 데이터셋에도 모두 있으므로 이 경우에 우리의 대상 정의역은 실제로는 우리의 원본 정의역과 아주 비슷한 셈이다.

원본 신경망 아키텍처

우리는 Inception-V3 신경망 아키텍처(https://www.cv-foundation.org/openaccess/content_cvpr_2016/papers/Szegedy_Rethinking_the_Inception_CVPR_2016_paper.pdf)를 사용할 예정이다. 이 인셉션 아키텍처는 이 책에서 지금까지 본 아키텍처보다 흥미롭고 꽤 정교하다. *7장, 'CNN을 처음부터 훈련하기'*를 다시 떠올려 본다면, 신경망 아키텍처를 둘러싼 결정 중 하나로 필터 크기 선택이 있었다는 점을 기억할 수 있을 것이다. 각 계층에서 *5×5* 크기로 된 필터를 사용할 것인지, 아니면 그 대신에 *3×3* 크기로 된 필터를 사용할지를 결정해야 했다. 물론 어쩌면 그 밖의 합성곱이 전혀 필요하지 않고, 풀링이 더 적절할 수도 있다. 어쨌든 모든 계층에 대해 합성곱을 한다면 어떻게 될까? 그것이 인셉션의 배경이 된 동기이다.

이 아키텍처는 일련의 모듈, 즉 인셉션 모듈이라고 하는 빌딩 블록을 기반으로 한다. 각 인셉션 모듈에서 이전의 활성치가 1×1 합성곱, 3×3 합성곱, 5×5 합성곱 및 최대 풀링 계층에 부여된다. 그런 다음 출력이 함께 연결된다.

Inception-V3 신경망은 여러 초기화 모듈로 구성되어 있다. 마지막 두 계층은 모두 완전히 연결되어 있으며, 출력 계층에는 소프트맥스 활성을 지닌 1,000개 뉴런이 있다.

keras.applications.inception_v3 내의 InceptionV3 클래스를 사용해 Inception-V3 신경망과 가중치를 적재(load)할 수 있다. 케라스는 keras.applications 안에 자리잡고 있는 '신경망 동물원'에 여러 가지 인기 있는 신경망을 두었다. 텐서플로에서 생성된 모델을 약간만 손을 보아서 적재할 수도 있다. 다른 아키텍처에서 훈련된 모델을 변환할 수도 있기는 하지만, 이 책에서 다루려는 범위를 벗어난다.

인셉션을 적재하려면 다음 코드와 같이 케라스 모델인 InceptionV3 객체를 인스턴스화하면 된다.

```
from keras.applications.inception_v3 import InceptionV3
base_model = InceptionV3(weights='imagenet', include_top=False)
```

여기서 include_top=False라고 하였는데, 이는 신경망의 최상위 계층을 우리가 원하지 않는다는 신호이다. 이렇게 하면 우리가 직접 그것들을 제거할 여지를 남길 수 있다. 이 코드가 처음 실행될 때 Inception-V3 신경망 아키텍처를 내려받아 가중치를 저장한 후 임시저장 (cache)을 한다. 이제 완전히 연결된 계층만 추가하면 된다.

전이 신경망 아키텍처

우리는 최종 두 계층을 사용 사례에 더 적합한 완전 연결 계층으로 교체할 예정이다. 우리가 당면한 문제는 이진 분류 문제이기 때문에, 우리는 다음 코드에 나온 것처럼, 출력 계층을 sigmoid 활성이 있는 단일 뉴런으로 교체할 것이다.

```
# 전역 공간 평균 풀링 계층을 추가하라.
x = base_model.output
x = GlobalAveragePooling2D () (x)
```

```
# 완전 연결 계층 한 개를 추가하자.
x = Dense (1024, activation='relu') (x)

# 로지스틱 계층 한 개도 추가한다.
predictions = Dense (1, activation='sigmoid') (x)

# 이게 우리가 훈련할 모델이다.
model = Model(inputs=base_model.input, outputs=predictions)
```

여기서는 GlobalAveragePooling2D 계층을 사용하고 있다. 이 계층은 이전 계층의 4D 출력을 2D 계층으로 평탄화하는데, 평균화함으로써 완전 연결 계층에 쓰기에 딱 알맞다. pooling='avg' 또는 'max'를 지정해 기본 모델을 적재할 때도 이 작업을 수행할 수 있다[3]. 이것을 어떻게 지정할지는 여러분의 손에 달려있다.

이제 우리는 훈련 준비를 거의 마친 신경망을 가지게 된다. 하지만 그렇게 하기 전에 기초 모델의 계층들을 동결해야 한다는 점을 기억해야 한다. 그래야 새로운 완전 연결 계층들이 학습에 열중할 때에 해당 계층들의 가중치가 변하지 않기 때문이다. 이를 위해 다음 코드를 사용해 계층을 반복해 훈련할 수 없도록 설정할 수 있다.

```
for layer in base_model.layers:
    layer.trainable = False
```

데이터 준비

먼저 캐글(https://www.kaggle.com/c/dogs-vs-cats/data)에서 데이터를 내려받고 책의 8장 디렉터리에 있는 train.zip의 압축을 푼다. 이제 25,000개 이미지가 포함된 단일 디렉터리가 train/이라는 이름으로 생성된다. 각 이미지 이름은 cat.번호.jpg와 같은 꼴로 지어진다.

---

3 (옮긴이) avg로 지정하면 '평균 풀링(즉, '평균 병합' 또는 '평균 합동')'이, max로 지정하면 최대 풀링(즉, '최대 병합' 또는 '최대 합동')'이 된다.

우리는 train, val, test를 위한 별도의 디렉터리로 이 데이터를 옮기려고 한다. 그런 다음 각 디렉터리에는 cat 디렉터리와 dog 디렉터리가 있어야 한다. 이 작업이 아주 지루하고 '세속적인' 일이기 때문에 여러분을 위해 data_setup.py을 만들었다. 이 프로그램을 실행하면 나머지 장에 쓸 모든 데이터가 적절히 자리잡게 된다.

작업을 마치면 다음과 같은 구조로 된 데이터 디렉터리가 생성된다.

데이터 입력

이미지를 간단히 살펴보면 이미지의 해상도와 크기가 모두 다르다는 점을 알 수 있을 것이다. 그러나 *7장, 'CNN을 처음부터 훈련하기'*를 통해 알 수 있었듯이 신경망의 입력 텐서에 맞출 수 있게 이 이미지들의 크기를 일정하게 해야 한다. 이런 일은 종종 컴퓨터 비전 처리 작업 시에 마주치게 되는 매우 현실적인 문제이다. ImageMagick(http://www.imagemagick.org)과 같은 프로그램을 사용해 이미지 크기를 조정할 수는 있지만 케라스 ImageDataGenerator 클래스를 사용해서도 이미지의 크기를 즉시 조정할 수 있다.

Inception-V3에서는 이미지 크기가 $299 \times 299 \times 3$이어야 한다. 다음 코드에서와 같이 데이터 생성기에서 이 입력 대상의 크기를 지정할 수 있다.

```
train_datagen = ImageDataGenerator(rescale=1./255)
val_datagen = ImageDataGenerator(rescalea=1./255)

train_generator = train_datagen.flow_from_directory(
    train_data_dir,
    target_size=(img_width, img_height),
    batch_size=batch_size,
```

```
    class_mode='binary')

validation_generator = val_datagen.flow_from_directory(
    val_data_dir,
    target_size=(img_width, img_height),
    batch_size=batch_size,
    class_mode='binary')
```

여러분이 원한다면 여기에서 데이터 확대를 할 수 있지만 실제로 필요한 것은 아니다.

여기서 가장 흥미로운 점은 데이터 생성기의 flow_from_directory() 메서드를 사용하는 것이다. 이 메서드는 경로를 지정받으면 해당 경로를 통해 이미지 배치를 생성한다. 또한 우리를 위해 디스크에서 이미지를 끌어 오는 모든 작업을 수행한다. 이러한 작업을 한 번에 1개배치씩 처리하므로, 우리는 필요하지 않은데도 50,000개 이미지를 모두 RAM에 보관하지 않아도 된다. 꽤 멋지지 않은가?

훈련(특징 추출)

우리는 이 모델을 두 번 훈련할 것이다. 첫 번째 훈련 시에는 '전이 신경망 아키텍처' 단원에서 설명한 것처럼 신경망을 동결한 상태에서 10 에포크에 걸친 훈련을 통해 특징을 추출하면서 완전 연결 계층의 가중치만 조정한다. 그런 후에 다음 단원에서 계층 중에 일부만 동결을해제하여 다시 훈련하고, 다음 코드에 나온 것처럼 10 에포크를 더 세밀하게 조정한다.

```
data_dir = "data/train/"
val_dir = "data/val/"
epochs = 10
batch_size = 30
model = build_model_feature_extraction()
train_generator, val_generator = setup_data(data_dir, val_dir)
callbacks_fe = create_callbacks(name='feature_extraction')

# 스테이지 1 적합화
model.fit_generator(
    train_generator,
    steps_per_epoch=train_generator.n // batch_size,
    epochs=epochs,
    validation_data=val_generator,
```

```
    validation_steps=val_generator.n // batch_size,
    callbacks=callbacks_fe,
    verbose=1)

scores = model.evaluate_generator(val_generator, steps=val_generator.n // batch_size)
print("Step 1 Scores: Loss: " + str(scores[0]) + " Accuracy: " + str(scores[1]))
```

앞의 예제에서는 ImageDataGenerator의 n 속성을 사용해 생성기에서 사용할 수 있는 전체 이미지 개수를 파악하고 해당 숫자를 배치 크기로 나누어 에포크당 스텝의 수를 정의하고 있다[4]. 이 코드의 나머지 부분에 익숙해져야 한다.

앞서 언급했듯이 우리는 약 10 에포크 동안만 훈련하면 된다. 이제 텐서보드의 훈련 과정을 살펴보자.

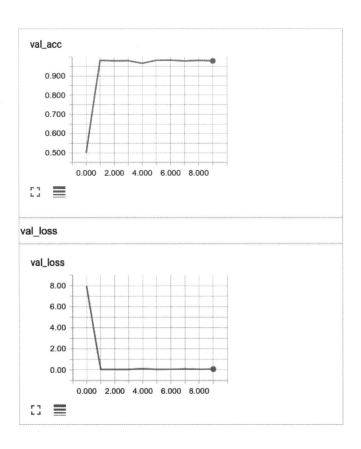

---

4 (옮긴이) 'steps_per_epoch=train_generator.n // batch_size,'라는 줄을 설명하고 있다.

보다시피 신경망은 단 한 개 에포크가 지났을 뿐인데도 매우 잘 작동하고 있다. 거의 7 에포크에 이르기까지 성능이 아주 미미하게 향상된다. 7 에포크에 이르렀을 때 최고 성능을 기록했는데, 0.9828 정확도와 0.0547 손실을 초래했다.

훈련(미세 조정)

신경망을 세밀하게 조정하려면 동결된 계층 중 일부의 동결을 풀어야 한다.

동결 해제를 할 계층의 수는 선택 사항이므로 여러분이 원하는 만큼 신경망의 동결을 해제할수 있다. 실용적인 면에서 보면 대체로 최상위 계층의 동결을 해제하면 이점이 있다. 여기서나는 제일 끝에 있는 인셉션 블록만 풀었는데, 해당 블록은 그래프상의 249번째 계층부터 시작된다. 다음 코드는 이 기법을 나타낸다.

```
def build_model_fine_tuning(model, learning_rate=0.0001, momentum=0.9):
    for layer in model.layers[:249]:
        layer.trainable = False
    for layer in model.layers[249:]:
        layer.trainable = True
    model.compile(optimizer=SGD(lr=learning_rate, momentum=momentum),
                    loss='binary_crossentropy',
                    metrics=['accuracy'])
    return model
```

또한 미세 조정을 위해 확률적 경사 하강에 필요한 학습 속도를 매우 작게 지정했다. 이 시점에서 잘못된 방향으로 너무 크게 뛰지 않도록 아주 천천히 가중치를 변화시켜야 한다. 미세조정 시에는 adam이나 rmsprop을 사용하지 않는 것이 좋다. 다음 코드는 미세 조정 메커니즘을 설명한다.

```
callbacks_ft = create_callbacks(name='fine_tuning')

# 스테이지 2 적합화
model = build_model_fine_tuning(model)
model.fit_generator(
    train_generator,
```

```
    steps_per_epoch=train_generator.n // batch_size,
    epochs=epochs,
    validation_data=val_generator,
    validation_steps=val_generator.n // batch_size,
    callbacks=callbacks_ft,
    verbose=2)

scores = model.evaluate_generator(val_generator, steps=val_generator.n // batch_size)
print("Step 2 Scores: Loss: " + str(scores[0]) + " Accuracy: " + str(scores[1]))
```

텐서보드 그래프를 다시 검토하면 미세 조정 작업을 통해 얻은 것이 있는지 확인해 볼 수 있다.

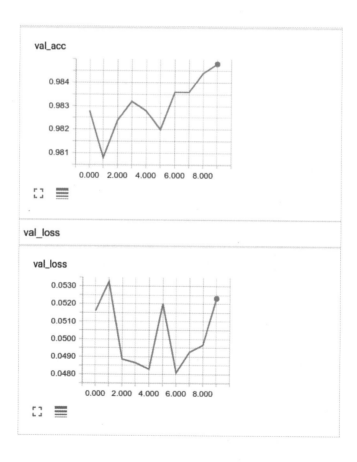

우리 모델이 향상된 건 확실한데 아주 조금 향상되었다. 눈금이 작으면 검증 손실이 개선되기 위해 애쓰는 것처럼 보이게 되므로 과적합이 시작되는 징후로 보일 수도 있다.

이번 경우에서는 미세 조정 효과가 너무 적어서 아무런 이득이 없는 것처럼 보였지만, 항상 그런 것은 아니다. 이번 예제에서는 대상 정의역과 원본 정의역이 아주 비슷하다. 앞서 학습한 바와 같이 원본 정의역과 대상 정의역이 다를수록 미세 조정으로 얻을 수 있는 이점이 커진다.

요약

이번 장에서는 전이 학습을 다루었는데, 원본 정의역으로 사전 훈련 신경망을 사용함으로써 훈련 시간을 크게 줄일 수 있다는 점과 궁극적으로 심층 신경망의 성능을 개선할 수 있다는 점을 설명했다. 이 기술이 내가 선호하는 것 중 하나이기 때문에 여러분도 이 기술을 즐겼으면 하고, 아주 실용적이고 일반적으로 좋은 결과를 얻을 수 있을 것이다.

다음 장에서 우리는 컴퓨터 비전이라는 주제에서 이전에 입력된 내역을 기억할 수 있는 신경망이라는 주제로 옮겨 갈 텐데, 그런 신경망은 시퀀스 내의 다음 항목을 예측하는 일에 이상적이다.

09

RNN을
처음부터 훈련하기

재귀 신경망(recurrent neural networks, RNN)[1]은 순차적 데이터를 모델링하기 위해 구축된 신경망이다. 직전에 나온 몇 개 장에 걸쳐서 우리는 이미지를 보고 특징을 학습할 수 있게 하기 위해 합성곱 계층을 사용하는 방법을 살펴보았다. 재귀 계층은 우리가 서로 모두 관련된 값들로 구성된 시퀀스 (x_t, x_{t-1}, x_{t-2}, x_{t-3})에 있는 어떤 특징을 배울 때와 마찬가지로 유용하다.

이번 장에서는 RNN을 사용해 시계열 문제를 해결하는 방법을 알아볼 텐데, RNN은 시간순 또는 연대순으로 배열된 데이터 점들의 시퀀스(sequence)[2]와 관련된 문제이다.

이번 장에서 다룰 주제는 다음과 같다.

- 재귀 신경망

- 시계열 문제

- LSTM을 사용한 시계열 예측

---

1 (옮긴이) 최근에는 '순환 신경망'이라고 번역해 부르는 경향이 있다.

2 (옮긴이) 즉, 순차열. 이 중에서도 수로만 이뤄진 순차열, 즉 수의 시퀀스가 수학에서 말하는 수열이다.

재귀 신경망

정의가 불분명하므로 먼저 한 가지 예를 보자. 다음 화면에 보이는 알파벳 주식회사에서와 같이, 시간의 흐름에 따라 주가가 변하는 것을 관찰할 수 있는 주식 시세 표시기는 시계열(time series)의 한 가지 예이다.

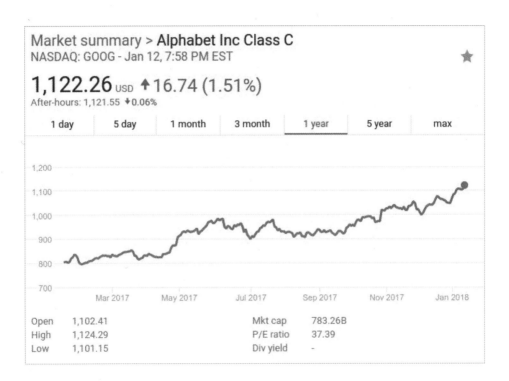

다음 장에서는 재귀 신경망을 사용해 언어를 모형화해 볼 텐데, 언어란 시퀀스의 또 다른 유형으로서, 단어들로 구성된 시퀀스이다. 이 책을 읽고 있다는 것은 의심할 것도 없이 여러분에게도 시퀀스에 대한 직관력이 있다는 것을 의미한다.

시계열을 처음 접하는 사람이라면 일반적인 다층 퍼셉트론을 사용해 시계열 문제를 해결할 수 있는지가 궁금할 것이다. 분명히 그렇게 할 수는 있겠지만, 사실상 거의 항상 재귀 신경망을 이용하면 더 나은 결과를 얻을 수 있다. 즉, 재귀 신경망은 시퀀스를 모형화하는 데 두 가지 다른 이점을 제공한다.

- 재귀 신경망은 아주 긴 시퀀스를 일반적인 다층 퍼셉트론(MLP)보다 더 쉽게 학습할 수 있다.
- 재귀 신경망으로 길이가 다양한 시퀀스도 다룰 수 있다.

물론, 이런 점으로 인해 중요한 의문점이 생긴다.

뉴런이 재귀하는 이유는?

재귀 신경망에는 루프(loop)[3]가 있어 한 차례 예측에서 다음 예측에 이를 때까지 정보를 유지할 수 있게 한다. 즉, 다음 그림에서 볼 수 있듯이 각 뉴런의 출력은 현재 입력과 신경망의 이전 출력에 모두 좌우된다.

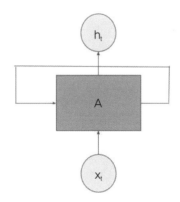

이 그림을 시간 순서대로 평평하게 배치한다면 다음 그림과 비슷해진다. 신경망에 대한 이 아이디어는 그 자체로 '재귀'라는 용어가 어디에서 유래하는가라는 정보를 제공하지만, 컴퓨터 과학 전공자인 나는 항상 '재귀 신경망'에서 유래한다고 생각한다.

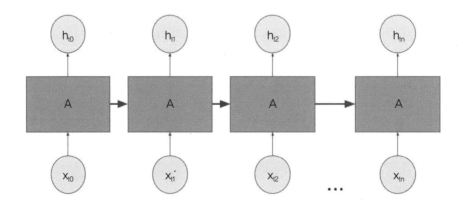

---

3 (옮긴이) 즉, 순환 고리

앞에 나온 그림을 보면 뉴런 **A**가 입력 $\mathbf{x}_{t0}$을 가져와서 시간대(time step)가 0일 때 출력하는 것을 볼 수 있다. 그리고 나서 시간대가 1일때 뉴런은 입력 $\mathbf{x}_{t1}$을 사용하고, 이전 시간에 해당하는 단계의 신호를 사용해 $\mathbf{h}_{t1}$을 출력한다. 이제 시간대가 2일 때 입력 $\mathbf{x}_{t2}$와 이전 시간대의 신호를 고려하면 되는데, 이 신호에는 여전히 시간대 0의 정보가 들어 있을 수 있다. 시퀀스의 마지막 단계에 도달할 때까지 이 과정을 계속하면 신경망의 기억력은 시간대를 지날수록 늘어나게 된다.

표준 RNN은 가중치 행렬을 사용해 이전 시간대의 신호와 현재 시간대의 입력 및 은닉 가중치 행렬의 산출물을 섞는다. 비선형 함수(대체로 쌍곡 탄젠트 함수)를 통해 공급되기 전에 이 모든 것이 결합(combination)된다. 각 시간대별로 이것은 다음과 같이 보이게 된다.

$$a_t = b + Wh_{t-1} + Ux_t$$
$$h_t = tanh\,(a_t)$$
$$o_t = c + Vh_t$$

여기서 a_t는 이전 시간대의 출력과 현재 시간대의 입력을 가지고 선형 결합(linear combination)[4]을 한 것으로서 각기 가중치 행렬인 W 및 U로 파라미터화 된다. 일단 a_t가 계산되고 난 후에는 비선형 함수(대체로 쌍곡 탄젠트 함수) h_t에 노출된다. 마지막으로 뉴런의 출력 o_t는 가중치 행렬인 V와 그리고 a의 편향치인 c와 더불어 h_t와 결합한다.

여러분이 이 구조를 보면서 시퀀스상의 아주 앞쪽인 부분에 매우 중요한 정보가 있는 상황을 상상해 보라. 시퀀스가 길어질수록 새로운 신호가 오래된 정보를 쉽게 압도하기 때문에 중요한 초기 정보가 잊혀질 가능성이 더 높다. 수학적으로 보면, 유닛의 경사가 소멸되거나 날아가버린다.

이것이 표준 RNN의 중요한 약점이다. 실제로 전통적인 RNN은 시퀀스 내의 매우 장기적인 상호작용을 학습하려고 애쓴다. 그렇지만 건망증이 심하다!

이제 다음 차례로 이러한 한계를 극복할 수 있는 장단기 기억 신경망을 살펴보자.

---

4 (옮긴이) 즉, 일차 결합.

장단기 기억 신경망

장단기 기억 신경망(long short term memory networks, LSTM)은 재귀 신경망이 필요한 곳에서 아주 잘 동작한다. 여러분이 짐작했듯이 LSTM은 장기적인 상호작용을 학습하는 일에 뛰어나다. 사실 그러라고 만든 물건이기 때문이다.

LSTM은 이전 시간대에 있던 정보를 축적할 수 있을 뿐만 아니라, 새롭고 더 관련이 있는 정보를 더 선호하여 관련이 없는 정보를 잊어버리는 일을 선택해서 할 수도 있다.

예를 들어, 'In highschool I took Spanish. When I went to France I spoke French.'(고등학교에서는 스페인어를 배웠지만 프랑스에 갔을 때는 프랑스어로 말했다.)라는 시퀀스를 생각해 보자. French(프랑스어)라는 단어를 예측할 수 있게 신경망을 훈련하는 중이라면 France(프랑스)는 기억하되 선택적으로 Spanish(스페인어)를 잊어버려야 하는데, 이는 문맥이 바뀌었기 때문이다. LSTM은 시퀀스의 문맥이 변경될 때 선택적으로 무언가를 망각(forget)할 수 있다.

이 선택적 장기 기억(selective long-term memory)을 달성하기 위해 LSTM은 신경망의 망각 게이트(forget gate)[5]를 구현하여 게이트 처리 신경망으로 알려진 신경망 계열도 LSTM에 속하게 만든다. 이 망각 게이트는 LSTM이 장기 기억 유닛에서 정보를 잊어버려야 하는지를 선택적으로 학습할 수 있게 해준다.

LSTM의 또 다른 주요 특성은 내부 자체 루프가 있어서 유닛이 장기간 정보를 축적할 수 있게 한다는 점이다. 이 루프는 RNN에서 보았던 루프에 추가되어 사용된다. 이것은 시간대 사이의 외부 루프로 간주될 수 있다.

우리가 본 다른 뉴런들과 비교한다면 LSTM이 꽤나 복잡한데, 다음 그림과 같은 꼴이다.

---

5 (옮긴이) 아직은 그냥 '포겟 게이트'라고 부르는 경향이 있지만, 입력 게이트, 출력 게이트와 대비하기 좋게 하기 위해서 번역어를 만들었다.

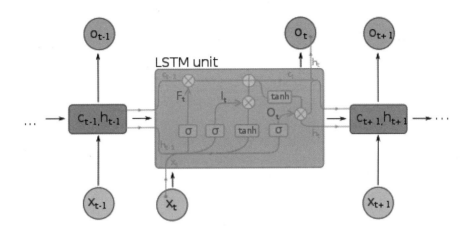

각 LSTM 유닛을 펼치면(unroll) 시간대 t에 대한 입력인 x_t, o_t로 표시한 출력, 이전 시간대 C_{t-1}에서 다음 시간대인 C_t로 기억 내용을 전달하는 메모리 버스 C가 있다.

이러한 입력 내용들 외에도 유닛에는 여러 개의 게이트가 포함되어 있다. 첫 번째로 그림을 보면 F_t로 표시한 망각 게이트가 있다.

$$F_t = \sigma\left(W_f \cdot \left[h_{t-1}, x_t\right] + b_f\right)$$

게이트의 출력은 0과 1 사이가 될 텐데 점별로(pointwise)[6] C_{t-1}이 곱해진다. 이렇게 하면 게이트가 C_{t-1}에서 C_t로 흐르는 정보의 흐름을 조절할 수 있다.

다음 게이트인 입력 게이트 i_t는 후보 C_t와 함께 사용된다. 후보 C_t는 메모리 상태에 추가할 수 있는 벡터를 배운다. 입력 게이트는 버스 C에서 어떤 값이 갱신되는지 학습한다. 다음 공식은 i_t와 후보 C_t를 예시한다.

$$i_t = \sigma\left(W_i \cdot \left[h_{t-1}, x_t\right] + b_i\right)$$
$$CandidateC_t = tanh\left(W_C \cdot \left[h_{t-1}, x_t\right] + b_C\right)$$

---

6 (옮긴이) 즉, 성분별로. 이 의미를 더 자세히 알고 싶다면 선형대수학을 참고할 것.

다음 공식과 같이, 우리는 i_t의 점별 곱을 취하고, C_t 후보(*CandidateC*ₜ)는 F_t를 사용해 잊어야 할 것을 결정한 후, C 버스에 추가할 게 무엇인지를 결정한다.

$$C_t = F_t \otimes C_{t-1} + i_t \otimes CandidateC_t$$

마지막으로, 우리는 무엇이 출력되는지 결정할 것이다. 출력은 주로 메모리 버스인 C에서 나오지만, 출력 게이트(*OutGate*)라는 다른 게이트에 의해 걸러진다. 다음 공식은 출력을 보여준다.

$$OutGate = \sigma\left(W_o \cdot [h_{t-1}, x_t] + b_o\right)$$
$$o_t = OutGate \otimes \tanh\left(C_t\right)$$

복잡하기는 해도 LSTM은 다양한 문제에 놀라울 정도로 효과적이다. LSTM 종류는 다양하지만 이러한 기본적인 구현은 매우 광범위한 작업에 쓰이며 여전히 최첨단이라고 간주되는 게 대부분이다.

이러한 쓰임새 중 하나로는 시계열의 다음 값을 예측하는 게 있는데, 이번 장에서 LSTM을 사용해 해 볼 것이다. 그러나 LSTM을 시계열에 적용하기 전에 시계열 분석과 더 전통적인 방법을 간략히 설명해야 할 것 같다.

시간 펼침 역전파

RNN을 훈련하려면 **시간 펼침 역전파**(backpropagation through time, BPTT)로 알려진, 조금은 색다른 역전파를 구현해야 한다.

일반적인 역전파와 마찬가지로 BPTT의 목표는 전반적인 신경망 오차를 사용해 경사에 따른 전반적인 오차에 대한 기여도(contribution)와 관련하여 각 뉴런(즉, 유닛)의 가중치를 조정하는 것이다. 전체적인 목표는 동일하다.

그러나 BPTT를 사용할 때 오차(error)에 대한 정의가 약간 바뀐다. 우리가 방금 보았던 것처럼, 재귀 뉴런을 몇 가지 시간대로 펼쳐 볼 수 있다. RNN의 목표는 시퀀스를 정확하게 예측하는 데 있고, 논리 단위 오차는 펼쳐 놓은 모든 오차에 대한 합계인 셈이므로, 우리는 말단 부분의 시간대뿐만 아니라 모든 시간대에서 예측 품질에 신경을 쓴다.

BPTT를 사용할 때는 모든 시간대에 펼쳐진 오차를 합산해야 한다. 그런 식으로 전체 오차를 계산한 후에 각 단계별로 유닛의 가중치를 경사별로 조정한다.

그렇기 때문에 우리는 LSTM을 얼마나 펼쳐 놓을 것인가를 명시적으로 정의할 수밖에 없다. 다음 예제에서 각 관측을 훈련할 특정 시간대 집합을 생성할 때 이 점을 확인할 수 있다.

역전파를 하기 위해 여러분이 선택할 스텝(step)[7] 수는 물론 하이퍼파라미터이다. 시퀀스 내의 아주 먼 자리에서 무엇인가를 학습하게 해야 한다면, 여러분은 그러한 연속물(series)[8]에 많은 시차(lag)를 포함시켜야 한다.[9] 그러므로 여러분은 연관성 있는 기간을 포착할 수 있어야 한다. 반면에 너무 많은 시간대를 포착하는 것도 바람직하지 않다. 이러한 신경망을 훈련하기가 매우 힘들어질 텐데, 시간이 흐를수록 경사가 아주 작아질 것이기 때문이다. 이것은 이전 장에서 설명한 경사 소멸 문제의 또 다른 사례이다.

이 시나리오를 생각해 볼 때 여러분이 너무 큰 시간대를 선택하면 프로그램이 중단되는 건 아닌지 궁금해 할 수도 있다. 경사가 너무 작아서 NaN이 되면 갱신 작업을 완료할 수 없다. 이 문제를 다루는 일반적이고 쉬운 방법은 우리가 경사 자르기(gradient clipping)라고 부르는 방식으로 일부 상한과 하한 임계값 사이의 경사를 수정하는 것이다. 모든 케라스 최적화기에는 기본적으로 경사 자르기 함수가 설정되어 있다. 경사가 잘리면 신경망은 그 시간대 동안 많은 것을 학습하지 못할 것이다. 하지만 적어도 프로그램이 중단되지는 않을 것이다.

BPTT가 정말 헷갈리는 것 같으면 각 시간대마다 유닛이 한 개씩 있는, 상태가 펼쳐진 LSTM을 상상해 보라. 이러한 신경망 구조의 경우에 알고리즘은 표준 역전파와 거의 같다. 단, 모든 펼쳐진 계층들은 가중치를 공유한다.

---

7 (옮긴이) 일반적으로 말하는 '단계'가 아니라, 런/에포크/스텝 순서로 위계 구조를 이루는 반복 과정 중 가장 빈번한 반복 과정인 스텝을 말한다. 영어로는 둘 다 step이지만 서로 다른 개념이므로 이 책에서는 '단계'와 '스텝'으로 서로 다르게 번역했다.

8 (옮긴이) 이 문맥에서는 단지 급수만 이야기하는 게 아니라 연속물이라고 번역했다.

9 (옮긴이) 이해하기 쉬운 비유를 들자면 일간 주가로 이뤄진 연속물(series)은 시간 순서대로 나열되므로 시계열(time series) 데이터이다. 즉, 하루라는 시간대(time step)별로 펼쳐진 시퀀스(sequence)이다. 이 데이터에서 현재 주가와 어제 주가 사이의 시차(lag)는 짧지만, 어제 주가와 1년 전 주가 사이의 시차는 길다. 시차가 길면 시간대 개수가 많아진다. 그러므로 수년 전 주가까지 학습하게 하려면 시차를 더 늘려야 하고, 이는 곧 시간대 개수를 키워야 한다는 말이기도 하다.

시계열 문제

시계열 문제는 시간 순서로 배치된 데이터 점의 시퀀스와 관련된 문제이다. 이러한 데이터 점을 집합으로 나타내는 경우가 많다.

$$X = [x_t, x_{t-1}, x_{t-2}, x_{t-3} \cdots x_{t-n}]$$

일반적으로 시계열 분석에서 우리의 목표는 예측이다. 하지만 이 책의 범위 밖에 있는 시계열을 사용해 할 수 있는, 흥미롭고 다양한 일들이 있다. 예측이란 실제로는 특수한 형태로 된 회귀인 셈인데, 여기서 우리의 목표는 이전 점들의 일부 집합인 $x_{t-1}, x_{t-2} \cdots x_{t-n}$이 주어졌을 때 x_t점 또는 $x_t, x_{t-1}, x_{t-2} \cdots x_{t-n}$이라는 점들을 예측하는 것이다. 시계열의 자기 상관(auto correlation)이 설정된 경우 이 작업을 수행할 수 있다. 즉, 데이터 점이 하나 이상의 지정된 과거 시점과 상관(시차라고 함[10])이 있음을 의미한다. 자기 상관이 강할수록 예측이 더 쉬워진다.

> **TIP** 많은 책에서 시계열 문제를 x가 아닌 y로 표현한다. 우리가 일반적으로 주어진 변수 y를 예측하는 점을 고려한 것이다.

저량 및 유량

계량경제학에서 시계열을 다룰 때는 수량을 종종 **저량(stock)**과 **유량(flow)**[11]으로 정의한다. 저량 측정값(stock measurements)이란 특정 시점의 수량을 의미한다. 예를 들어, 2008년 12월 31일에 S&P500[12]이 나타내는 값이 저량 측정값에 해당한다. 유량 측정값(flow measurements)은 시구간(interval of time)에 대비한 비율(rate)이다. 미국 주식 시장이 2009년에서 2010년까지 상승한 비율이 유량 측정값에 해당한다.

---

10 (옮긴이) 원서에는 그냥 '시차'로만 표현되어 있는데, 시차 상관(lag correlation)이 더 정확하고, 데이터 점들이 계열을 이루고 있으므로 계열 시차 상관(serial lag correlation)이 더 정확한 용어이다.

11 (옮긴이) 저량이란 저장 수량(stock quantity)을 의미하는 데 '재고'나 '스톡' 등으로 부르기도 한다. 유량이란 유통 수량(flow quantity)을 의미하며 '유통'이라고 부르기도 한다.

12 (옮긴이) 미국 주식 상장 지수 중의 하나이다. 500대 기업의 주가로 주가지수를 산출한다.

우리는 예측을 할 때 유량을 예측하는 일을 가장 많이 한다. 예측이 특정한 종류의 회귀 분석이라고 가정한다면 유량의 선호도에 대한 가장 처음이자 가장 분명한 이유는 유량 추정치가 외삽(extrapolation)보다 보간(interpolation)일 가능성이 훨씬 높고 보간은 거의 항상 더 안전하기 때문이다. 또한 대부분의 시계열 모델에는 정상성(stationarity)[13]이 가정된다. 정상 시계열(stationary time series)이란 통계적 특성(평균, 분산 및 자기 상관)이 시간이 흘러도 일정한 시계열을 말한다. 수량을 측정해 보았다면 대부분의 현업 문제가 정상 문제와는 거리가 멀다는 점을 알게 될 것이다.

시계열 분석에 LSTM을 사용할 때 정상성이 요구된다는 가정(규칙을 읽어 보라)은 없지만, 실제 경험을 해 본 결과, 나는 상대적으로 정상성을 띈 데이터로 훈련한 LSTM이 훨씬 더 강력하다는 점을 알게 되었다. 시계열 예측에 LSTM을 사용할 때 대부분의 경우 일차 차분(first order differencing)만으로 충분하다.

저량을 유량으로 환산하기는 매우 간단하다. n개의 점이 있는 경우, 일차 차분을 사용해 $n-1$ 유량 측정값을 생성할 수 있는데, 여기서 각 값 t'_n에 대해 t_n에서 t_{n-1}을 뺀 값을 계산하여, 다음 수식과 같이 시구간의 양단에 걸친 측정값 간의 변화율을 제공한다.

$$t'_n = t_n - t_{n-1}$$

예를 들어, 3월에 80달러어치 주식을 소유하고 있었는데, 4월에 갑자기 그 가치가 100달러가 되었다면, 해당 유량(flow rate)[14]은 20달러일 것이다.

일차 차분이 정상 시계열을 보장하지는 않는다. 우리는 또한 계절이나 유행을 제거해야 할 수도 있다. 추세를 제거하는 일은 전문 예측가가 늘 하는 일 중에서 큰 부분을 차지한다. 우리가 전통적인 통계 모델을 사용해 예측해야 한다면 더 많은 작업이 필요할 것이다. 지면이 적은 관계로 다루지는 않겠지만, 이차 차분이나 계절적인 추세 제거 또는 그 이상의 작업을 수행할 필요가 있을 것이다. **확대 디키-풀러 검정(augmented Dickey-Fuller test, ADF test)**은 시계열이 사실상 정상성을 띠고 있는지 확인하는 데 종종 사용되는 통계 검정이다. 시계열의 정상성 여부를 알고 싶다면 확대 디키 풀러 검정을 사용해 확인해 볼 수 있다(https://

---

13 (옮긴이) 즉, '시불변성' 또는 '정류성'.

14 (옮긴이) 원래 뜻은 '유량 비율'이지만 보통 '유량'이라고 부른다.

en.wikipedia.org/wiki/Augmented_Dickey-Fuller_test). 그러나 LSTM의 경우 일차 차분으로 충분한 경우가 많다. 신경망이 데이터셋에 남아 있는 계절과 기간을 가장 확실하게 학습한다는 점을 이해해야 한다.

ARIMA 및 ARIMAX 예측

자기 회귀 누적 이동 평균(auto regressive integrated moving average, ARIMA) 모델은 시계열 예측에 전통적으로 사용되기 때문에 언급할 가치가 있다. 나는 분명히 심층 신경망의 열혈 팬이지만(사실 심층 신경망에 관한 책을 썼기 때문에) ARIMA로부터 시작해서 딥러닝으로 진행할 것을 제안한다. 대부분의 경우 ARIMA는 LSTM보다 성능이 우수하다. 특히 데이터가 희박한 경우에는 더욱 그렇다.

가능한 한 가장 단순한 모델부터 시작하라. 이게 때로는 심층 신경망이 될 수도 있지만, 선형 회귀 분석이나 ARIMA 모델처럼 훨씬 더 단순한 것도 있다. 모델의 복잡성은 그것이 띄워 주는 능력으로 정당화되어야 하는데, 보통은 단순한 게 더 낫다. 이 책에서 여러 번 반복한 말이지만, 이 문장은 다른 어떤 주제보다 시계열 예측과 관련해서는 더 사실적이다.

ARIMA 모델은 세 부분이 결합되어 있다. 자기 회귀(autoregressive, AR)는 자체적인 자기 상관(auto correlation)에 기초해 계열(series)을 모델링하는 부분이다. 이동 평균(moving average, MA) 부분은 시계열의 국부적 놀라움 또는 충격을 모델링하려고 시도한다. 우리가 방금 다루었던 이 부분은 차분을 다루는 부분이다. ARIMA 모델에는 일반적으로 세 가지 하이퍼파라미터인 p, d, q가 사용되며, 이는 각기 모형화된 자기 회귀 수, 차분 계수 및 모델의 이동 평균 부분의 차수에 해당한다.

ARIMA 모델은 R 언어의 auto.arima()와 예측 패키지들에 매우 잘 구현되어 있으며, R 언어를 사용해야만 하는 좋은 이유들 중 하나이다.

ARIMAX 모델을 사용하면 시계열 모델에 공변량(covariates)을 하나 이상 포함할 수 있다. 그런데 공변량이 무엇일까? 공변량은 종속 변수와 연관성이 있으며 예측 성능을 더욱 향상시키는 데 사용할 수 있는 추가 시계열이다.

무역업자들 사이에서는 우리가 예상하는 상품의 자기 회귀 부분뿐만 아니라 하나 이상의 다른 상품으로부터의 시차를 사용해 어떤 상품의 가치를 예측하려고 시도하려는 일반적인 관행이 있다. 이럴 때 ARIMAX 모델이 유용하다.

복잡한 고위 상호작용이 많은 공변량이 있는 경우, 여러분은 시계열 예측을 위한 LSTM의 가장 우수한 지점에 도달한 것이다. 이 책의 시작 부분에서 우리는 다층 퍼셉트론이 어떻게 입력 변수들 사이의 복잡한 상호작용을 모델링할 수 있는지에 관해 이야기한 적이 있는데, 이는 선형 회귀 분석 또는 로지스틱 회귀 분석을 끌어 올려 주는 자동 특징 공학인 셈이다. 이런 특성은 많은 입력 변수를 사용하는 시계열 예측에 LSTM을 사용하는 방향으로 향하게 한다.

ARIMA, ARIMAX, 시계열 예측을 자세히 알고 싶다면 롭 하인드만(Rob J. Hyndman)의 블로그 (https://robjhyndman.com/hyndsight/)에서 시작하는 것이 좋다.

LSTM을 사용한 시계열 예측

이번 장에서는 2017년 1월부터 5월까지 1분당 비트코인의 가격을 사용해 2017년 6월 한 달 동안의 비트코인 가치를 미국 달러로 예측하겠다. 정말 돈벌이가 되는 것처럼 들리겠지만, 그런 것을 사기 전에 이 책을 끝까지 읽어보기 바란다. 이것은 말로 하는 것도 쉽지만, 모델화하기는 더 쉬워서, 금방 끝난다.

이와 같은 모델을 일부 사용해 미국 달러화와 비트코인 간 차익 거래(두 시장의 비효율로 인한 가격 차이를 이용하는 거래) 가능성을 창출할 수 있다고 해도 최종 비트코인과 관련된 거래 전략을 개발하는 일은 비트코인 거래를 마무리할 때 있음직한 시차로 인해 매우 복잡할 수 있다. 이 책을 쓰는 시점에서 한 비트코인 거래 시 평균 거래 시간은 1시간 이상이다! 이런 비유동성(illiquidity)은 모든 거래 전략에서 고려되어야 한다.

이전과 마찬가지로 이번 장의 코드는 깃 저장소의 09장에 들어 있다. data/bitcoin.csv 파일에는 수년 간의 비트코인 가격이 수록되어 있다. 우리는 암호 화폐가 인기를 끌었던 2017년의 행태가 그 전 해의 시장 행태와 관련이 없다는 가정을 바탕으로 몇 달 동안의 가격 정보를 모델에 사용할 것이다.

데이터 준비

이번 예제에서는 검증 집합을 사용하지 않거나, 아니면 테스트 집합을 검증 집합으로 사용한다. 이러한 문제를 예측하는 작업을 할 때는, 훈련 데이터를 테스트 데이터에서 더 많이 가져올수록 성능이 나빠질 가능성이 커지므로 검증에 꽤 많은 노력을 기울여야 한다. 반면에 이렇게 하면 과적합으로 충분히 보호받지 못 한다.

여기서는 간단히 테스트 집합만 사용하면서 최상의 결과를 기대해 보려고 한다.

진도를 나가기 전에, 앞으로 할 데이터 준비의 전반적인 흐름을 살펴보자. 이 데이터셋을 사용해 LSTM을 훈련하려면 다음을 수행해야 한다.

1. 데이터셋을 적재하고 에포크별 시간을 판다스(pandas) 날짜로 변환한다.

2. 날짜 범위에서 잘라내어 훈련 집합(train)과 테스트 집합(test)을 만든다.

3. 데이터셋을 차분한다.

4. 차분한 것의 눈금(즉, 척도 또는 크기)을 활성화 함수들에 가까운 눈금에 맞게 조절한다. tanh를 활성화로 사용할 예정이므로 우리는 −1부터 1까지를 사용할 것이다.

5. 각 표적 x_t가 그것과 관련된 시차들의 시퀀스인 $x_{t-1} \cdots x_{t-n}$을 갖는 훈련 집합을 만든다. 이 훈련 집합에서는 x_t를 일반적인 종속 변수 y로 여겨도 된다. 시차들의 시퀀스인 $x_{t-1} \cdots x_{t-n}$를 일반적인 훈련 행렬인 X로 여길 수 있다.

나는 다음에 나오는 주제별로 각 단계를 설명하고, 관련 코드를 보여 주려고 한다.

데이터셋 적재

디스크에서 데이터셋을 가져와 적재(loading)하기는 아주 간단하다. 앞에서도 말했지만 우리는 날짜별로 데이터를 자를 것이다. 이렇게 하려면 데이터셋의 유닉스 에포크 시간을 잘라내기에 더 쉬운 날짜 형식으로 변환해야 한다. 이는 다음 코드에서 볼 수 있듯이 판다스의 datetime() 메서드를 사용하면 쉽게 할 수 있다.

```
def read_data():
    df = pd.read_csv("./data/bitcoin.csv")
    df["Time"] = pd.to_datetime(df.Timestamp, unit='s')
    df.index = df.Time
```

```
    df = df.drop(["Time", "Timestamp"], axis=1)
    return df
```

날짜별로 잘라내어 훈련 집합과 테스트 집합을 구성하기

이제 데이터 프레임이 datetime이라는 타임스탬프에 의해 색인화되었으므로 날짜 기반 자르기 함수를 구성할 수 있다. 이를 위해 부울(bool) 마스크를 정의하고 해당 마스크를 사용해 기존 데이터 프레임을 선택한다. 우리가 이것을 확실히 한 줄로도 작성할 수는 있지만, 다음 코드처럼 작성해야 읽기에 조금 더 쉽다고 생각한다.

```
def select_dates(df, start, end):
    mask = (df.index > start) & (df.index <= end)
    return df[mask]
```

이제 날짜를 사용해 데이터 프레임의 일부를 끄집어 올 수 있으므로 다음 코드를 사용해 이러한 함수를 몇 번 호출함으로써 손쉽게 훈련용 데이터 프레임과 테스트용 데이터 프레임을 만들 수 있다.

```
df = read_data()
df_train = select_dates(df, start="2017-01-01", end="2017-05-31")
df_test = select_dates(df, start="2017-06-01", end="2017-06-30")
```

이러한 데이터셋들을 사용하려면 다음에 보이는 바와 같이 데이터셋들을 차분해야 한다.

시계열을 차분하기

판다스 데이터 프레임은 원래 시계열 데이터에서 작동하도록 만들어졌고, 다행히 데이터셋을 차분하는 일은 시계열에서 매우 흔한 작업이기 때문에 편리하게 내장되어 있다. 그렇지만 좋은 코딩 습관과 관련해서, 우리는 일차 차분(first order differencing) 연산을 중심으로 함수를 래핑할 것이다. 0으로 일차 차분을 할 수 없었던 공간을 채울 것이다. 다음 코드는 이 기술을 보여준다.

```
def diff_data(df):
    df_diffed = df.diff()
    df_diffed.fillna(0, inplace=True)
    return df_diffed
```

데이터셋을 차분함으로써 우리는 이 문제 즉, 저량 문제를 유량 문제로 바꿨다. 비트코인을 낚을 때, 비트코인의 값이 몇 분 사이에 크게 변할 수 있기 때문에 유량이 상당히 클 수 있다. 데이터셋을 척도화함으로써 이 문제를 해결할 것이다.

시계열 척도구성

이 예에서는 MinMaxScaler를 사용해 각 차분 데이터 점을 최솟값 −1 및 최댓값 1인 눈금에 맞게 조정한다. 이렇게 하면 우리 데이터는 문제에 나오는 활성 함수인 쌍곡 탄젠트 함수(tanh)와 같은 눈금에 맞춰진다. 다음 코드를 사용해 계열(series)의 눈금을 조절한다.

```
def scale_data(df, scaler=None):
    scaled_df = pd.DataFrame(index=df.index)
    if not scaler:
        scaler = MinMaxScaler(feature_range=(-1,1))
    scaled_df["Price"] = scaler.fit_transform(df.Close.values.reshape(-1,1))
    return scaler, scaled_df
```

이 함수는 이미 적합화된 **척도화기(scaler)**를 취할 수 있다. 이를 통해 테스트 집합에 **train** 척도화기를 적용할 수 있다.

시차 처리한 훈련 집합 생성

각 훈련 예제에서, 우리는 $x_{t-1}, x_{t-2} \cdots x_{t-n}$이라는 시차 시퀀스가 주어졌을 때 x_t 값을 예측하도록 신경망을 훈련하고자 한다. 이상적인 시차 개수는 하이퍼파라미터이므로 몇 가지 실험이 순서대로 진행된다.

이러한 방식으로 입력을 구조화하는 일은 앞에서 설명한 바와 같이 **BPTT 알고리즘**에 요구되는 사항이다. 다음 코드를 사용해 데이터셋을 훈련한다.

```
def lag_dataframe(data, lags=1):
    df = pd.DataFrame(data)
    columns = [df.shift(i) for i in range(lags, 0, -1)]
    columns.append(df)
    df = pd.concat(columns, axis=1)
    df.fillna(0, inplace=True)

    cols = df.columns.tolist()
    for i, col in enumerate(cols):
        if i == 0:
            cols[i] = "x"
        else:
            cols[i] = "x-" + str(i)

    cols[-1] = "y"
    df.columns = cols
    return df
```

예를 들어, lags = 3인 lag_dataframe을 호출할 경우, 반환되는 데이터셋은 x_{t-1}, x_{t-2} 및 x_{t-3}으로 예상한다. 시차 코드를 이해하기가 매우 어려운 일이어서, 시차 코드를 혼자서 이해했다고 해도 아마도 혼자서 한 건 아닐 것이다. 시차 코드를 실행하고 해당 작업에 익숙해지기를 권한다.

 숫자 시차를 선택할 때, 여러분은 산출물을 낼 수 있기 전까지 여러분이 얼마나 되는 시차를 기다릴 것인지와 여러분의 모델을 산출물로 배포할 때를 고려해야 할 수도 있다.

입력 모양

케라스는 LSTM의 입력이 다음과 같은 3차원 텐서가 될 것으로 기대한다.

*표본_개수 * 시퀀스_길이(시간대_개수) * 시간대당_특징_개수*

첫 번째 차원은 명백히 우리가 가지고 있는 관측치의 개수이다.

두 번째 차원은 lag_dataframe 함수를 사용할 때 선택한 시차 개수에 해당한다. 이것은 예측을 하기 위해 케라스로 넘겨 줄 시간대 개수에 해당한다.

세 번째 차원은 해당 시간대에 있는 특징 개수이다. 이번 예제에서는 시간대당 단 하나의 특징, 즉 시간대별 비트코인 가격을 사용하려고 한다.

더 읽어 나가기 전에 여기에서 3차원 행렬을 정의하는 곱(product)을 신중하게 고려하라. 우리는 이 시계열을 예측하기 위한 특징으로 수백 개의 다른 시계열을 포함시킬 수 있다. 이를 통해 LSTM을 사용하면 이러한 특징들 간의 특징 공학을 공짜로 수행할 수 있다. 이것이야말로 재무 분야에서 LSTM에 큰 흥미를 느끼게 만드는 기능이다.

당면한 문제를 위해 우리의 2차원 행렬을 3차원 행렬로 전환해야 한다. 이를 위해 다음 코드에서와 같이 NumPy의 편리한 reshape 함수를 사용할 것이다.

```
X_train = np.reshape(X_train.values, (X_train.shape[0], X_train.shape[1], 1))
X_test = np.reshape(X_test.values, (X_test.shape[0], X_test.shape[1], 1))
```

데이터 준비 접착제

우리는 이번 예제를 통해 많은 변화를 이루어냈다. 훈련을 하기 전에, 이 모든 것이 어떻게 조화를 이루는지 보는 게 좋겠다. 여기에 표시된 것처럼 한 가지 함수를 더 사용해 이러한 단계들을 모두 연결한다.

```
def prep_data(df_train, df_test, lags):
    df_train = diff_data(df_train)
    scaler, df_train = scale_data(df_train)
    df_test = diff_data(df_test)
    scaler, df_test = scale_data(df_test, scaler)
    df_train = lag_dataframe(df_train, lags=lags)
    df_test = lag_dataframe(df_test, lags=lags)

    X_train = df_train.drop("y", axis=1)
    y_train = df_train.y
    X_test = df_test.drop("y", axis=1)
    y_test = df_test.y
```

```
    X_train = np.reshape(X_train.values, (X_train.shape[0], X_train.shape[1], 1))
    X_test = np.reshape(X_test.values, (X_test.shape[0], X_test.shape[1], 1))
    return X_train, X_test, y_train, y_test
```

이 함수는 훈련 데이터 프레임과 테스트 데이터 프레임을 사용하고 차분, 척도구성[15], 시차 코드 적용을 한다. 그런 다음 이러한 데이터 프레임을 훈련 및 테스트 모두에서 익숙한 X 텐서와 y 텐서로 재편한다.

이제 데이터를 적재하는 것에서부터 이러한 변환을 함께 접착하는 몇 줄의 코드만으로 훈련 및 테스트를 수행할 수 있다.

```
LAGS=10
df = read_data()
df_train = select_dates(df, start="2017-01-01", end="2017-05-31")
df_test = select_dates(df, start="2017-06-01", end="2017-06-30")
X_train, X_test, y_train, y_test = prep_data(df_train, df_test, lags=LAGS)
```

이제 이걸로 우리는 훈련할 준비가 되었다.

신경망 출력

우리 신경망은 이전 분(分)에 따라 일정 분 내에 비트코인 가격의 규모 조정 또는 예상 변동인 단일 값을 출력할 것이다.

우리는 하나의 뉴런을 이용해 이 결과를 얻을 수 있다. 이 뉴런은 케라스의 Dense 계층에서 실행될 수 있다. 입력으로, 여러 LSTM 뉴런의 출력이 필요할 것이다. 다음 단원에서 다룰 것이다. 마지막으로, 이 뉴런의 활성으로 tanh가 쓰일 수 있다. 왜냐하면 우리는 데이터를 쌍곡탄젠트 함수와 같은 크기가 되게 척도를 구성했기 때문이다.

```
output = Dense (1, activation='tanh', name='output') (lstm2)
```

---

15 (옮긴이) 수학 용어이다. '크기 조정', '배율 조정', '눈금 잡기' 등의 의미이며, 통계학 용어로는 '척도화'이다.

신경망 아키텍처

우리의 신경망은 각기 100개의 LSTM 유닛이 있는 두 개의 케라스 LSTM 계층을 사용한다.

```
inputs = Input (batch_shape=(batch_shape, sequence_length, input_dim), name="input")
lstm1 = LSTM (100, activation='tanh', return_sequences=True,
                    stateful=True, name='lstm1') (inputs)
lstm2 = LSTM (100, activation='tanh', return_sequences=False,
                    stateful=True, name='lstm2') (lstm1)
output = Dense (1, activation='tanh', name='output') (lstm2)
```

return_sequences 인수에 각별히 주의하라. 두 개의 LSTM 계층을 연결할 때 다음 LSTM 계층의 입력이 3차원이 되도록 시퀀스에서 각 시간대에 대한 예측을 출력하려면 이전 LSTM 계층이 필요하다. 하지만 우리의 Dense 계층은 예측과 관련하여 정확한 시간대를 예측하기 위해 2차원 출력만 필요하다.

상태 저장 및 상태 비저장 LSTM

이번 장의 앞부분에서는 여러 시간대에 걸쳐 상태 또는 기억을 유지하는 RNN의 능력을 다루었다.

케라스를 사용할 때 LSTM을 **상태 저장**(stateful) 및 **상태 비저장**(stateless)이라는 두 가지 방법으로 구성할 수 있다.

상태 비저장 구성이 기본값이다. 상태 비저장 LSTM 구성을 사용하면 LSTM 셀 메모리가 모든 배치마다 재설정된다. 따라서 배치 크기를 매우 중요하게 고려해야 한다. 상태 비저장은 학습하는 시퀀스가 서로 종속되지 않을 때 가장 잘 작동한다. 다음 단어의 문장 수준 예측은 상태 비저장 사용 시기에 대한 좋은 예일 수 있다.

상태 저장 구성을 사용하면 LSTM 셀 메모리가 매번 재설정된다. 이 구성은 훈련 집합의 각 시퀀스가 앞에 오는 시퀀스에 따라 달라지는 경우에 가장 일반적으로 사용된다. 문장 수준에서 예측하는 일이 상태 비저장 구성에 좋은 과업일 수 있다면, 문서 수준에서 예측하는 일은 상태 저장 모델에 대한 좋은 과업일 수 있다.

궁극적으로 이러한 선택은 문제에 따라 달라지므로, 각 선택지를 테스트할 때 몇 가지 실험이 필요할 수 있다.

이번 예제에서는 각 선택지를 테스트했고 상태 저장 모델을 선택했다. 문제의 상황을 고려할 때 그다지 놀라운 일은 아니다.

훈련

이 시점에서 상황이 매우 다르게 보일 수 있지만, LSTM을 훈련하는 일은 실제로 일반적인 단면적 문제에 대해 심층 신경망을 훈련하는 일과 다르지 않다.

```
LAGS=10
df = read_data()
df_train = select_dates(df, start="2017-01-01", end="2017-05-31")
df_test = select_dates(df, start="2017-06-01", end="2017-06-30")
X_train, X_test, y_train, y_test = prep_data(df_train, df_test, lags=LAGS)
model = build_network(sequence_length=LAGS)
callbacks = create_callbacks("lstm_100_100")
model.fit(x=X_train, y=y_train,
          batch_size=100,
          epochs=10,
          callbacks=callbacks)
model.save("lstm_model.h5")
```

데이터를 준비한 후, 우리는 지금까지 보아 온 아키텍처로 신경망을 인스턴스화한 다음 기대한 대로 해당 아키텍처 상에서 적합하게 한다.

여기서 나는 상태 저장 LSTM을 사용하고 있다. 상태 저장 LSTM의 한 가지 실질적인 이점은 상태 비저장 LSTM보다 더 적은 에포크로 훈련이 되는 경향이 있다는 것이다. 만일 이것을 상태 비저장 LSTM으로 재연하고자 한다면, 신경망이 학습을 마치기까지 100 에포크가 필요할 수 있지만, 여기서 우리는 10 에포크를 사용하고 있다.

성능 측정

상태 저장으로 구성한 상황에서 10 에포크가 지난 후에 손실이 더 이상 개선되지 않았는데 우리의 신경망은 다음 그래프에서 볼 수 있듯이 꽤 잘 훈련되었다.

우리는 무엇인가를 학습한 것처럼 보이는, 적합화된 신경망을 가지고 있다. 이제 우리는 비트 코인의 가격 유량을 예측할 수 있다. 예측을 잘 할 수 있다면, 우리는 모두 큰 부자가 될 것이다. 그렇지만 우리가 대저택을 사기 전에, 아마도 모델의 성능부터 측정해야 할 것이다.

금융 모형의 궁극적인 시험은 다음과 같다. *여러분은 기꺼이 그것에 돈을 걸 건가?* 시계열 문제에서 성능을 측정하기 어려울 수 있으므로 이 질문에 답하기는 어렵다.

성능을 측정하는 매우 간단한 방법 중 하나는 제곱근 평균 제곱 오차(root mean squared error)를 사용해 y_test와 X_test의 예측 사이의 차이를 평가하는 것이다. 다음 코드에서 볼 수 있듯이, 우리는 반드시 그렇게 할 수 있다.

```
RMSE = 0.0801932157201
```

0.08이 좋은 점수인가? 우리의 예측과 6월의 비트코인 유량의 실제 값을 비교해 좋은 결과를 조사해 보자. 이렇게 하면 모델의 성능을 바탕으로 한 시각적 직관이 생길 수 있는데, 이는 내가 항상 권장하는 실습이다.

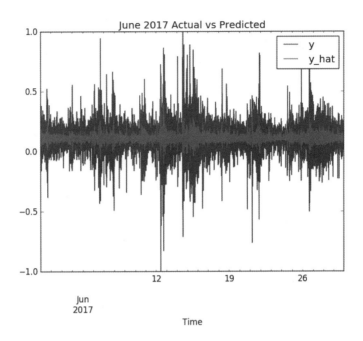

녹색[16] 안에 있는 우리의 예측에는 바라던 바가 약간 남아 있다. 우리의 모델은 평균 유량을 예측하도록 학습했지만, 실제로는 전체 신호를 일치시키기에는 매우 열악한 작업을 하고 있다. 심지어 우리가 그랬던 것보다 추세가 덜 활발해서 단지 추세를 학습하는 것일 수도 있다. 대저택을 사는 일을 조금 미뤄야 할 것 같기는 하지만, 어쨌든 우리는 제대로 된 길로 가고 있다.

이전 비트코인 가격만을 근거로 삼아 가능한 한 많은 비트코인 가격을 설명하는 모델로 우리 예측을 고려해보자. 우리는 아마 시계열의 자기 회귀 부분을 모델링하는 일을 꽤 잘하고 있을 것이다. 하지만, 비트코인의 가격에 영향을 미치는 많은 다른 외부 요인들이 있을 것이다. 달러의 가치, 다른 시장의 움직임, 그리고 아마도 가장 중요한 것은 비트코인을 둘러싼 잡음이나 정보 유량이 모두 비트코인의 가격에 중요한 역할을 하는 것 같다.

그리고 바로 이 부분이 시계열 예측을 위한 LSTM의 성능이 실제로 발휘되는 부분이다. 입력 특징들을 추가함으로써 이 모든 정보가 모델에 다소 쉽게 추가될 수 있으므로 전체 그림을 더 풍부하게 설명할 수 있다.

---

16 (옮긴이) 흑백으로 인쇄된 책에서는 그래프의 안쪽 회색 부분을 말한다.

하지만 한 번 더 희망을 내려 놓자. 성능을 더욱 철저히 조사할 때에는 모델을 단순한 모델 이상의 것이 되게 해야 한다는 점도 고려해야 한다. 이 단순한 모델의 일반적인 선택 사항으로는 **랜덤 워크(random walk)** 모델, 지수 평활(exponential smoothing) 모델 또는 현재 시간대의 예측으로 이전 시간대를 사용하는 것과 같은 단순한 접근방식을 사용할 수 있다. 이 그래프는 다음과 같다.

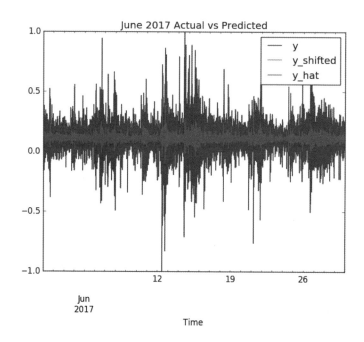

이 그래프에서, 우리는 빨간 색[17] 예측을, 다음 분(分)에 대한 예측으로 이전 분을 사용하는 검정색 모델과 비교하고 있다. 실제 가격을 나타내는 파란색[18]이 이 단순한 모델에 거의 완벽하게 겹쳐져 있다[19]. 우리의 LSTM 예측은 단순한 모델만큼도 좋지 않다. 우리는 현 분의 가격을 예측하기 위해 최종 1분 가격을 이용하는 것이 더 나을 것이다. 우리가 올바른 길을 가고 있다는 주장을 굽히지 않는 동안, 배를 사려면 한참 더 갈 길을 가야 할 것이다.

---

17 (옮긴이) 흑백으로 인쇄된 책에서는 그래프의 안쪽에 보이는 짙은 회색 부분을 말한다.

18 (옮긴이) 흑백으로 인쇄된 책에서는 그래프의 바깥쪽 검은색 줄무늬와 겹쳐져 있어 거의 보이지 않는 옅은 회색 줄무늬들을 말한다.

19 (옮긴이) 이 번역서가 흑백으로 인쇄된 경우라면 구분하기가 어려울 수 있는데, 본문에 나타난 대로 모델을 나타내는 검은색 선분과 실제 가격을 나타내는 옅은 회색 선분이 거의 겹쳐 있으므로 검은색 선분 모양을 옅은 회색 선분 모양이라고 여겨도 된다.

어떤 상품이든 모델링하기는 매우 어렵다. 이러한 유형의 문제에 심층 신경망을 사용하는 것은 확실할 것으로 기대되지만 쉽지는 않아 보인다. 여러분이 이런 길을 걷기로 결정했을 때 여러분이 어디로 향하고 있는지 이해할 수 있게 어쩌면 철저하다고까지 말할 수 있을 만하게 설명했다.

내 말 뜻은, LSTM을 사용해 금융 시장에서 차익거래를 할 때 내게도 개평 정도는 얹어 주기를 바란다는 말이다.

요약

이번 장에서는 시퀀스 형태로 구성된 것에서 다음 요소를 예측하기 위해 재귀 신경망을 사용하는 방법을 다뤘다. RNN을 일반적인 것으로 여겨 다루고 LSTM을 특별한 것으로 여겨 다루고 나서, LSTM을 사용해 시계열을 예측하는 데 초점을 맞췄다. 시계열에서 LSTM을 사용하는 경우의 이점과 과제를 확실히 이해하기 위해 시계열 분석의 몇 가지 기본 사항을 간략히 살펴보았다. 수 분에 걸쳐 ARIMA와 ARIMAX를 포함한 전통적인 시계열 모델에 관해서도 이야기했다.

마지막으로, 우리는 비트코인의 가격을 예측하기 위해 LSTM을 사용한 까다로운 사용 사례를 살펴보았다.

다음 장에서는 RNN을 계속 사용하되 이번에는 자연어 처리 작업에 집중을 하고, 이어서 매장 계층이라는 개념을 소개한다.

10

처음부터 워드 임베딩으로 LSTM을 훈련하기

지금까지 정형화된 데이터, 이미지 데이터 및 시계열 데이터에 대한 딥러닝 적용 사례를 살펴보았다. 우리의 다음 여행지로 자연어 처리(NLP)를 선택하는 게 옳은 것 같다. 머신러닝과 인간 언어 사이의 연결점은 매혹적이다. 딥러닝은 컴퓨터 비전에 있어서처럼 이 분야의 발전 속도를 기하급수적으로 가속했다. 먼저 NLP에 대한 간략한 개요와 이번 장에서 수행할 작업을 살펴보자.

이번 장에서 다루는 주제는 다음과 같다.

- 자연어 처리 소개

- 텍스트 벡터화

- 워드 임베딩[1]

- 케라스 임베딩 계층

- 자연어 처리를 위한 1D CNN

- 문서 분류 사례 연구

---

1 (옮긴이) 현재 딥러닝 분야에서 대다수 사람들이 '워드 임베딩(word embedding)'이라고 표현하고 있지만, 저자가 의도하는 본래 의미와 수학 용례에 부합한 번역 용어를 만들자면 '단어 매장' 또는 '단어 묻기'가 적당하다. 매장(또는 묻기)이란 한 수학적 공간(위상 공간이 대표적)에서 다른 수학적 공간으로 무엇인가(여기서는 단어)를 사상(mapping)하는 행위를 말한다. 그러므로 임베딩이 '삽입'이나 '내장'과는 전혀 관계가 없는 용어라는 점을 알 수 있다. '워드 임베딩'이라는 용어로 인해 그 개념을 혼동하는 경우가 있어서 따로 길게 설명한다. 이 매장이란 개념을 쉽게 설명하면 다양한 색깔로 된 구슬이 들어 있는 주머니에서 구슬들을 꺼내 구슬판에 나란히 놓거나, 동그라미 모양으로 놓거나, 둥그렇게 놓거나 하는 일이라고 할 수 있다. 이때 구슬이 들어 있던 주머니는 정의역이 되고, 구슬판은 매장지가 되며, 주머니의 구슬을 구슬판의 구슬에 대응(mapping)시키는 일을 사상(mapping)이라고 한다. 신경망 자체를 그래프 구조로 보기도 하고, 신경망 내 가중치로 이뤄진 공간을 다양체(manifold)로 보기도 하므로 장차 머신러닝과 딥러닝을 수학으로 해석할 때를 대비해서도 위상수학 용어인 이 매장(또는 묻기)이라는 용어에 익숙해지는 게 좋겠다.

자연어 처리 소개

자연어 처리(natural language processing, NLP) 분야는 아주 넓고 복잡하다. 인간 언어와 컴퓨터 과학 사이의 어떤 상호작용도 기술적으로 이 범주 안에 다 들어간다고 볼 수 있다. 하지만 논의가 잘 될 수 있게 NLP를 인간 언어를 분석하고 이해하고 생성하는 주제와 관련시키는 데에만 한정할 생각이다.

컴퓨터 과학이 시작된 이래로 사람들은 강인공지능을 위한 관문으로서 NLP에 매료되었다. 1950년에 앨런 튜링은 튜링 테스트를 제안했다. 이 테스트는 인간을 가장한 컴퓨터가 사람과 구분이 안 될 정도로 지능을 발휘하는지 여부를 컴퓨터 지능의 기준으로 삼았다. 그 이후로, 우리는 기계가 인간의 언어를 이해할 수 있도록 도와주는 영리한 방법을 찾기 위해 노력했다. 그 과정에서 음성 대 텍스트 번역, 사용자 언어 간 자동 번역, 문서의 자동 요약, 토픽 모델링, 이름이 있는 개체를 식별하는 일 및 기타 다양한 사용 사례를 개발했다.

NLP에 대한 이해가 계속 높아지면서 AI 애플리케이션도 일상 생활에서 보편화되고 있다. 챗봇은 고객 서비스 애플리케이션으로 보편화되었고, 최근에는 개인 디지털 도우미가 되었다. 이 글을 쓰는 시점에서 나는 인공지능인 알렉사에게 구매 물품 목록에 무언가를 추가하거나 부드러운 재즈 음악을 연주해달라고 부탁할 수 있었다. 자연 언어 처리는 인간과 컴퓨터를 매우 흥미롭고 강력한 방법으로 연결한다.

이번 장에서는 인간의 언어를 이해하고 그 이해를 바탕으로 분류를 하는 일에 초점을 맞출 것이다. 나는 실제로 두 가지 사례 연구, 즉 의미론적으로 분석하는 일과 분류 사례 연구(문서 분류를 다루는 일)를 살펴보려고 한다. 두 가지 사례 연구는 모두 딥러닝을 적용해 보는 좋은 기회가 되는데, 실제로도 두 연구는 아주 비슷하다.

의미 분석

의미 분석(semantic analysis)은 기술적으로 보면 언어의 뜻을 분석하는 일이지만 우리가 의미론적 분석이라고 말할 때는 글을 쓴 사람이나 말을 한 사람의 느낌(feelings)을 이해하는 일을 지칭하는 것이다. 의미 분류기들은 전형적으로 말을 긍정, 부정, 행복, 슬픔, 중립 등으로 분류하려고 한다.

그러므로 내가 가장 좋아하는 인간 언어의 특징 중 하나인 빈정거림(sarcasm)은 해결하기 어려운 문제가 된다. 인간 언어에는 컴퓨터가 학습하기에는 매우 어려운 미묘한 패턴들이 많다. 하지만 도전 자체가 불가능하다는 뜻은 아니다. 좋은 데이터셋이 주어지면 충분히 할 수 있는 일이 된다.

이러한 문제 유형을 해결하려면 좋은 데이터셋이 필요하다. 우리가 사람이 대화한 내용을 확실히 인터넷에서 많이 찾아낼 수는 있지만 대부분 레이블이 붙어 있지 않다. 레이블로 표시된 사례를 찾기가 더 어렵다. 이 문제를 해결하기 위해 초기에는 이모티콘이 포함된 트위터 데이터를 수집하는 시도가 있었다. 트윗에 :)이 포함된 경우 긍정 트윗으로 여겨졌다. 이것은 지미 린(Jimmy Lin)과 알렉 콜츠(Alek Kolcz)가 "Large-Scale Machine Learning at Twitter"(트위터상의 대규모 머신러닝)에서 언급한 유명한 이모티콘 기법이 되었다.

이러한 분류기 유형을 적용한 업무용 애플리케이션들은 대부분 이진 형태로 되어 있으며, 이것으로 우리는 고객 만족 여부를 예측하려고 한다. 하지만 이런 유형의 언어 모델이 이것이 다는 아니다. 그런 종류의 레이블이 있는 한 그 밖의 목소리도 모델화할 수 있다. 우리는 심지어 누군가의 목소리나 언어에서 불안함이나 괴로움을 측정하려고 할 수도 있지만, 오디오 입력까지 말하는 일은 이번 장의 범위를 벗어난다.

긍정적이거나 부정적인 영화 감상평과 온라인 쇼핑 제품 구매 후기와 관련된 언어를 사용해 데이터를 확보하려는 추가 시도가 있었다. 이러한 것들이 모두 훌륭한 접근 방식이지만, 다른 분야의 텍스트를 분류하기 위해 이러한 유형의 데이터 소스를 사용할 때는 상당한 주의가 필요하다. 영화 감상평이나 온라인 구매 후기를 적는 데 사용되는 언어는 정보기술 관련 서비스 센터의 고객 지원 전화에 사용되는 언어와 매우 다를 수 있다.

물론, 우리는 정서 이상의 것을 확실히 분류할 수 있다. 보다 일반적인 문서 분류 적용을 다음 단원에서 살펴보자.

문서 분류

문서 분류(document classifications)는 정서 분석과 밀접한 관련이 있다. 두 경우 모두 문서 내 텍스트를 사용해 해당 문서를 범주별로 분류한다. 문서가 변경되는 유일한 진짜 이유이다. 문서 분류는 문서의 유형에 따라 문서를 분류하는 일의 전부다. 세계에서 가장 명백하고 일반적인 문서 분류 시스템은 스팸 필터이지만, 그 밖에도 다양한 쓰임새가 있다.

내가 가장 좋아하는 문서 분류법 중 하나는 *"The Federalist Papers"*라는 서류의 원본에 관한 논쟁을 해결하는 것이다. 알렉산더 해밀턴(Alexander Hamilton), 제임스 매디슨(James Madison), 존 제이(John Jay)는 1787년과 1788년에 미국 헌법의 비준을 지지한다는 뜻을 담은 85개 논고를 퍼블리우스라는 익명으로 출판했다. 나중에 해밀턴은 1804년 애런 버(Aaron Burr)와 치명적인 결투를 하기 전에 각 논문의 저자를 상세히 기록한 목록을 제공했다. 매디슨은 1818년에 자신의 목록을 제공했는데, 그때 이후로 이 목록 때문에 학자들이 저작권 문제를 해결하려는 논쟁이 벌어졌다. 분쟁 대상이 된 작품들이 매디슨의 저작물이라는 점에는 대부분 동의했지만, 두 사람 간의 협력적인 노력에 대해서는 아직까지도 서로 다른 의견이 남아 있다. 논쟁 대상인 이 12개 문서를 매디슨의 저작물인지 아니면 해밀튼의 저작물인지로 분류하는 일이 많은 데이터 과학 블로그의 먹잇감이 되었다. 가장 공식적으로는 글렌 펑(Glenn Fung)이 *"The Disputed Federalist Papers: SVM Feature Selection via Concave Minimization"*라는 논문에서 이 주제를 상당히 엄밀하게 다루고 있다.

문서 분류의 마지막 예는 문서의 내용을 이해하고 행동을 처방하는 것일 수 있다. 청원서/고소장 및 출두명령서와 같은 법적 사건에 대한 정보를 읽을 수 있는 분류기를 상상해 보고, 피고에게 추천한다고 해 보자. 그러면 우리의 가상 시스템은 *"이 사건과 관련된 다른 사건에서 경험한 바에 의하면 여러분은 아마도 타결짓고 싶어할 것입니다"*라고 말할지도 모른다.

정서 분석(sentiment analysis) 및 문서 분류는 자연스러운 언어를 이해하는 컴퓨터의 능력에 기초한 강력한 기법이다. 그렇지만 당연하게도 이런 질문이 따를 것이다. '어떻게 해야 컴퓨터가 읽는 일을 할 수 있도록 가르칠 수 있을까?'

텍스트 벡터화

심층 신경망을 포함한 머신러닝 모델은 숫자 정보를 취해 숫자 출력을 생성한다. 자연어 처리에 있어서는 단어를 숫자로 변환하는 일이 도전 과제가 된다.

우리가 단어를 숫자로 바꿀 수 있는 방법은 다양하다. 이 모든 방법들은 단어의 일부 순서를 숫자 벡터로 바꾼다는, 같은 목표를 충족시킨다. 때때로 이 변환 과정에서 번역문의 의미를 잃을 수도 있기 때문에 어떤 방식은 나머지 방식보다 더 잘 작동한다.

NLP 용어

먼저 몇 가지 일반적인 용어를 정의해 용어 사용 과정에서 벌어질 수 있는 모호함을 제거해보자. 읽기 능력이 있다면 이 용어들을 어느 정도 이해할 것이라고 생각한다. 이런 말이 현학적으로 보인다면 사과하겠지만 이 말이 다음에 이야기 하는 모델과 바로 관련이 있다는 점은 확실하게 약속할 수 있다.

- 단어(words): 우리가 사용할 대부분의 시스템의 원자와 같은 것. 몇몇 문자 수준 모델들은 존재하지만, 오늘은 이것에 관해 이야기하지 않으려고 한다.

- 문장(sentences): 진술이나 질문 등을 표현하는, 단어들의 모음이다.

- 문서(documents): 문서는 문장을 모은 것이다. 한 문장으로 이뤄져 있을 수도 있고, 여러 문장으로 구성될 수도 있다.

- 말뭉치(corpora[2]): 문서들을 모은 것이다.

단어 주머니 모델

단어 주머니(bag of words, BoW) 모델은 문장 구조와 단어의 배치 순서를 실제로는 무시해버리는 NLP 모델이다. 단어 주머니 모델에서는 각 문서를 단어들이 들어있는 1개 주머니로 취급한다. 이것을 쉽게 상상해 볼 수 있다. 각 문서는 커다란 단어 집합이 들어가 있는 그릇인 셈이다. 이때 문장, 구조, 단어의 순서를 무시하게 된다. 우리는 문서에 아주 좋은 단어, 그냥 좋은 단어, 나쁜 단어가 담겨 있다는 사실에는 신경을 쓰지만, 아주 좋은 단어가 좋은 단어 앞에는 나오지만 나쁜 단어 앞에는 나오지 않는다는 점에 대해서는 사실 신경 쓰지 않는다.

단어 주머니 모델은 단순해서 상대적으로 데이터가 적게 필요한 데다가, 모델의 단순함에 비해서는 놀라울 정도로 잘 작동한다.

여기서 모델의 용도란 곧 표현(representation)을 의미한다는 점에 유념하자. 나는 특별한 느낌으로 딥러닝 모델이나 머신러닝 모델에 관해서 말하고 있지 않다. 오히려 이런 맥락에서 보면 모델이란 텍스트를 표현하는 방식을 의미한다.

---

2 (옮긴이) corpora가 복수형인데 단수형인 corpus, 즉 '코퍼스'로 부르는 경우가 더 흔하다. 그러나 최근에는 언어학에서 흔히 부르는 '말뭉치'라는 말로 대체되는 경향이 보인다.

단어 집합으로 구성된 일부 문서가 주어졌을 때 단어를 숫자로 변환하기 위한 전략이 정의되어야 한다. 잠시 후에 몇 가지 전략을 살펴보겠지만 먼저 어간 추출, 표제어 추출, 불용어에 관해 간단히 논의해야 한다.

어간 추출, 표제어 추출 및 불용어

어간 추출(stemming)과 **표제어 추출(lemmatization)**은 언어 모델을 단순화시키는 기법으로서 두 가지는 서로 다르면서도 아주 비슷한 면이 있다. 예를 들어 cat이란 말의 다양한 형(form, 形)[3]을 잡아낸다면, 다음 예와 같이 변형할 수 있다.

```
cat, cats, cat's, cats' -> cat
```

표제어 추출과 어간(stem, 語幹) 추출은 우리가 이런 변형을 하는 방식에 따라 구분한다. 어간 추출은 알고리즘적으로 수행된다. 같은 단어의 여러 형에 적용할 경우 추출된 어근(root, 語根)은 대부분 동일해야 한다. 이 개념은 알려진 어기(bases, 語基)가 있는 어휘를 사용하고 단어의 사용 방식을 고려하는 표제어 추출에 대비된다.

> 어간 추출 속도는 일반적으로 표제어 추출 속도보다 훨씬 빠르다. 포터(Porter)라는 어간 추출기(stemmer)는 많은 경우에 매우 잘 작동하므로 어간 추출을 해야 하는 경우에 안전성을 고려해 최우선 선택지로 생각하는 게 바람직하다.

불용어(stop words)란 아주 흔하게 쓰이는 단어이면서도 별 의미가 없는 단어를 말한다. 전형적인 예로는 *the*라는 단어를 들 수 있다(The canonical example is the word *the*). 바로 앞에 나온 괄호 안 문장에서 나는 the를 세 번밖에 안 썼는데도 의미를 지닌 경우는 한 개밖에 없었다. 일반적으로 입력을 좀 더 희박하게 하려고[4] 불용어를 제거한다.

대부분의 단어 주머니 모델은 어간 추출, 표제어 추출 및 불용어 제거라는 이점을 누린다. 때때로 우리가 곧 이야기할 워드 임베딩(word embedding)[5] 모델들 또한 어간 추출이나 표

---

3 (옮긴이) 명사형, 동사형 등을 언급할 때 말하는 바로 그 '형'이다. 어형(語形)이라고도 한다.

4 (옮긴이) 즉, 입력 데이터 크기를 줄이려고

5 (옮긴이) '단어 묻기'라고 할 수도 있다. 단어들을 어떤 위상 공간에 사상(mapping)하는 행위. 어린 아이들이 한글 단어가 적힌 종이를 손에 쥐고 칠판이라는 공간 속 적절한 위치에 가져다 붙이는 경우를 상상하면 이해하기 쉽다. 이때 칠판은 단어를 매장하는(묻는) 공간이 되고, 아이는 단어를 칠판이라는 공간에 단어를 사상하는(대응시키는) 일을 하는 것이다.

제어 추출로부터 이점을 누린다. 워드 임베딩 모델은 불용어를 제거해도 별다른 이점을 누리지 못 한다.

계수 벡터화와 TF-IDF 벡터화

계수 벡터화(count vectorization)와 용어빈도-역문서빈도(term frequency-inverse document frequency, TF-IDF)[6]는 단어 주머니를 머신러닝 알고리즘에 적합한 함수 벡터로 변환하는 두 가지 전략이다.

계수 벡터화는 단어 집합을 취해 집합 내 각 원소가 말뭉치 내 한 단어를 나타내는 벡터로 만드는 일을 말한다. 당연히 문서 집합의 고유한 단어 개수는 상당히 클 수 있으며 많은 문서에는 말뭉치에 있는 단어의 인스턴스가 포함되어 있지 않을 수 있다. 이러한 경우, 이러한 유형의 벡터들을 나타내기 위해 희박 행렬(sparse matrix)[7]을 사용하는 것이 매우 현명하다. 단어가 1회 이상 표현되는 경우 계수 벡터화기(count vectorizer)는 문서에 나타나는 단어 수를 세어 그 수를 해당 단어를 나타내는 위치에 배치한다.

계수 벡터화기를 사용하면 전체 말뭉치를 2차원 행렬로 나타낼 수 있다. 여기서 각 행은 문서를 나타내고 각 열은 단어를 나타내며 각 원소는 문서에서 해당 단어가 나타난 횟수이다.

다음 단계로 넘어가기 전에 간단한 예를 들어보자. 다음과 같이 2개 문서로 이뤄진 말뭉치 하나를 상상해 보라.

```
문서 A = "the cat sat on my face"
문서 B = "the dog sat on my bed"
```

그러므로 말뭉치 어휘집(vocabulary)[8]은 다음과 같아진다.

```
{'bed', 'cat', 'dog', 'face', 'my', 'on', 'sat', 'the'}
```

---

6 (옮긴이) document frequency를 '문헌 빈도'라고도 부른다. 그러므로 IDF는 '역문헌 빈도'라고도 부른다는 점을 알 수 있을 것이다.

7 (옮긴이) '희소 행렬'이라고도 부르지만 수학 용어인 '희박 행렬'로 부르는 게 더 적절해 보인다.

8 (옮긴이) 어휘 또는 어휘집은 단어와 다르다. 단어는 개별 낱말을 의미하고, 어휘 또는 어휘집이란 낱말 모음을 의미한다.

이 말뭉치에 계수 임베딩(count embedding)[9]을 만들면 다음과 같다.

	bed	cat	dog	face	my	on	sat	the
문서 A	0	1	0	1	1	1	1	1
문서 B	1	0	1	0	1	1	1	1

이게 바로 계수 벡터화이다. 계수 벡터화는 여러 벡터화 기법들 중에서 가장 간단한 것이다.

계수 벡터화의 문제점은 별 의미가 없는 단어가 많이 사용된다는 점이다. 사실, 영어에서 가장 흔히 사용하는 (the)라는 단어는 우리가 말하는 단어 중에 7%를 차지하는데, 이것은 다음으로 가장 인기 있는 단어인 (of)보다 두 배 더 흔하다. 한 언어 속 단어 분포는 지프의 법칙(Zipf's law, https://en.wikipedia.org/wiki/Zipf%27s_law)이라고 불리는 것의 기초인 멱법칙 분포(power law distribution)이다. 계수가 맞지 않는 문서 행렬을 구축한다면, 누가 the를 아주 흔하게 사용하는지를 살피는 일을 목표로 삼지 않는 한 정보성이 별로 없는 숫자만 지니게 될 것이다.

그러므로 문서 내의 상대적 중요도에 따라 단어를 평가하는 전략이 더 낫다. 우리는 TF-IDF(용어빈도-역문서빈도)라고 불리는 것을 사용해 그렇게 할 수 있다.

한 단어의 TF-IDF 점수(score)는 다음과 같다.

$$score = tf(w) * idf(w)$$

여기서 $tf(w)$는 다음과 같다.

$tf(w)$ = 문서에서_w라는_단어가_출현하는_횟수 / 문서에_있는_전체_단어_개수

그리고 $idf(w)$는 다음과 같다.

$idf(w)$ = log(문서_개수 / w라는_단어를_담은_문서_개수)

---

9 (옮긴이) 여기서는 '계수 매장지'라는 뜻으로 쓰였다.

동일한 말뭉치에 대해서 TF-IDF 행렬을 계산하면 다음과 같이 표시된다.

	bed	cat	dog	face	my	on	sat	the
문서 A	0	0.116	0	0.116	0	0	0	0
문서 B	0.116	0	0.116	0	0	0	0	0

알아차렸겠지만, '용어빈도 * 역문서빈도'라는 식에 맞춰 단어에 가중치를 두어 모든 문서에 나타나는 단어를 제거함으로써 나머지 단어를 도드라지게 한다. 문서 A는 전반적으로 cat과 face에 관한 문서인 것이며, 문서 B는 dog과 bed에 관한 것이다. 이것이 바로 우리가 많은 분류기에 바라는 바이다.

워드 임베딩

단어 주머니 모델에는 주목할 만한 가치가 있는 이상적인 특성이 몇 가지 있다.

우리가 이전에 살펴본 단어 주머니 모델의 첫 번째 문제는 단어의 맥락을 고려하지 않는다는 점이다. 단어 주머니는 문서 내 단어 사이에 존재하는 관계를 실제로도 고려하지 않는다.

두 번째 문제이지만 상대적으로 고려할 사항은 벡터 공간 내 단어 할당이 다소 임의적이라는 점이다. 말뭉치 어휘집에서 두 단어 사이의 관계로 인해 존재할 수 있는 정보는 포착되지 않을 수 있다. 예를 들어, '앨리게이터'라는 단어를 처리하는 방법을 배운 모델은 앨리게이터와 크로커다일 둘 다 많은 특성을 공유하는 다소 비슷한 생물들임에도 불구하고 '크로커다일'이라는 단어와 조우할 때 학습한 내용을 거의 활용하지 못한다.

마지막으로, 말뭉치의 어휘는 매우 클 수 있고 모든 문서에 존재하지 않을 수 있기 때문에, 단어 주머니 모델이 매우 희박한 벡터를 생성하는 경향이 있다.

워드 임베딩(word embedding) 모델은 의미론 측면에서 서로 비슷한 단어끼리 서로 가까운 점에 사상하는 방식으로 각 단어의 벡터를 학습해 이러한 문제를 해결한다. 또한, 우리는 단어 주머니 모델을 사용할 때보다 훨씬 더 작은 벡터 공간에서 전체 어휘를 표현할 것이다. 이렇게 하면 차원을 줄일 수 있게 되고, 우리에게 단어의 의미적 가치를 포착하는 더 작고 밀도가 높은 벡터가 남게 된다.

워드 임베딩 모델은 실제 문서 분류 문제와 의미 분석 문제에서 단어 주머니 모델을 훨씬 능가하는데, 이는 말뭉치의 단어 간의 관련성으로 인한 의미적 가치를 보존할 수 있기 때문이다.

간단한 예제

여러분이 임베딩(embedding)이라는 단어를 처음 알게 되었다면 지금 혼란스러워 하고 있을지도 모르겠다. 하지만 잠시 기다리면 금방 명확해질 것이다. 구체적인 예를 들어보자.

인기 있는 워드 임베딩 모델인 word2vec을 사용할 때 우리가 cat이라는 단어로 착수하면 다음 출력 코드에 나와 있는 것처럼 cat이라는 단어를 나타내는 384개 원소로 된 벡터를 얻게 된다.

```
array([ 5.81600726e-01,    3.07168198e+00,   3.73339128e+00,
        2.83814788e-01,    2.79787600e-01,    2.29124355e+00,
       -2.14855480e+00,  -1.22236431e+00,   2.20581269e+00,
        1.81546474e+00,   2.06929898e+00,  -2.71712840e-01,
        ...
```

출력 내용을 다 나타내지 않았지만 이해하는 데는 문제가 없을 것이다. 이 모델의 모든 단어는 384개 원소로 된 벡터로 변환된다. 이러한 벡터들을 비교하면 데이터셋에서 단어의 의미적 유사도를 평가할 수 있다.

이제 고양이를 위한 벡터가 생겼으니 나는 개와 도마뱀에 대한 단어 벡터도 계산해 보려고 한다. 나는 고양이가 도마뱀보다 개와 더 비슷하다고 제안하고 싶다. 이렇게 주장하려면 고양이 벡터(Cat)와 개 벡터(Dog) 사이의 거리(distance)를 측정할 수 있어야 한다. 그리고 나서 고양이 벡터와 도마뱀 벡터 사이의 거리를 측정할 수 있어야 한다. 벡터 간의 거리를 측정하는 방법은 여러 가지이지만, 코사인 유사도(cosine similarity)는 아마도 단어 벡터에 가장 일반적으로 사용되는 것일 것이다. 다음 표에서 우리는 고양이와 개와 도마뱀의 코사인 유사도를 비교하고 있다.

	Dog	Lizard
Cat	0.74	0.63

예상했듯이, 우리의 벡터 공간에서 고양이는 도마뱀보다 의미상 개와 더 가깝다.

예측을 통한 워드 임베딩 학습

워드 임베딩은 과제에 맞게 특별히 제작한 신경망을 사용해 계산한다. 여기서는 해당 신경망에 대한 개요를 살펴보자. 일단 어떤 말뭉치들을 위한 워드 임베딩이 계산되면, 이 워드 임베딩을 다른 애플리케이션용으로도 쉽게 재사용할 수 있으므로, 이 기법을 *8장, '사전 훈련 CNN을 사용한 전이 학습'*의 후보로 삼을 것이다.

이 워드 임베딩 신경망의 훈련을 마치면 신경망의 단일 은닉 계층의 가중치가 워드 임베딩에 대한 조회 표(lookup table)가 된다. 어휘를 구성하는 각 단어에 대해서 우리는 그 단어에 대한 벡터를 배운 셈이 된다.

이 은닉 계층의 뉴런 개수는 입력 공간의 것보다 적어서 신경망은 입력 계층에 존재하는 정보를 압축된 형태로 학습하게 된다. 이 구조는 오토인코더(auto-encoder)와 아주 비슷하지만, 이 기술은 신경망이 벡터 공간에 있는 각 단어의 의미 값을 학습하는 데 도움이 되는 과제와 관련이 있다.

임베딩 신경망을 훈련하는 데 사용할 과제는 훈련 단어로부터 멀리 떨어진 창(window) 안에 어떤 표적 단어가 나타날 확률을 예측하는 것이다. 예를 들어, koala(코알라)가 우리의 입력 단어이고 marsupial(유대목)이 우리의 표적 단어였다면, 우리는 이 두 단어가 서로 가까이 있을 확률을 알고 싶어할 것이다.

이 과제를 위한 입력 계층은 어휘 안에 있는 모든 단어를 원핫인코딩 처리한 벡터가 될 것이다. 출력 계층은 다음 그림에 표시된 것과 동일한 크기의 소프트맥스 계층이 된다.

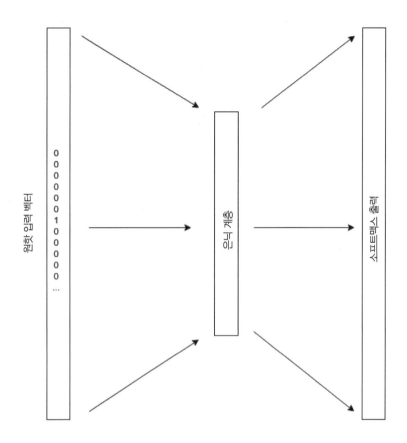

이 신경망은 [어휘_개수×뉴런_개수] 형태의 가중치 행렬을 가진 은닉 계층을 만든다. 예를 들어, 말뭉치에 고유한 단어가 20,000개가 있고 은닉 계층에 뉴런이 300개가 있다면, 은닉 계층의 가중치 행렬은 20,000×300이 될 것이다. 일단 이 가중치를 디스크에 저장하면, 우리는 각 단어를 나타내는 데 사용할 수 있는 300개 원소로 된 벡터를 갖게 된다. 그런 다음 이러한 벡터를 사용해 다른 모델을 훈련할 때 단어를 표현할 수 있다.

훈련한 워드 임베딩 신경망이 확실히 더 많이 있기는 하지만, 나는 빠르게 참조할 수 있게 의도적으로 신경망을 단순화하고 있다.

더 배우고 싶다면 미콜로프(Mikolov) 등이 발표한 "Distributed Representations of Words and Phrases and their Compositionality"(단어와 구문의 분포 표현과 그 구성, https://papers. nips.cc/paper/5021-distributed-representations-of-words-and-phrases-and-their-compositionality.pdf)을 읽어 보는 게 바람직하다. 이 논문은 word2vec이라고 부르는 워드 임베딩을 만드는 일반적인 방법을 설명한다.

셈을 통한 워드 임베딩 학습

워드 임베딩을 학습하는 또 다른 방법은 셈(counting)[10]이다. **단어 표현을 위한 전역 벡터** (Global Vectors for Word Representation, GloVe)는 페닝턴(Pennington) 등이 만든 알고리즘이다(https://nlp.stanford.edu/projects/glove/).

GloVe는 아주 큰 단어 동시발생 행렬(co-occurrence matrix)을 만들어 낸다. 어떤 말뭉치들에서는 이것은 본질적으로 두 단어가 서로 가까운 곳에 있게 되는 계수(count, 횟수)를 계산하는 것이다. 알고리즘 작성자는 단어가 얼마나 가까운지를 기준으로 이 계수를 평가해 함께 가까이 있는 단어가 각 계수에 더 많이 기여하도록 한다. 이 동시발생 행렬이 생성되면 더 작은 공간으로 분해되어 [단어_개수×특징_개수]인 큰 행렬이 된다.

흥미롭게도, word2vec과 GloVe의 결과는 아주 비슷해서 서로 간에 바꿔서 사용해도 된다. 60억 개 단어가 있는 데이터셋으로 사전에 구축한 GloVe 벡터를 스탠포드 대학교에서 배포하고 있는데, 이 데이터셋은 널리 사용되는 여타 단어 벡터의 출처가 된다. 이번 장의 뒷부분에서 우리는 이 GloVe 벡터를 사용할 예정이다.

단어에서 문서로 가져오기

이 책을 자세히 읽어왔다면 내가 아직 채우지 않은 빈 틈을 발견했을 것이다. 워드 임베딩 모델은 각 단어에 대한 벡터를 만든다. 이에 비교되게 단어 주머니 모델은 각 문서에 대한 벡터를 작성한다. 그렇다면 문서 분류를 위해 워드 임베딩 모델을 어떻게 사용할 수 있을까?

---

10 (옮긴이) 수학/통계학 용례가 있는 단어다. 셈 과정(counting process), 셈 측도(counting measure)와 같은 용례가 있다(출처: 대한수학회의 인터넷 수학 사전, 통계학회의 인터넷 통계학 사전). 계수라고 해도 되지만 count를 이미 계수라고 하므로, 구분할 수 있게 셈이라는 말을 선택했다.

한 가지 단순한 방법은 우리 문서의 모든 단어에 대한 벡터를 취해서 평균을 계산하는 것이다. 이 값을 문서의 평균 의미론적 값으로 해석할 수 있다. 실제로 이 해법은 자주 사용되며 좋은 결과를 얻을 수 있다. 그러나 단어 주머니 내장 모델보다 항상 우수한 것은 아니다. *dog bites man and man bites dog*(개가 사람을 문다 그리고 개가 사람을 문다)는 문구를 생각해 보라. 여러분이 동의하기를 바라지만, 이 문장에 있는 두 가지 진술이 매우 다르다. 하지만 이 문장에 대한 단어 벡터의 평균을 낸다면 그 값이 같을 것이다. 이는 각 벡터의 평균, 최댓값 및 최솟값을 사용하는 것과 같은 문서에서 특징을 추출하는 일에 사용할 수 있는 몇 가지 다른 전략으로 이어진다.

단어에서 문서로 전환하는 방식에 대한 더 좋은 생각을 레(Le)와 미콜로프(Mikolov)가 *"Distributed Representations of Sentences and Documents"*(문장과 문서의 분포 표현, https://arxiv.org/abs/1405.4053)에서 제공했다. 그들의 word2vec에 대한 생각을 바탕으로, 이 논문에서는 단락 식별자(paragraph identifier)라고 부른 것을 우리가 설명한 신경망의 입력에 추가해 단어 벡터를 학습할 수 있게 한다. 문서 식별 번호와 더불어 텍스트의 한 부분을 이루는 단어를 사용하면 가변 길이 문서를 벡터 공간에 임베딩하는 방법을 신경망이 학습할 수 있다. 이 기법을 doc2vec라고 부르며, 이 기법으로 모델의 입력 특징을 생성할 수 있을 뿐만 아니라 토픽 모델링(topic modeling)[11] 기법으로도 잘 작동한다.

최근에는 많은 딥러닝 프레임워크가 임베딩 계층(embedding layers)이라는 개념을 통합하고 있다. 임베딩 계층을 통해 신경망은 수행하는 전체 작업의 한 부분으로서의 임베딩 공간을 학습할 수 있다. 임베딩 계층은 아마도 심층 신경망을 사용할 때 텍스트를 벡터화하기 위한 최선의 선택일 것이다. 다음으로 임베딩 계층을 한번 살펴보자.

케라스 임베딩 계층

케라스 임베딩 계층(Keras embedding layer)을 사용하면 word2vec에서 그랬던 것처럼 우리가 모델을 훈련할 때 입력 단어의 벡터 공간 표현을 학습하게 할 수 있다. 함수형 API를 사용하는 케라스 임베딩 계층은 항상 입력 계층 다음에 오는 계층이므로, 신경망의 두 번째 계층이 된다.

---

11 (옮긴이) 문헌에서 주제를 찾아내는 방법.

임베딩 계층에는 다음과 같은 세 가지 인수가 필요하다.

- input_dim: 말뭉치 어휘 크기.

- output_dim: 학습하게 할 벡터 공간의 크기. 이것은 word2vec 은닉 계층에 있는 뉴런 개수와 일치할 것이다.

- input_length: 각 관측에서 사용할 텍스트의 단어 수이다. 다음에 따라 나오는 예제에서는, 우리가 보낼 텍스트 중 가장 긴 것을 기준으로 삼아 크기를 고정하고, 그 길이보다 작은 문서들인 경우에 우리는 0들로 채울 것이다.

임베딩 계층은 input_length에 의해 지정된 시퀀스 내 각 단어별로 하나의 벡터를 포함하는 각 입력 문서에 대한 2D 행렬을 출력한다.

예를 들어, 다음과 같은 임베딩 계층이 있을 수 있다.

```
Embedding (input_dim=10000, output_dim=128, input_length=10)
```

이 경우, 이 계층의 출력은 10×128 모양으로 된 2D 행렬이 될 것이며, 각 문서의 10개 단어에는 128개 원소 벡터가 연결될 것이다.

이와 같은 단어로 이뤄진 시퀀스는 LSTM의 훌륭한 입력으로 사용될 수 있다. 임베딩 계층 다음에 바로 LSTM 계층이 나올 수 있다. 우리는 이전 장에서 했던 방식처럼 이 10개 임베딩 계층을 LSTM에 대한 시퀀스 처리 입력으로 다룰 수 있다. 이번 장의 첫 번째 예제에서 LSTM을 사용할 예정이므로 *9장, 'RNN을 처음부터 훈련하기'*를 읽지 않고 여기까지 이르렀다면 잠시 짬을 내어 여기에 나오는 LSTM의 연산을 다시 익혀야 할 것이다.

임베딩 계층을 조밀 계층에 바로 연결하기를 바란다면, 우리는 임베딩 계층을 평탄화해야 하지만 여러분은 아마 그렇게 하고 싶지 않을 것이다. 그러나 시퀀스 처리한 텍스트가 있는 경우에는 일반적으로 LSTM을 사용하는 편이 더 낫다. 우리가 탐구해 보아야 할 또 다른 흥미로운 선택지가 있다.

자연어 처리를 위한 1D CNN

*7장, 'CNN을 처음부터 훈련하기'*에서 우리는 합성곱을 사용해 복잡한 이미지를 학습할 수 있게 하려고 이미지 영역 위로 창을 미끄러뜨리듯이 옮긴 적이 있다. 이를 통해 이러한 특징들이 어디에 있었는지에 상관없이 중요한 국부적인 시각 특징을 학습하게 할 수 있었고 우리의 신경망이 더 깊어질수록 위계적(hierarchically)으로 더 복잡한 특징들을 학습하게 할 수 있었다. 우리는 2D 이미지나 3D 이미지에는 일반적으로 *3×3 필터* 또는 *5×5 필터*를 사용했다. 합성곱 계층과 그 작동 방식을 제대로 이해하지 못 한다는 느낌이 든다면 *7장, 'CNN을 처음부터 훈련하기'*를 다시 살펴보는 게 바람직하다.

단어로 이뤄진 시퀀스에도 동일한 전략을 사용할 수 있다는 점이 알려져 있다. 여기서 2D 행렬이란 임베딩 계층의 출력이다. 각 행은 한 단어를 나타내며, 그 행의 모든 원소는 단어 벡터이다. 앞의 예제를 계속하면 $10×128$ 벡터가 생기게 되는데, 이 벡터에는 한 행에 10개의 단어가 있고, 각 단어는 128개 원소로 된 벡터 공간으로 표현된다. 우리는 이 단어들 위로 필터를 대체로 확실히 미끄지게 할 수 있다.

합성곱 필터 크기는 NLP 문제에 맞게 바뀐다. 우리가 NLP 문제를 해결하려고 신경망을 구축할 때, 필터의 너비가 단어 벡터만큼 넓어질 것이다. 필터의 높이는 2에서 5 사이의 일반적인 범위에 따라 달라질 수 있다. 높이가 5인 경우에 한 번에 5개 단어로 필터를 미끄러지게 하는 것을 의미한다.

많은 NLP 문제에서, CNN이 아주 잘 작동할 뿐만 아니라 LSTM보다 훨씬 빠르다는 점이 밝혀졌다. RNN/LSTM을 언제 사용하고 CNN을 언제 사용할지에 대한 정확한 규칙을 제시하기는 어렵다. 일반적으로 문제에 어떤 상태가 필요하거나 시퀀스 중 한참 지나온 부분에서 무언가를 학습해야 한다면 LSTM을 사용하는 편이 더 나을 수 있다. 문제가 텍스트를 설명하는 특정 단어 집합을 감지해야 한다거나 문서에 대한 의미론적 정서를 감지해야 하는 경우라면 CNN을 사용해야 문제를 더 빠르고 더 효과적으로 해결할 수 있다.

문서 분류에 대한 사례 연구

문서 분류(document classifications)[12]에 대한 두 가지 실행 가능한 대안을 제시했으므로, 이번 장에는 문서 분류에 대한 두 가지 개별 예제를 다뤄 볼 수 있을 것이다. 둘 다 임베딩 계층을 사용한다. 그 중 한 예제에서는 LSTM을 사용하고 나머지 예제에서는 CNN을 사용할 것이다.

우리는 또한 임베딩 계층을 학습하는 방식 한 가지와 다른 사람이 구축해 둔 가중치를 바탕으로 전이 학습을 적용하는 방식 한 가지 사이의 성능을 비교할 것이다.

이 두 가지 예제의 코드는 이 책에 대한 깃 저장소의 Chapter 10에서 찾을 수 있다. 일부 데이터와 GloVe 벡터는 따로 내려받아야 할 것이다. 그렇게 하는 방법을 코드 내의 주석에서도 제시하고 있다.

케라스 임베딩 계층 및 LSTM을 이용한 정서 분석

이번 장의 첫 번째 사례 연구는 정서 분석(sentiment analysis)[13]이다. 이번 장에서 배운 내용 중 대부분을 이번 예제에 적용해 볼 생각이다.

우리는 케라스에 내장된 **인터넷 무비 데이터베이스(Internet Movie DataBase, IMDB)** 데이터셋을 사용할 것이다. 이 데이터셋에는 25,000개의 영화 감상평(review)이 포함되어 있으며, 각 영화 감상평은 정서에 따라 분류된다. 긍정적인 감상평에는 1이라는 레이블이 붙어 있고 부정적인 감상평에는 0이라는 레이블이 붙어 있다. 이 데이터셋의 모든 단어는 해당 단어를 식별하는 정수로 대체되었다. 각 감상평은 일련의 단어 색인으로 인코딩되었다.

영화 감상평의 텍스트만을 사용해 긍정적인 감상평과 부정적인 감상평으로 분류하는 게 우리의 목표이다.

---

12 (옮긴이) 예전에는 '문헌 분류'라는 말로 더 알려져 있었다.

13 (옮긴이) 우리말로는 '감정 분석', '감성 분석' 등으로 번역되어 알려졌지만, '견해 분석'이라는 말이 오히려 더 어울린다. '어떤 사건에 대한 견해를 밝히다'는 문장에서 볼 수 있듯이 가장 적절한 번역어이다. 그럼에도 이렇게 쓰이는 경우가 거의 없다. 그렇다고 해서 '감성 분석'이란 말이 번역어로 적절하냐 하면 그건 또 아니다. '감성'은 주로 '이성'이란 말의 대척점에서 쓰는 말이기 때문이다. 영화에 대한 감상평을 작성할 때 사람들은 감성만 동원하는 게 아니라 이성도 동원한다. 그나마 가장 가까운 의미를 지닌 '정서 분석'으로 번역했다.

데이터 준비

우리가 케라스에 내장된 데이터셋을 사용하므로, 토큰화, 어간 처리, 불용어 처리 및 단어 토큰을 숫자 토큰으로 변환하는 일에 이르기까지 우리에게 필요하고 늘 하는 작업의 대부분을 케라스가 처리한다. keras.datasets.imbd는 우리에게 목록을 담은 리스트를 제공하는데, 각 리스트에는 감상평에 들어있는 단어를 나타내는 정수의 가변 길이 시퀀스가 포함되어 있다. 우리는 다음 코드를 사용해 데이터를 정의할 것이다.

```
def load_data(vocab_size):
    data = dict()
    data["vocab_size"] = vocab_size
    (data["X_train"], data["y_train"]), (data["X_test"], data["y_test"]) =
                                        imdb.load_data(num_words=vocab_size)
    return data
```

어휘집의 최대 크기를 지정해 load_data를 호출하면 데이터를 적재할 수 있다. 이 예에서는 어휘집의 크기로 20,000 단어를 사용할 것이다.

이 단계를 수작업을 수행해야 하는 경우, 예제 코드가 사용자 자신의 문제와 함께 작동하도록 하려면 keras.preprocessing.text.Tokenizer를 사용하면 되는데, 다음 예제에서 이것을 다룰 것이다. 우리는 다음 코드를 사용해 데이터를 적재할 것이다.

```
data = load_data(20000)
```

다음 단계로, 나는 시퀀스의 길이를 똑같게 했으면 하고 감상 목록을 담은 리스트를 2D 행렬로 만들려고 하는데, 여기서 각 행은 각 감상평을 담게 되고, 각 열은 해당 감상평을 이루는 단어 한 개씩을 담게 된다. 각 리스트의 크기를 같게 하기 위해, 나는 더 짧은 시퀀스의 나머지 부분을 0들로 채울 것이다. 나중에 사용할 LSTM에서 우리는 이러한 0을 무시하는 법을 배우게 되는데, 이게 물론 우리에게는 아주 편리한 것이다.

이 채우기 작업이 자주 쓰여서 케라스에 아예 해당 기능이 내장되어 있다. keras.preprocessing.sequence.pad_sequence를 사용하면 채우기를 할 수 있는데, 다음 코드처럼 쓴다.

```
def pad_sequences(data):
    data["X_train"] = sequence.pad_sequences(data["X_train"])
    data["sequence_length"] = data["X_train"].shape[1]
    data["X_test"] = sequence.pad_sequences(data["X_test"],
                                        maxlen=data["sequence_length"])
    return data
```

이 함수를 호출하면 다음과 같이 목록들로 이뤄진 리스트를 길이가 같은 시퀀스로 변환할 수 있고, 목록들로 이뤄진 리스트를 2D 행렬로도 쉽게 변환할 수 있다.

```
data = pad_sequences(data)
```

입력 계층 및 임베딩 계층의 아키텍처

직전 장에서는 시계열에서 나오는 시차(lags) 집합을 사용해 LSTM을 훈련했다. 여기서 우리가 사용하는 시차들이란 실제로는 시퀀스 내 단어들에 해당한다. 우리는 이 단어들을 비평가의 정서를 예측하는데 사용할 것이다. 단어들로 이뤄진 시퀀스를 취해 해당 단어의 의미적 가치를 고려하는 입력 벡터로 옮기는 일에 임베딩 계층을 사용할 수 있다.

케라스의 함수형 API를 사용할 때, 임베딩 계층은 항상 입력 계층 다음에 오는 계층이므로, 신경망의 두 번째 계층이 된다. 이 두 계층이 어떻게 조화를 이루는지 살펴보자.

```
input = Input (shape=(sequence_length,), name="Input")
embedding = Embedding (input_dim=vocab_size,
                                output_dim=embedding_dim,
                                input_length=sequence_length,
                                name="embedding") (input)
```

입력 계층(Input)은 입력 행렬의 열 수에 해당하는 시퀀스 길이를 알아야 한다.

임베딩 계층(Embedding)이 입력 계층을 사용하겠지만, 그러려면 임베딩 계층은 전체 말뭉치 어휘집의 크기, 그리고 우리가 그러한 단어들을 임베딩하려고 하는 벡터 공간의 크기, 그리고 시퀀스 길이를 알아야 한다.

우리는 20,000개 단어로 구성된 어휘집을 정의했고, 데이터의 시퀀스 길이는 2,494로 정했으며, 임베딩의 차원은 100 차원으로 지정했다.

이 모든 것을 종합하면, 임베딩 계층은 20,000개 입력 원핫 벡터(one-hot vector)에서 각 문서당 2,494×100 모양인 2D 행렬로 전환되면서 시퀀스에 포함된 각 단어에 대한 벡터 공간 임베딩을 창출한다. 모델이 학습하는 과정에서 임베딩 계층도 학습된다. 아주 멋지지 않은가?

LSTM 계층

다음 코드에서 볼 수 있듯이, 여기서는 10개의 뉴런만 사용하는 LSTM 계층 하나를 사용하려고 한다.

```
lstm1 = LSTM (10, activation='tanh', return_sequences=False,
              dropout=0.2, recurrent_dropout=0.2, name='lstm1') (embedding)
```

이렇게 작은 LSTM 계층을 사용하는 이유는 무얼까? 보다시피 이 모델은 과적합과 싸우게 될 것이다. LSTM 계층을 구성하는 유닛이 열 개에 불과한데도 훈련 데이터를 생각보다는 조금 더 잘 학습할 수 있다. 과적합 문제에 대한 해법은 원래 데이터를 늘리는 것이지만, 실제로는 우리가 그렇게 할 수 없기 때문에 신경망 구조를 단순하게 유지하는 편이 좋다는 생각이다.

이런 측면에서 드롭아웃이 필요하다. 나는 이 계층에 드롭아웃과 재귀 드롭아웃(recurrent dropout)을 둘 다 사용할 것이다. 우리는 재귀 드롭아웃에 관해서 지금까지는 논의하지 않았지만 이제는 논의해 보자. 이러한 방식으로 LSTM 계층에 적용되는 일반적인 드롭아웃은 LSTM에 대한 입력을 임의로 마스킹한다. 재귀 드롭아웃은 LSTM 유닛들(즉, 뉴런들)을 펼쳐 놓은 셀들 사이에서 무작위로 메모리를 켜고 끈다. 항상 그렇듯이 드롭아웃은 하이퍼파라미터이므로 최적의 값을 검색해야 한다.

우리가 사용하는 입력들이 문서를 바탕으로 한 것이어서 어떠한 맥락도 없으므로, 지금이야말로 문서 간에 상태 비저장 LSTM을 사용하기 좋은 때라는 점을 우리가 기억해야 한다.

출력 계층

이번 예제에서는 이진 표적(binary target)을 예측한다. 이전과 같이, 우리는 sigmoid 뉴런이 한 개 있는 조밀 계층(Dense)을 사용해 이 이진 분류 작업을 수행할 수 있다.

```
output = Dense (1, activation='sigmoid', name='sigmoid') (lstm1)
```

종합하기

이제 신경망 전체를 살펴보면서 부품들을 파악할 때다. 여러분이 참조할 수 있게 신경망을 구성하는 코드를 드러내보이면 다음과 같다.

```python
def build_network(vocab_size, embedding_dim, sequence_length):
    input = Input (shape=(sequence_length,), name="Input")
    embedding = Embedding (input_dim=vocab_size,
                                   output_dim=embedding_dim,
                                   input_length=sequence_length,
                                   name="embedding") (input)
    lstm1 = LSTM (10, activation='tanh',
                          return_sequences=False,
                          dropout=0.2,
                          recurrent_dropout=0.2,
                          name='lstm1') (embedding)
    output = Dense (1, activation='sigmoid', name='sigmoid') (lstm1)
    model = Model(inputs=input, outputs=output)
    model.compile(optimizer='adam', loss='binary_crossentropy', metrics=['accuracy'])
    return model
```

다른 이진 분류 과업과 마찬가지로 이진 교차 엔트로피(binary cross-entropy)를 사용할 수 있다. 참고로 LSTM 계층을 조밀 계층에 연결하고 있으므로 *9장, 'RNN을 처음부터 훈련하기'*에서 설명한 것처럼 return_sequences를 False로 설정해야 한다.

이 코드 단편을 다시 사용하기 위해 우리는 어휘집의 크기(vocab_size), 임베딩 차원(embedding_dim) 및 시퀀스 길이(sequence_length)를 구성할 수 있다. 하이퍼파라미터들을 탐색하려고 한다면, 여러분은 또한 드롭아웃(dropout), 재귀적 드롭아웃(recurrent_dropout) 그리고 LSTM 계층의 뉴런 개수를 파라미터화하기를 바랄 수도 있다.

신경망 훈련

이제 정서 분석 신경망이 구축되었으므로 훈련할 차례이다.

```python
data = load_data(20000)
data = pad_sequences(data)
model = build_network(vocab_size=data["vocab_size"],
                                embedding_dim=100,
                                sequence_length=data["sequence_length"])

callbacks = create_callbacks("sentiment")

model.fit(x=data["X_train"], y=data["y_train"],
            batch_size=32,
            epochs=10,
            validation_data=(data["X_test"], data["y_test"]),
            callbacks=callbacks)
```

모든 훈련 파라미터와 데이터를 이와 같은 단일 딕셔너리에 보관하는 것은 취향일 뿐 함수와 는 별 관련이 없다. 이 모든 파라미터를 따로따로 처리하는 편을 더 낫게 여길수도 있을 것이 다. 나는 아주 많은 파라미터들을 담은 목록을 이리저리 전달하는 일을 방지할 수 있어서 모 든 파라미터를 딕셔너리에 담아 사용하기를 선호한다.

우리는 상태 비저장 LSTM(stateless LSTM)을 사용하기 때문에 각 배치마다 셀 메모리를 재 설정한다. 나는 우리가 패널티 없이 문서들 사이에서 셀 상태를 다시 설정할 수 있다고 믿기 때문에 배치 크기야말로 정말 성능만 관련이 있다. 여기서는 32개 관측 배치를 사용하지만 GPU 메모리가 허용하는 한 128개 관측 배치에서도 유사한 결과가 나타난다.

성능

다음 화면을 통해 우리 신경망의 작동 방식을 살펴보자. 이 그래프들을 살펴보는 동안 Y축의 눈금을 자세히 확인해 보라. 굴곡이 심해 보이겠지만 그다지 심하지는 않다.

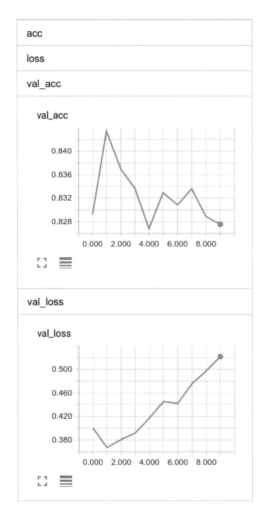

여기서 첫 번째로 주목해야 할 점은 에포크 1에서는 신경망이 꽤 잘 풀리고 있다는 것이다. 그리고 나서는 신경망이 심하게 과적합되기 시작한다. 전반적으로 볼 때 결과가 꽤 좋다고 생각한다. 검증 집합에서 이뤄지는 결과를 놓고 볼 때 정서 예측에 대한 정확도가 에포크 1에서 86%에 이르고 있다.

이번 사례 연구를 통해 지금까지 이번 장에서 논의한 많은 주제를 다루었지만, 우리의 임베딩 계층에 대해 사전 훈련된 단어 벡터와 우리가 자체적으로 학습시킨 단어 벡터를 서로 비교하는 일 한 가지를 더 살펴보도록 하자.

GloVe를 사용하는 문서 분류와 사용하지 않는 문서 분류

이번 예제에서는 20 뉴스그룹 문제(20 newsgroup problem, http://www.cs.cmu. edu/afs/cs.cmu.edu/project/theo-20/www/data/news20.html)로 알려진 다소 유명한 텍스트 분류 문제를 사용한다. 이 문제를 풀 수 있게 우리는 각기 서로 다른 뉴스 그룹에 속하는 19,997개 문서를 제공받는다. 우리의 목표는 그 글들이 어떤 뉴스 그룹에 속하는지를 예측하는 것이다. 우리들 중에 밀레니엄 세대들에게는 뉴스그룹이 레딧(Reddit)의 선구자격일 것이다(아니 어쩌면 레딧의 5대조 할아버지뻘에 더 가까울 것이다). 이러한 뉴스그룹에서 다루는 주제는 매우 다양해서 정치, 종교, 운영 체제와 같은 주제도 있으며, 이 모든 주제들을 격식을 차리는 회사에서 논의하지 않도록 주의해야 할 것이다. 여기에 게시된 글들이 꽤 길어서 말뭉치에는 174,074개의 고유한 단어가 있다.

이번에는 모델을 두 가지 버전으로 만들어 볼 생각이다. 첫 번째 버전에서는 임베딩 계층을 사용하고, 이전 예제에서 그랬던 것처럼 임베딩 공간을 학습하게 된다. 두 번째 버전에서는 임베딩 계층의 가중치로 GloVe 벡터를 사용할 것이다. 그런 다음 두 가지 방법을 비교하고 대조하는 데 시간을 할애하겠다.

마지막으로, 이번 예제에서는 LSTM 대신에 1D CNN을 사용할 것이다.

데이터 준비

이와 같은 텍스트 문서로 작업할 때 원하는 수준에까지 이르려면 일상적인 코드가 많이 필요할 수 있다. 나는 그 문제를 다루기 위한 방법으로 이번 예제를 들어 보이는 것이다. 일단 여러분이 이 예제에서 무슨 일이 일어나고 있는지 이해하게 되면, 여러분은 앞으로 풀어야 할 문제에서 많은 부분을 재사용해 개발 시간을 단축하게 될 것이므로 이번 예제는 살펴 둘 만한 것이다.

다음 함수에서는 뉴스그룹 텍스트 20개가 들어 있는 최상위 디렉터리를 사용한다. 해당 디렉터리에는 저마다 파일들이 들어있는 20개의 개별 디렉터리가 있다. 각 파일은 뉴스 그룹 게시물이다.

```
def load_data(text_data_dir, vocab_size, sequence_length, validation_split=0.2):
    data = dict()
```

```python
        data["vocab_size"] = vocab_size
        data["sequence_length"] = sequence_length

        #두 번째로, 텍스트 표본들과 해당 표본들의 레이블을 준비한다.
        print('Processing text dataset')

        texts = [] # 텍스트 표본들로 구성된 리스트.
        labels_index = {} # 레이블 이름을 숫자로 된 아이디에 대응시키는 딕셔너리.
        labels = [] # 레이블 아이디들로 구성된 리스트.
        for name in sorted(os.listdir(text_data_dir)):
            path = os.path.join(text_data_dir, name)
            if os.path.isdir(path):
                label_id = len(labels_index)
                labels_index[name] = label_id
                for fname in sorted(os.listdir(path)):
                    if fname.isdigit():
                        fpath = os.path.join(path, fname)
                        if sys.version_info < (3,):
                            f = open(fpath)
                        else:
                            f = open(fpath, encoding='latin-1')
                        t = f.read()
                        i = t.find('\n\n') # 헤더를 거른다.
                        if 0 < i:
                            t = t[i:]
                        texts.append(t)
                        f.close()
                        labels.append(label_id)
        print('Found %s texts.' % len(texts))
        data["texts"] = texts
        data["labels"] = labels
        return data
```

각 디렉터리에 대해서, 우리는 디렉터리 이름을 취해서 그것을 숫자로 사상(mapping)하는 딕셔너리에 추가할 것이다. 이 숫자는 우리가 예측하고자 하는 값이 될 것이다. 우리는 그 레이블의 리스트를 data["labels"]에 보관할 것이다 마찬가지로, 본문의 경우, 우리는 각 파일을 열고 관련 텍스트만을 대상으로 구문 분석을 하며, 누가 그 정보를 게시했는지와 같은 시시한 내용들은 무시한다. 그런 다음 텍스트를 data["texts"]에 저장한다. 그런데 뉴스 그룹을 식별하는 헤더를 제거하는 것은 매우 중요하다. 그것은 속임수이기 때문이다!

결국, 우리는 텍스트 목록과 그에 상응하는 레이블 목록을 남기게 된다. 그러나 이 시점에서 각 텍스트는 문자열이다. 다음으로 우리는 이 문자열을 단어 토큰으로 나누고, 그 토큰을 숫자 토큰으로 변환하고, 길이가 같아지도록 시퀀스를 채워야 한다. 이전 예제에서 했던 것과 거의 비슷한 일이기는 하지만 이전 예제의 경우에는 사전에 토큰 처리를 한 데이터를 가져와 썼다. 다음 코드와 같이 나는 다음과 같은 함수를 사용해 작업한다.

```
def tokenize_text(data):
    tokenizer = Tokenizer(num_words=data["vocab_size"])
    tokenizer.fit_on_texts(data["texts"])
    data["tokenizer"] = tokenizer
    sequences = tokenizer.texts_to_sequences(data["texts"])

    word_index = tokenizer.word_index
    print('Found %s unique tokens.' % len(word_index))

    data["X"] = pad_sequences(sequences, maxlen=data["sequence_length"])
    data["y"] = to_categorical(np.asarray(data["labels"]))
    print('Shape of data tensor:', data["X"].shape)
    print('Shape of label tensor:', data["y"].shape)

    # 텍스트와 레이블이 더 이상 필요하지 않다.
    data.pop("texts", None)
    data.pop("labels", None)
    return data
```

여기서 우리는 그 텍스트 목록을 가져와서 keras.preprocessing.text.Tokenizer로 토큰화한다. 그런 후에 길이가 같아지게 채운다. 마지막으로, 케라스와 관련된 다른 다중 클래스 분류 문제와 마찬가지로 숫자 레이블을 원핫인코딩 형식으로 변환한다.

우리는 데이터를 대상으로 하는 작업을 거의 마쳤지만 마지막으로 다음 코드와 같이 텍스트와 레이블을 기준으로 삼아 무작위로 훈련 집합, 검증 집합, 테스트 집합으로 데이터를 나누어야 한다. 작업할 데이터가 많지 않기 때문에 테스트 집합과 검증 집합에 대해서는 상당히 인색한 선택을 할 것이다. 표본이 너무 작으면 실제 모델의 성능을 제대로 이해하기 힘들 수 있으므로, 이 작업을 수행할 때 주의하라.

```
def train_val_test_split(data):

    data["X_train"], X_test_val, data["y_train"], y_test_val =
        train_test_split(data["X"], data["y"], test_size=0.2, random_state=42)
    data["X_val"], data["X_test"], data["y_val"], data["y_test"] =
        train_test_split(X_test_val, y_test_val, test_size=0.25, random_state=42)
    return data
```

사전 훈련 단어 벡터 적재하기

방금 말했듯이 나는 케라스 임베딩 계층을 한 개 사용할 것이다. 모델의 두 번째 버전의 경우, 앞선 장에서 다룬 GloVe 단어 벡터로 임베딩 계층의 가중치를 초기화한다. 이렇게 하려면 디스크에서 이러한 가중치를 읽어 들여 적절한 2D 행렬에 넣음으로써 계층이 가중치로 사용할 수 있게 해야 한다. 우리는 그러한 방법을 여기서 다룰 것이다.

GloVe 벡터를 내려받은 후에 압축을 풀면, 압축을 풀어 생긴 디렉터리에 여러 개의 텍스트 파일이 있음을 알 수 있다. 이러한 파일들은 각기 별도의 차원 집합에 해당되지만, 이 모든 경우에 이 벡터는 60억 개의 고유한 단어가 들어가 있는 말뭉치(그래서 이름이 GloVe.6B이다)를 공통으로 동일하게 사용해 개발된 것이다. glove.6B.100d.txt 파일을 사용해 시범을 보이겠다. glove.6B.100d.txt 안에 보이는 모든 줄은 단일 단어 벡터에 해당한다. 그러한 줄에서 단어와 단어에 연관된 100차원 벡터를 찾을 수 있다. 단어와 벡터를 이루는 원소들은 텍스트로 저장되어 있으며 공백으로 서로 분리되어 있다.

이 데이터를 사용할 수 있게 하려면 디스크에서 읽어 들여 오는 일부터 해야 한다. 그런 다음 해당 줄을 첫 번째 구성요소인 단어와, 그리고 벡터를 이루는 원소들로 분할한다. 이 작업을 마치고 난 후에 우리는 벡터를 배열로 변환할 것이다. 마지막으로, 배열을 한 개 딕셔너리 안에 한 개 값으로 저장해, 단어를 그 값에 대한 키로 사용한다. 다음 코드는 이 과정을 보여 준다.

```
def load_word_vectors(glove_dir):
    print('Indexing word vectors.')

    embeddings_index = {}
    f = open(os.path.join(glove_dir, 'glove.6B.100d.txt'), encoding='utf8')
    for line in f:
        values = line.split()
        word = values[0]
        coefs = np.asarray(values[1:], dtype='float32')
        embeddings_index[word] = coefs
    f.close()

    print('Found %s word vectors.' % len(embeddings_index))
    return embeddings_index
```

이것을 실행하면 GloVe 단어들이 키가 되고 단어들의 벡터가 값으로 포함된 embeddings_index라는 딕셔너리가 생성된다. 그렇지만 케라스 임베딩 계층의 입력으로는 딕셔너리가 아닌 2D 행렬이 필요하므로 다음 코드를 사용해 딕셔너리를 행렬로 바꿔야 한다.

```
def embedding_index_to_matrix(embeddings_index, vocab_size, embedding_dim,
                              word_index):
    print('Preparing embedding matrix.')

    # 임베딩 행렬을 준비한다.
    num_words = min(vocab_size, len(word_index))
    embedding_matrix = np.zeros((num_words, embedding_dim))
    for word, i in word_index.items():
        if i >= vocab_size:
            continue
        embedding_vector = embeddings_index.get(word)
        if embedding_vector is not None:
            # 임베딩 색인에서 찾지 못 한 단어들은 모두 0이 될 것이다.
            embedding_matrix[i] = embedding_vector
    return embedding_matrix
```

나는 이 모든 대폭 개조 내역(munging)들이 끔찍하게 보일 수도 있다는 것을 알고 있다. 하지만 GloVe 저작자들은 이 단어 벡터를 어떻게 배포해야 할지를 매우 잘 알고 있다. 그들은 프로그래밍 언어를 사용하는 모든 사람들이 이러한 벡터들을 소비할 만한 것으로 만들어 주기를 바라며 또한 그와 같은 목적에 맞춰 텍스트 형식의 진가를 크게 인정받게 되기를 바라고 있다. 게다가, 여러분이 실용적인 데이터 과학자라면 GloVe에 익숙해질 거다!

이제 벡터가 2D 행렬로 제공되므로 케라스 임베딩 계층에서 사용할 수 있다. 이제 준비 작업이 끝났으니 신경망을 구축해 보자.

입력 계층 및 임베딩 계층의 아키텍처

여기서는 이전 예제에서 했던 것과는 조금 다르게 API를 포맷할 것이다. 이렇게 구조를 약간 다르게 하면 임베딩 계층에서 조금 더 쉽게 사전 훈련 벡터를 사용할 수 있다. 다음 단원에서 이러한 구조적 변화를 논의하겠다.

GloVe 벡터 사용하지 않기

먼저 사전 훈련 단어 벡터가 없는 임베딩 계층의 코드를 설명하겠다. 이 코드는 이전 예제의 코드와 거의 같은 것처럼 보여야 한다.

```
sequence_input = Input (shape=(sequence_length,), dtype='int32')
embedding_layer = Embedding (input_dim=vocab_size,
                                        output_dim=embedding_dim,
                                        input_length=sequence_length,
                                        name="embedding") (sequence_input)
```

GloVe 벡터 사용하기

이제 2D 행렬로 인코딩된 사전 훈련 GloVe 벡터가 포함된 코드와 비교해 보자.

```
sequence_input = Input (shape=(sequence_length,), dtype='int32')
embedding_layer = Embedding (input_dim=vocab_size,
                                        output_dim=embedding_dim,
                                        weights=[embedding_matrix],
```

```
                                    input_length=sequence_length,
                                    trainable=False,
                                    name="embedding") (sequence_input)
```

이 코드의 대부분이 앞서 나온 코드와 비슷하게 보인다. 그러나 두 가지 주요 차이점이 있다.

- 우리는 weights=[embedding_matrix]를 사용해 조립한 GloVe 행렬에 포함될 계층 가중치를 초기화한다.

- 또한 그 계층을 trainable=False로 설정했다. 이렇게 해서 가중치를 갱신하지 못 하게 할 것이다. 8 장, '사전 훈련 CNN을 사용한 전이 학습'에서는 우리가 구축한 CNN을 미세 조정할 때 쓴 방식과 비슷한 방법으로 가중 치를 미세 조정할 수 있지만 필요하지 않거나 도움이 되지 않는 경우가 대부분이다.

합성곱 계층

1차원 합성곱 계층인 경우에 우리는 keras.layers.Conv1D를 쓸 수 있다. 다음 코드에서와 같이 MaxPooling1D 계층과 Conv1D 계층과 함께 사용하며 진행해야 한다.

```
x = Conv1D(128, 5, activation='relu') (embedding_layer)
x = MaxPooling1D(5) (x)
x = Conv1D(128, 5, activation='relu') (x)
x = MaxPooling1D(5) (x)
x = Conv1D(128, 5, activation='relu') (x)
x = GlobalMaxPooling1D() (x)
```

Conv1D 계층의 경우 첫 번째 정수 인수는 유닛 수이며 두 번째 정수는 필터 크기이다. 우리 의 필터는 오직 하나의 차원을 가지고 있다어서 이름이 1차원 합성곱인 것이다. 앞에 나온 예 제에서는 창 크기가 5이다.

내가 사용하고 있는 MaxPooling1D 계층의 창 크기로 5를 사용할 것이다. 1D로 구현한 풀 링 계층에도 동일한 규칙이 적용된다.

마지막 합성곱 계층 이후 GlobalMaxPooling1D 계층을 적용한다. 이 계층은 마지막 Conv1D 계층인 [배치×35×128] 모양으로 된 텐서의 출력을 가져 와서 시간대에 걸쳐 [배 치×128] 모양으로 풀링(pooling)하는 최대 풀링의 특별한 구현이다. 이것은 일반적으로

NLP 신경망에서 수행되며 이미지 기반 합성곱 신경망에서 Flatten 계층을 사용하는 것과 유사하다. 이 계층은 합성곱 계층과 조밀 계층 사이의 교량 역할을 한다.

출력 계층

이번 예제에 나오는 출력 계층은 다른 다중 클래스 분류와 유사하다. 나는 다음 코드에서와 같이 출력 계층 앞에 조밀한 단일 계층도 포함했다.

```
x = Dense (128, activation='relu') (x)
preds = Dense (20, activation='softmax') (x)
```

종합하기

이전에서 그랬던 것처럼 여기서도 전체 신경망 구조를 표시할 생각이다. 이 구조는 모델 중에 GloVe 벡터를 포함하는 버전용이다.

```
def build_model(vocab_size, embedding_dim, sequence_length, embedding_matrix):
    sequence_input = Input (shape=(sequence_length,), dtype='int32')
    embedding_layer = Embedding (input_dim=vocab_size,
                                output_dim=embedding_dim,
                                weights=[embedding_matrix],
                                input_length=sequence_length,
                                trainable=False,
                                name="embedding") (sequence_input)
    x = Conv1D(128, 5, activation='relu') (embedding_layer)
    x = MaxPooling1D(5) (x)
    x = Conv1D(128, 5, activation='relu') (x)
    x = MaxPooling1D(5) (x)
    x = Conv1D(128, 5, activation='relu') (x)
    x = GlobalMaxPooling1D() (x)
    x = Dense (128, activation='relu') (x)
    preds = Dense (20, activation='softmax') (x)
    model = Model(sequence_input, preds)
    model.compile(loss='categorical_crossentropy',
    optimizer='adam', metrics=['accuracy'])
    return model
```

나는 여기서 다시 최적화기로는 adam을, 손실 함수로는 categorical_crossentropy를, 계량(즉, 측정 기준)으로는 accuracy를 사용하고 있다. 이번 장에는 새로운 주제가 많지만 어떤 주제가 지속적으로 남아 있는지 살펴보는 게 다소 위안이 될 것이다.

훈련

모든 코드를 종합해도 다음에 보이는 바와 같이 단 몇 줄 밖에 되지 않는 코드로도 훈련을 할 수 있다.

```python
glove_dir = os.path.join(BASE_DIR, 'glove.6B')
text_data_dir = os.path.join(BASE_DIR, '20_newsgroup')
embeddings_index = load_word_vectors(glove_dir)

data = load_data(text_data_dir, vocab_size=20000, sequence_length=1000)
data = tokenize_text(data)
data = train_val_test_split(data)
data["embedding_dim"] = 100
data["embedding_matrix"] = embedding_index_to_matrix(
                                    embeddings_index=embeddings_index,
                                    vocab_size=data["vocab_size"],
                                    embedding_dim=data["embedding_dim"],
                                    word_index=data["tokenizer"].word_index)

callbacks = create_callbacks("newsgroups-pretrained")
model = build_model(vocab_size=data["vocab_size"],
                            embedding_dim=data['embedding_dim'],
                            sequence_length=data['sequence_length'],
                            embedding_matrix=data['embedding_matrix'])

model.fit(data["X_train"], data["y_train"],
            batch_size=128,
            epochs=10,
            validation_data=(data["X_val"], data["y_val"]),
            callbacks=callbacks)
```

여기서 우리는 10 에포크 동안만 훈련하고 있는데, 이 문제에 대한 손실을 최소화하는 데는 그리 오래 걸리지 않기 때문이라는 점에 유념하자.

성능

그리고 이제 중요한 시점에 다가섰다. 내가 어떻게 했는지 보자. 그리고 더 중요하게 해야 할 일은, 이 문제를 대상으로 학습한 벡터와 GloVe 벡터를 비교해 보자는 것이다.

다음 화면에 보이는 주황색 선[14]은 학습된 임베딩 계층에 해당하며 파란색 선[15]은 GloVe 벡터에 해당한다.

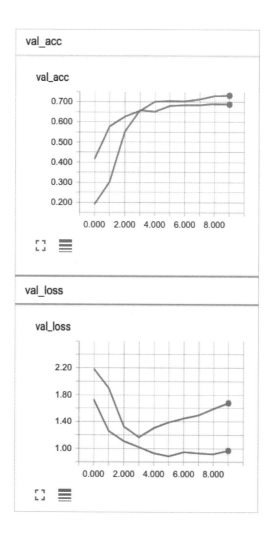

---

14 (옮긴이) 즉, 위쪽 그림에서는 아래쪽 곡선, 아래쪽 그림에서는 위쪽 곡선.

15 (옮긴이) 즉, 위쪽 그림에서는 위쪽 곡선, 아래쪽 그림에서는 아래쪽 곡선.

GloVe 사전 훈련 신경망이 더 빨리 학습할 뿐만 아니라 모든 에포크에 걸쳐 성능이 더 낫다. 전체적으로 이러한 신경망은 문서 분류 작업을 잘 학습하는 것처럼 보이다. 두 모델 모두 약 5 에포크가 지난 후 과적합되기 시작했다. 하지만 GloVe 모델은 GloVe 없이 훈련된 신경망 보다 더 튼튼하다.

 일반적으로, 나는 가능한 한 언제 어디서나 전이 학습을 사용할 것을 권고한다. 이미지와 텍스트를 처리할 때도 마찬가지이다.

나를 따라서 이러한 예제들을 풀어 보고 있는 중이라면, 같은 문제를 LSTM으로도 풀어 보기 바란다. LSTM을 사용하면 문제를 해결하기가 더 어렵고 과적합을 관리하기가 더 힘들 것이라고 생각한다.

요약

이번 장에서는 문서 분류를 일반적인 형태로도 살펴보고 구체적인 정서 분석 사례로도 살펴보았다. 그렇게 하면서 우리는 단어 주머니 모델, 벡터 공간 모델과 이 둘 간의 상대적인 장점을 포함하여 많은 NLP 주제를 다루었다. 우리는 LSTM과 1D 합성곱을 사용해 텍스트를 분석하는 일도 살펴보았다. 우리는 개별 문서 분류기 두 개를 훈련해 우리가 말한 모든 것을 실제 사례에 적용해 보았다.

다음 장에서는 단어를 실제로 생성할 수 있는 아주 멋진 자연 언어 모델인 **시퀀스-투-시퀀스 모델**(sequence-to-sequence model)에 관해 이야기할 생각이다.

11

Seq2Seq 모델을
훈련하기

바로 전 장에서 문서 분류와 문서 분류의 특별한 사례인 **정서 분류**(sentiment classification) 에 관해서 이야기했다. 그러면서 우리는 벡터화에 관해서도 꽤 많은 이야기를 했다.

이번 장에서는 NLP 문제를 해결하는 일에 관해 계속 이야기하겠지만, 이번에는 분류를 하는 대신에 새로운 단어 시퀀스를 만들 것이다.

이번 장에서 다룰 주제는 다음과 같다.

- 시퀀스-투-시퀀스 모델
- 기계 번역

시퀀스-투-시퀀스 모델

우리가 지금까지 살펴본 신경망들은 정말 놀라운 일들을 해냈다. 하지만 이 모든 일에는 매우 큰 한계가 있었다. 즉, 출력이 고정되고 잘 알려진 크기의 문제에만 적용될 수 있다는 문제 말이다.

시퀀스-투-시퀀스 모델(sequence-to-sequence models)은 입력 시퀀스를 가변 길이 출력 시퀀스에 사상(mapping)[1]할 수 있다.

 시퀀스-투-시퀀스 외에도 Seq2Seq라는 용어도 볼 수 있다. 이 두 용어는 모두 같은 모델을 나타낸다.

시퀀스-투-시퀀스 모델을 사용하면서 우리는 시퀀스를 가져와 또 다른 시퀀스로 전환할 것이다. 이러한 두 시퀀스의 길이가 같지 않아도 된다. 시퀀스-투-시퀀스 모델을 통해 입력 시퀀스와 출력 시퀀스 간의 사상을 배울 수 있다.

시퀀스-투-시퀀스 모델이 유용할 수 있는 다양한 응용 분야가 있으므로 우리는 바로 이어지는 단원에서 해당 응용 분야를 살펴볼 생각이다.

시퀀스-투-시퀀스 모델 응용

시퀀스-투-시퀀스 모델의 실용적 용도는 상당히 적다.

아마도 가장 실용적인 용도는 **기계 번역**(machine translation)일 것이다. 우리는 기계 번역을 이용해 한 언어로 된 구문을 입력해 다른 언어로 출력할 수 있다. 기계 번역은 우리가 점점 더 많이 의존하는 중요한 서비스이다. 컴퓨터 비전 처리 기술과 기계 번역 기술이 발달하면서 우리가 몰랐던 외국어를 들을 수 있게 되었고, 외국어로 써진 간판을 볼 수 있게 되었고, 스마트폰에서 거의 즉시 아주 훌륭한 번역을 해낼 수 있게 되었다. 시퀀스-투-시퀀스 신경망 덕분에 실제로 우리는 더글라스 아담이 'The Hitchhiker's Guide to the Galaxy'(한국어 번역서: 은하수를 여행하는 히치하이커를 위한 안내서)에서 상상한 바벨피쉬에 매우 가까이 다가서게 되었다.

또한 질의-응답(question-answering)[2]의 전체나 한 부분을 시퀀스-투-시퀀스 모델로 구축할 수 있는데, 여기서 우리는 질문을 입력 시퀀스로 여기고 응답을 출력 시퀀스로 여기면

---

1 (옮긴이) 대부분의 딥러닝 관련 서적에서 '매핑'이라고들 표현하는 경우가 많지만 수학 용어인 '사상'에 해당하는 개념이므로, 이 용어를 써야 향후에 수학적 의미를 이해하고 참고 자료 등을 검색해 볼 수 있으리라고 생각해서 번역 용어로 '사상'을 채택했다. 한 마디 더 덧붙이면 신경망 아키텍처를 오직 수학 그 중에서도 위상수학 관점으로만 볼 수도 있는데, 이럴 때 이 '사상'이라는 개념이 아주 중요하다. 머신러닝 알고리즘인 워드 임베딩에서도 바로 이 사상이라는 개념이 핵심이 된다.

2 (옮긴이) '질문-답변', '질문-응답' 등 다양하게 불리고 있다.

된다. 질의–응답 응용 프로그램의 가장 일반적인 적용 사례는 채팅이다. 콜센터가 있는 기업의 업무를 맡게 되었다면, 여러분은 매일 전화를 통해 전달되는 수천 개 또는 수백만 개나 되는 질의–응답 쌍을 처리해야 할 것이다. 이런 질의–응답 쌍이야말로 시퀀스–투–시퀀스 방식으로 처리하는 챗봇(chatbot)[3]을 훈련하는 데 쓰기에 완벽한 훈련 집합인 셈이다.

우리가 이용할 수 있는 질의–응답 방식에는 여러 가지 미묘한 형태가 있다. 내가 매일 대략 34억 통이나 되는 이메일을 받는다고 하자. 그 중에서 20~30통만 읽으면 될 텐데(그래서 분류 작업이 필요하다), 그래도 해당 이메일에 대한 답변 내용도 별로 달라질 게 없다. 그러므로 나는 이메일을 쓰거나 최소한 답변 내용에 대한 초안을 작성할 수 있는 시퀀스–투–시퀀스 신경망을 거의 확실히 만들 수 있을 것이다. 나는 우리가 이미 선호하고 있는 이메일 프로그램에 이런 행태가 내재되어 있고, 앞으로는 더 완전한 자동응답이 이루어질 것이라고 생각한다.

시퀀스–투–시퀀스 신경망의 또 다른 큰 용도는 자동 텍스트 요약(automatic text summarization)이다. 일련의 연구 논문이나 방대한 분량의 신문/잡지 기사를 상상해 보라. 그 모든 자료의 내용은 아마 추상적일 것이다. 이것도 일종의 번역 문제에 다름 아니다. 우리는 주어진 논문 등에 대해 시퀀스–투–시퀀스 신경망으로 초록(abstract)을 만들 수 있다. 신경망은 이러한 방식으로 문서를 요약하는 방법을 학습할 수 있다.

이번 장 후반부에서는 기계 번역용 시퀀스–투–시퀀스 신경망을 구현할 것이다. 그러기 전에 이 신경망 아키텍처가 어떻게 작동하는지 알아보자.

시퀀스–투–시퀀스 모델의 아키텍처

시퀀스–투–시퀀스 모델에서는 입력 시퀀스의 길이가 출력 시퀀스와 달라도 되게 아키텍처를 구축한다는 점을 이해해야 한다. 이렇게 해야 전체 입력 시퀀스를 사용해 길이가 다양한 출력 시퀀스를 예측할 수 있다.

이를 위해 신경망은 별개인 두 부분으로 나뉘며, 각 부분은 한 개 이상의 LSTM 계층으로 구성되어 과업의 절반을 책임지게 된다. *9장, 'RNN을 처음부터 훈련하기'*에서 LSTM에 관해

---

3 (옮긴이) 질의–응답 형식의 대화(chat)를 처리하는 로봇(robot)라는 뜻인데, 보통은 인공지능이 질문에 응답하는 대화형 메신저 또는 대화형 질의/응답 시스템을 아우르는 말이다. 애플의 시리가 대표적인 챗봇이다.

논의했으므로, LSTM의 작동 방식을 다시 살펴보고 싶다면 해당 장을 참조하라. 다음 단원에서는 이 두 가지 부분을 알아보자.

인코더와 디코더

시퀀스-투-시퀀스 모델은 인코더(encoder, 부호기)와 디코더(decoder, 복호기)라는 두 개의 개별 구성요소로 이뤄져 있다.

- **인코더**: 모델 중에서 인코더 부분은 입력 시퀀스를 취해서 출력과 신경망의 내부 상태를 반환한다. 우리는 출력에는 별로 관심이 없다. 우리는 입력 시퀀스의 메모리에 해당하는 인코더의 상태(state)만 유지하면 된다.
- **디코더**: 그런 다음 모델의 디코더 부분에서는 인코더로부터 상태를 가져오는데, 이를 맥락(context) 또는 조건화(conditioning)라고 한다. 그런 다음 이전 시간대의 출력을 사용해 각 시간대에서 표적 시퀀스를 예측한다.

그러고 나면 인코더와 디코더가 아래 그림처럼 함께 작동해 입력 시퀀스를 취해 출력 시퀀스를 생성한다. 보다시피 우리는 특수 문자를 사용해 시퀀스의 시작과 끝을 나타낸다.

시퀀스 문자의 끝에 이르면 출력 내용을 생성하는 일을 중단해야 하는데, 이 때 시퀀스의 끝이라는 점을 나타내는 일을 나는 〈EOS〉[4] 생성이라고 한다.

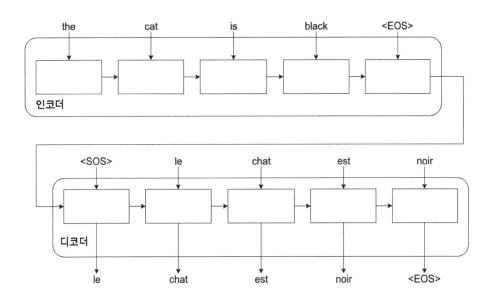

---

4 (옮긴이) end of sequence의 두문자. 그러므로 그림에 보이는 〈SOS〉는 start of sequence의 두문자임을 알 수 있다.

이번 예제에서 기계 번역을 다루고 있지만 시퀀스-투-시퀀스 학습을 응용한 사례에서도 그 작동 방식이 아주 똑같다.

문자 대 단어

시퀀스-투-시퀀스 모델을 문자 수준(character level)이나 단어 수준(word level)에 맞춰 만들 수 있다. 단어 수준[5] 시퀀스-투-시퀀스 모델은 입력의 원소 단위로 단어를 사용하고, 문자 수준[6] 모델은 입력의 원소 단위로 문자를 사용한다.

그런데 여러분이라면 어떤 것을 사용할 것인가? 일반적으로 최상의 결과는 단어 수준 모델에서 얻을 수 있다. 즉, 출현할 확률이 가장 높은 다음 단어를 시퀀스 안에서 예측하려면 문제에 쓰이는 어휘 개수만큼이나 넓은 소프트맥스 계층이 필요하다. 이렇게 되면 아주 광범위하고 고차원인 문제를 초래한다.

문자 수준 모델은 훨씬 더 작다. 영문자는 26개 글자에 불과하지만 널리 사용되는 영어 단어는 약 171,000개에 이른다.

이번 장에 나오는 문제에서는 아마존 웹 서비스(AWS) 사용 예산이 너무 많이 들 점을 염려해서 문자 수준 모델을 사용할 것이다. 문자 수준 모델을 단어 수준 모델로 간단히 변환할 수 있고, 복잡한 일은 대부분 데이터 준비 과정에서 끝나므로, 단어 수준 모델을 구축하는 일은 독자가 연습 대상으로 삼기 바란다.

교사 강요

위 그림에서 볼 수 있듯이, 시퀀스 $y_{t(n)}$의 특정 위치에서 출력을 예측해야 할 때는 $y_{t(n-1)}$을 LSTM에 대한 입력으로 사용한다. 그런 다음 이 시간대의 출력을 사용해 $y_{t(n+1)}$을 예측한다.

훈련 과정에서 이렇게 할 때 $y_{t(n-1)}$이 잘못되면 $y_{t(n)}$은 훨씬 더 잘못된다는 문제가 있다. 이런 점점 더 나빠지는 잘못된 상황으로 인해 훈련이 아주 많이 느려질 수 있다.

---

5 (옮긴이) 즉, 단어별 처리.

6 (옮긴이) 즉, 문자별 처리.

각 시간대에서 하는 시퀀스 예측을 해당 시간대의 정확한 실제 시퀀스로 바꾸면 이 문제를 다소 명확하게 해결할 수 있다. 따라서 $y_{t(n-1)}$에 대한 LSTM의 예측을 사용하는 대신에 우리는 훈련 집합의 실제 값을 사용한다.

이 개념을 사용함으로써 모델의 훈련 과정을 강화시킬 수 있는데, 이런 강화 작업을 **교사 강요(teacher forcing)**[7]라고 부른다.

교사 강요로 인해 때때로 모델이 훈련 과정에서 알게 된 것 이상으로 결과를 모델이 잘 생성하기 어렵게 될 수 있지만, 일반적으로는 이런 기술이 도움이 될 수도 있다.

주의집중

주의집중(attention)은 시퀀스-투-시퀀스 모델에 적용할 수 있는 또 다른 유용한 훈련 요령이다. 주의를 기울이면 디코더가 입력 시퀀스의 각 스텝에서 은닉 상태를 볼 수 있다. 이를 통해 신경망은 특정 입력에 집중할 수 있으며(즉, 주의를 기울일 수 있으며), 이 입력으로 인해 훈련이 빨라지고 모델 정확도를 어느 정도 높아질 수 있다. 주의집중이 일반적으로 좋은 것이기는 해도, 이 책을 쓰는 시점에서 케라스에는 주의 집중 기능이 내장되어 있지 않다. 대신에 현재 케라스에는 사용자 지정 주의집중 계층을 대신할 수 있는 풀-리퀘스트 펜딩(pull request pending)[8]이라는 기능이 있다. 내가 생각하기에 머지 않아 주의집중 기능을 케라스에 내장해 지원할 것 같다.

번역 계량

번역이 좋은지 아닌지를 알기는 다소 어렵다. 기계 번역 품질에 대한 일반적인 계량 기준은 **2개 국어 평가 대역(bilingual evaluation understudy, BLEU)**[9]이라고 하며, 원래 파피네니(Papineni) 등이 컴퓨터 번역을 자동으로 평가하기 위한 방법(http://aclweb.org/anthology/P/P02/P02-1040.pdf)으로 고안한 것이다. BLEU는 엔그램(n-gram)을 기반으로 한 분류 정밀도를 수정해서 적용하는 기법이다. BLEU를 사용해 번역의 품질을 측정하

---

7 (옮긴이) 아직 적절한 번역어가 없어서 대체로 원어를 그대로 쓰거나 '강제 학습' 또는 '교사 강제'라는 말로 번역해서 쓰고들 있는데, 개념에 비추어 볼 때 가장 적절한 말은 '교사 강요'일 것이다. 교사가 강제로 무언가를 요구한다는 말이다. 여기서는 예측 값이 아닌 실제 값을 쓰라고 강요하는 행위를 말하고 있다.

8 (옮긴이) 굳이 우리말로 풀이하자면 '당김 요청 보류'라는 뜻이다.

9 (옮긴이) 여기서 '대역'이라는 말은 대역 배우나 어떤 일을 대신하는 이 또는 문하생 또는 연습생이라는 뜻이다.

려는 경우, 텐서플로 팀은 실제 번역문(ground truth translations)[10]과 기계 예측 번역문이 들어 있는 말뭉치에서 BLEU 점수를 계산할 수 있게 한 스크립트를 게재해 두었으므로 이것을 참고하면 된다. 이 스크립트를 https://github.com/tensorflow/nmt/blob/master/nmt/scripts/bleu.py에서 찾을 수 있다.

기계 번역

'주 네 빨레 빠스 뽕세(Je ne parle pas français)'. '프랑스어를 말하지 못한다'는 뜻을 담은 프랑스어 문장이다. 약 2년 전에 나는 프랑스어를 거의 구사하지 못하면서도 파리에 있었다. 프랑스로 가기 전에 책을 읽고 DVD를 몇 개 들으면서 몇 달 동안 연습한 후에도 프랑스어를 숙달하기가 너무 힘들었다. 그러고 나서 여행을 시작하던 첫날 아침에 일어나서 근처 블라주리(프랑스 빵집 또는 프랑스식 빵집)에 들어가 아침 식사를 하며 커피를 마셨다. 나는 최선을 다해 프랑스어로 '본쥬, 빨(르)헤-부 엉길레(Bonjour, parlez-vous anglais/안녕하세요, 영어 할 줄 아세요)?'라고 말했다. 그 사람들이 영어를 잘 하지 못했거나, 어쩌면 내가 그렇게 애써서 말하려고 하는 모습을 즐겼는지도 모르겠다. 어느 쪽이든, 내 아침 식사거리가 프랑스어를 얼마나 잘 하느냐에 좌우되는 상황에서 나는 '주 부드헤 엉 빠웅 쇼콜라(Je voudrais un pain au chocolat /초콜렛 빵을 먹고 싶습니다) 라고 말해야만 한다는 의욕에 충만하여 온갖 애를 썼지만 그 모양 그대로일 뿐이었다. 나는 가장 뛰어난 비용 함수(내 소화기관인 위장 말이다)에 맞춰 가며 영어 시퀀스와 프랑스어 시퀀스를 서로 사상하는 방법을 재빨리 배웠었다.

이 사례 연구에서는 프랑스어를 컴퓨터에게 가르칠 것이다. 몇 시간 동안 훈련하게만 하면, 이 모델이 나보다 프랑스어를 더 잘 할 수 있을 것이다. 이런 점을 생각하면 정말 놀라운 일이 아닐 수 없을 것이다. 내가 할 수 없는 일을 대신 할 수 있게 컴퓨터를 훈련할 생각이다. 물론 여러분이 프랑스어로 말을 할 수 있어서 이런 일이 그다지 인상을 주지 못 할 수도 있는데, 이런 상황이라면 유명한 미국 배우로서 빌리 매디슨 역을 맡았던 아담 샌들러의 말을 인용하고 싶다. "글쎄요, 저한테는 힘들었어요, 그러니 물러서세요!"

이번 예제의 대부분은 프랑수아 숄레의 블로그 게시물인 'A ten-minute introduction to sequence-to-sequence learning'(시퀀스-투-시퀀스 학습을 10분 만에 이해하기,

---

10 (옮긴이) 학술형 용어로 말하자면 '실측 번역'인데 사람이 직접 번역한 문장을 말하고 있다.

https://blog.keras.io/a-ten-minute-introduction-to-sequence-to-sequence-learning-in-keras.html)에서 영감을 받고 차용한 것이다. 내가 이 작품을 개선할 수 있을지 의심스럽지만, 이 예제를 사용하는 데 있어서 내가 바라는 바는 여러분이 시퀀스-투-시퀀스 신경망을 10분 이상 봐 주는 것인데, 그래야 여러분 자신의 과제를 수행하기에 충분할 만큼 이해할 수 있기 때문이다.

항상 그렇듯이 이번 장의 코드는 책의 깃 저장소(11장을 다룬 부분)에서 찾을 수 있다. 이 예제에 필요한 데이터는 http://www.manythings.org/anki/에서 찾을 수 있으며, 여기에 2개 국어를 사용하는 문장 쌍으로 된 큰 데이터셋이 보관되어 있다. 자세한 내용은 잠시 후에 살펴보자. 내가 사용하려고 하는 파일의 이름은 fra-eng.zip이다. 그것은 영어/프랑스어 문장 쌍 모음이다. 여러분이 원한다면 이것저것 수정하는 일 없이 다른 언어를 쉽게 선택할 수 있다.

이번 사례 연구를 통해서 우리는 약간의 영어 문장이 주어졌을 때 프랑스 문장을 학습하는 신경망을 구축할 것이다. 이것은 교사 강요 기법을 사용하는 문자 수준 시퀀스-투-시퀀스 모델이 될 것이다.

내가 최종적으로 만들고 싶은 것은 웹에서 찾을 수 있는 번역 서비스나 휴대폰으로 내려받아 쓰는 번역 서비스 같은 것이다.

데이터를 이해하기

우리가 작업하는 데이터는 텍스트 파일이다. 각 줄에는 다음 코드에서와 같이 하나의 탭 문자로 구분된 영어 구문과 이에 대응하는 프랑스어 번역이 있다.

```
Ignore Tom.        Ignorez Tom.
```

(문장 내용은 톰을 무시하라는 말인데, 솔직히 탐이 데이터셋을 만든 사람에게 무슨 짓을 했는지는 나도 모른다.)

영어 번역문 하나에 여러 프랑스어 번역이 여러 줄에 걸쳐서 나오는 경우가 있다. 이런 일은 영어 구문을 여러 가지 방식으로 번역할 수 있을 때 생긴다. 다음 문장들을 통해 그러한 예를 살펴보라.

```
Go now.        Va, maintenant.
Go now.        Allez-y maintenant.
Go now.        Vas-y maintenant.
```

우리가 문자 수준 시퀀스-투-시퀀스 모델을 구축하고 있으므로, 우리는 데이터를 메모리에
적재해야 하고 그런 다음에 문자 수준에서 각 입력과 출력을 원핫인코딩 처리를 해야 한다.
그게 어려운 부분이다. 다음 단계로 나아가 보자.

데이터를 적재하기

이 데이터를 적재하는 일은 원핫인코딩과 상당한 관련성이 있다. 여러분은 이 데이터에 담긴
텍스트를 읽을 때 해당 코드 블록을 참고하고 싶어질 수도 있다.

아래 코드에 있는 루프 중 첫 번째 루프는 전체 입력 파일 또는 load_data()를 호출할 때 지
정한 표본의 수를 루프 처리한다. 전체 데이터셋을 적재하는 데 필요한 RAM을 여러분이 갖
추지 않고 있을 수 있기 때문에 이렇게 하는 것이다. 여러분은 1만 개 정도에 이르는 다소 적
은 표본만으로 좋은 결과를 얻을 수도 있겠지만, 표본이 많을수록 더 낫다.

입력 파일을 줄 단위로 루프 처리를 하면서 우리는 몇 가지 작업을 동시에 수행한다.

- 우리는 구문의 시작 부분을 '\t' 로 표시하고 끝 부분을 '\n' 으로 표시해 그 안에 프랑스어 구문이 있게 한다.
  이는 각기 시퀀스-투-시퀀스 다이어그램에서 사용한 〈SOS〉 및 〈EOS〉 태그에 해당한다. 이를 통해 번역문 시
  퀀스를 생성해야 할 때 '\t'를 입력으로 사용함으로써 디코더를 시드 처리할 수 있게 해 준다.

- 우리는 각 줄을 영어 입력문과 프랑스어 번역문으로 나눈다. 이러한 내용들이 input_texts 및 target_texts라
  는 리스트에 저장된다.

- 마지막으로, 입력 텍스트와 표적 텍스트의 각 문자를 집합에 추가한다. 이러한 집합들을 각기 input_
  characters와 target_characters로 부른다. 우리는 구문들을 원핫인코딩 처리할 때 이 집합들을 사용할 것
  이다.

루프 처리가 완료되면 문자 집합을 정렬된 리스트로 전환한다. 또한 num_encoder_tokens
및 num_decoder_tokens라는 변수를 만들어 각 리스트의 크기를 보존할 것이다. 이것들도
우리가 나중에 원핫인코딩 처리를 하는 데 필요하다.

입력과 표적을 행렬로 가져오기 위해서는 마지막 장에서 했던 것처럼 가장 긴 구문의 길이까지 구문을 채워야 한다. 그렇게 하기 위해서, 우리는 가장 긴 구문을 알 필요가 있을 것이다. 다음 코드와 같이 그것을 max_encoder_seq_length 및 max_decoder_seq_length에 저장한다.

```python
def load_data(num_samples=50000, start_char='\t', end_char='\n',
              data_path='data/fra-eng/fra.txt'):
    input_texts = []
    target_texts = []
    input_characters = set()
    target_characters = set()
    lines = open(data_path, 'r', encoding='utf-8').read().split('\n')
    for line in lines[: min(num_samples, len(lines) - 1)]:
        input_text, target_text = line.split('\t')
        target_text = start_char + target_text + end_char
        input_texts.append(input_text)
        target_texts.append(target_text)
        for char in input_text:
            if char not in input_characters:
                input_characters.add(char)
        for char in target_text:
            if char not in target_characters:
                target_characters.add(char)
    input_characters = sorted(list(input_characters))
    target_characters = sorted(list(target_characters))

    num_encoder_tokens = len(input_characters)
    num_decoder_tokens = len(target_characters)
    max_encoder_seq_length = max([len(txt) for txt in input_texts])
    max_decoder_seq_length = max([len(txt) for txt in target_texts])

    print('Number of samples:', len(input_texts))
    print('Number of unique input tokens:', num_encoder_tokens)
    print('Number of     unique output tokens:', num_decoder_tokens)
    print('Max sequence length for inputs:', max_encoder_seq_length)
    print('Max sequence length for outputs:', max_decoder_seq_length)
```

```
return {'input_texts': input_texts, 'target_texts': target_texts,
        'input_chars': input_characters, 'target_chars': target_characters,
        'num_encoder_tokens': num_encoder_tokens,
        'num_decoder_tokens': num_decoder_tokens,
        'max_encoder_seq_length': max_encoder_seq_length,
        'max_decoder_seq_length': max_decoder_seq_length}
```

데이터가 적재되면, 우리는 이 모든 정보를, 각 구를 원핫인코딩 처리를 하는 함수로 전달할 수 있는 딕셔너리로 반환할 것이다. 다음 단계로 나아가 보자.

원핫인코딩

이 함수에서, 우리는 우리가 방금 만든 딕셔너리를 가지고, 각 구문의 텍스트를 원핫인코딩 (one-hot encoding)[11]을 할 것이다.

일단 작업이 끝나면 딕셔너리 세 개가 남는다. 각 딕셔너리의 크기는 [*텍스트_수 * 최대_시 퀀스_길이 * 토큰_수*]이다. 잠시 눈길을 돌려서 *10장, '처음부터 워드 임베딩으로 LSTM을 훈련하기'*에서 보았던 더 쉬웠던 내용들을 떠올려 본다면, 이것이 입력 측에서 우리가 했던 그 밖의 NLP 모델과 실제로는 같은 것이라는 점을 알 수 있다. 다음 코드를 사용해 원핫인코 딩을 정의한다.

```
def one_hot_vectorize(data):
    input_chars = data['input_chars']
    target_chars = data['target_chars']
    input_texts = data['input_texts']
    target_texts = data['target_texts']
    max_encoder_seq_length = data['max_encoder_seq_length']
    max_decoder_seq_length = data['max_decoder_seq_length']
    num_encoder_tokens = data['num_encoder_tokens']
    num_decoder_tokens = data['num_decoder_tokens']

    input_token_index = dict([(char, i) for i, char in enumerate(input_chars)])
    target_token_index = dict([(char, i) for i, char in enumerate(target_chars)])
```

---

11 (옮긴이) 굳이 우리말로 해석하자면 '1개 활성 부호화' 또는 '단일 활성 인코딩'이라고 할 수 있겠다.

```
encoder_input_data = np.zeros((len(input_texts),
            max_encoder_seq_length, num_encoder_tokens), dtype='float32')
decoder_input_data = np.zeros((len(input_texts),
            max_decoder_seq_length, num_decoder_tokens), dtype='float32')
decoder_target_data = np.zeros((len(input_texts),
            max_decoder_seq_length, num_decoder_tokens), dtype='float32')

for i, (input_text, target_text) in enumerate(zip(input_texts, target_texts)):
    for t, char in enumerate(input_text):
        encoder_input_data[i, t, input_token_index[char]] = 1.
    for t, char in enumerate(target_text):
        # decoder_target_data는 decoder_input_data보다 1개 시간대만큼 앞선다.
        decoder_input_data[i, t, target_token_index[char]] = 1.
        if t > 0:
            # decoder_target_data가 1개 시간대만큼 앞서게 되고
            # 시작 문자를 포함하지 않을 것이다.
            decoder_target_data[i, t - 1, target_token_index[char]] = 1.

data['input_token_index'] = input_token_index
data['target_token_index'] = target_token_index
data['encoder_input_data'] = encoder_input_data
data['decoder_input_data'] = decoder_input_data
data['decoder_target_data'] = decoder_target_data

return data
```

이 코드에서 우리는 세 가지 훈련 벡터를 만든다. 다음 단계로 넘어가기 전에 우리가 이 세 벡터를 이해하고 있는지 확인해 보려고 한다.

- encoder_input_data는 (언어_쌍의_개수, 최대_영어_시퀀스_길이, 영어_문자_개수) 모양으로 된 3D 행렬이다.

- decoder_input_data는 (언어_쌍의_개수, 최대_영어_시퀀스_길이, 영어_문자_개수) 모양으로 된 3D 행렬이다.

- decoder_output_data는 1개 시간대 앞쪽으로 이동된 decoder_input_data와 똑같다. 즉, decoder_input_data[:, t+1, :] 는 decoder_output_data[:, t, :]와 같다.

앞의 각 벡터는 전체 구문을 문자 수준에서 원핫인코딩 처리한 표현인 셈이다. 이 말은 '입력 구문이 바둑판처럼 깔끔하게 배열되어 있다면 좋겠네!'라는 뜻이다. 벡터의 첫 번째 시간대에는 텍스트 내에 나올법한 모든 영어 문자가 원소로 포함될 것이다. 이러한 각 원소는 1로 설정할 g를 제외하고 0으로 설정된다.

encoder_input_data 및 decoder_input_data를 입력 특징으로 사용하여 decoder_output_data를 예측하는 시퀀스-투-시퀀스 모델을 조정하는 게 우리의 목표이다.

마지막으로 데이터 준비는 완료되었으므로 시퀀스-투-시퀀스 신경망 아키텍처를 구축할 수 있다.

신경망 아키텍처를 훈련하기

이번 예에서, 우리는 두 개의 독립된 아키텍처를 사용할 텐데, 그 중에 하나는 훈련용이고 다른 하나는 추론용이다. 우리는 추론 모델 내에서 훈련용에서 가져온 훈련된 계층을 사용할 것이다. 실제로 우리가 각 아키텍처에서 동일한 부분을 사용하고 있지만, 상황을 더욱 명확하게 알 수 있게 각 부분을 개별적으로 보이고자 한다. 다음은 신경망을 훈련하는 데 사용할 모델이다.

```
encoder_input = Input (shape=(None, num_encoder_tokens), name='encoder_input')
encoder_outputs, state_h, state_c =
    LSTM (lstm_units, return_state=True, name="encoder_lstm") (encoder_input)
encoder_states = [state_h, state_c]

decoder_input = Input (shape=(None, num_decoder_tokens), name='decoder_input')
decoder_lstm =
    LSTM (lstm_units, return_sequences=True, return_state=True, name="decoder_lstm")
decoder_outputs, _, _ = decoder_lstm(decoder_input, initial_state=encoder_states)
decoder_dense =
    Dense (num_decoder_tokens, activation='softmax', name='softmax_output')
decoder_output = decoder_Dense (decoder_outputs)

model = Model([encoder_input, decoder_input], decoder_output)
model.compile(optimizer='rmsprop', loss='categorical_crossentropy')
```

인코더를 *확대해 보면* 상당히 표준적인 LSTM을 볼 수 있다. 다른 점은 인코더(return_state=True)에서 상태를 가져오고 있다는 점인데, 우리가 일반적으로 LSTM을 조밀 계층에 연결할 때는 그렇게 하지 않는다. 이러한 상태들은 우리가 encoder_states에서 파악할 것이다. 이르는 이것들을 디코더에 대한 맥락(context)이나 조건(condition)을 제공하기 위해 사용한다.

디코더 측면에서는 우리가 이전에 케라스 계층을 생성한 방식과 약간 다르게 decoder_lstm을 설정했지만, 실제로는 약간 다른 구문이다.

다음 코드를 한번 살펴보자.

```
decoder_lstm =
    LSTM (lstm_units, return_sequences=True, return_state=True, name="decoder_lstm")
decoder_outputs, _, _ = decoder_lstm(decoder_input, initial_state=encoder_states)
```

이것은 다음 코드와 기능면에서 동일하다.

```
decoder_outputs, _, _ =
    LSTM (lstm_units, return_sequences=True, return_state=True, name="decoder_lstm")
            (decoder_input, initial_state=encoder_states)
```

내가 이렇게 한 이유는 추론 아키텍처를 보면 명백해질 것이다.

디코더는 인코더의 은닉 상태를 초기 상태로 간주한다. 그런 다음 디코더 출력은 decoder_output_data를 예측하는 소프트맥스 계층으로 전달된다.

마지막으로 우리는 우리의 훈련 모델을 정의하고 나는 이 모델을 창의적으로 model이라고 부를 텐데, 이 모델은 encoder_input_data 및 decoder_input 데이터를 입력으로 사용하고 decoder_output_data를 예측한다.

신경망 아키텍처(추론용)

입력 시퀀스가 주어졌을 때 전체 시퀀스를 예측하려면 아키텍처를 약간만 재조정하면 된다. 향후 케라스 버전에서는 이것이 더 간단해질 것으로 예상되지만, 현재로서는 필수 단계이다.

왜 그것이 달라져야 하는가? 왜냐하면 추론에 관한 decoder_input_data라는 교사 벡터가 없을 것이기 때문이다. 우리는 이제 우리 힘으로 풀어야 한다. 그래서 벡터가 필요하지 않아도 되도록 설정해야 한다.

이 추론 구조를 살펴본 후 코드를 살펴보자.

```
encoder_model = Model(encoder_input, encoder_states)

decoder_state_input_h = Input (shape=(lstm_units,))
decoder_state_input_c = Input (shape=(lstm_units,))
decoder_states_inputs = [decoder_state_input_h, decoder_state_input_c]
decoder_outputs, state_h, state_c = decoder_lstm(
    decoder_input, initial_state=decoder_states_inputs)
decoder_states = [state_h, state_c]
decoder_outputs = decoder_Dense (decoder_outputs)
decoder_model = Model(
    [decoder_input] + decoder_states_inputs,
    [decoder_outputs] + decoder_states)
```

먼저 우리는 디코더 모델을 구축하는 일부터 착수한다. 이 모델은 입력 시퀀스를 수행하고 이전 모델에서 학습한 LSTM의 은닉 상태를 반환한다.

그러면 디코더 모델에는 인코더 모델에서 파생된 출력을 조절하는 h 및 c라는 은닉 상태, 즉 두 가지 입력이 있게 된다. 이것들을 통틀어서 우리는 decoder_states_inputs라고 부른다.

위에서 decoder_lstm을 재사용할 수 있지만, 이번에는 state_h 및 state_c라는 상태를 버리지 않는다. 우리는 대신에 그것들을 신경망 출력으로 전달하고, 표적에 대한 소프트맥스 예측을 할 것이다.

이제 새로운 출력 시퀀스를 추론할 때, 우리는 첫 번째 문자가 예측된 후에 이러한 상태들을 파악하고 소프트맥스 예측과 함께 그것들을 LSTM으로 전달함으로써, LSTM이 다른 문자를 예측할 수 있게 한다. 우리가 〈EOS〉에 도달했다는 신호를 디코더가 '\n'으로 생성할 때까지 우리는 이 루프를 반복할 것이다.

잠시 후에 추론 코드를 살펴보겠지만, 지금은 이러한 모델들을 모아 놓은 것을 어떻게 하면 훈련하고 직렬화할 수 있는지를 살펴보자.

종합하기

이 책에서 지금까지 늘 그래왔듯이, 나는 이 모델의 전체 아키텍처가 어떻게 적합하게 되는지
보여 주려고 한다.

```python
def build_models(lstm_units, num_encoder_tokens, num_decoder_tokens):

    # 훈련 모델(train)
    encoder_input = Input (shape=(None, num_encoder_tokens),
            name='encoder_input')
    encoder_outputs, state_h, state_c = LSTM (lstm_units,
            return_state=True, name="encoder_lstm") (encoder_input)
    encoder_states = [state_h, state_c]

    decoder_input = Input (shape=(None, num_decoder_tokens),
            name='decoder_input')
    decoder_lstm = LSTM (lstm_units, return_sequences=True,
            return_state=True, name="decoder_lstm")
    decoder_outputs, _, _ = decoder_lstm(decoder_input,
            initial_state=encoder_states)
    decoder_dense = Dense (num_decoder_tokens,
            activation='softmax', name='softmax_output')
    decoder_output = decoder_Dense (decoder_outputs)

    model = Model([encoder_input, decoder_input], decoder_output)
    model.compile(optimizer='rmsprop', loss='categorical_crossentropy')

    encoder_model = Model(encoder_input, encoder_states)

    decoder_state_input_h = Input (shape=(lstm_units,))
    decoder_state_input_c = Input (shape=(lstm_units,))
    decoder_states_inputs = [decoder_state_input_h, decoder_state_input_c]
    decoder_outputs, state_h, state_c = decoder_lstm(
            decoder_input, initial_state=decoder_states_inputs)
    decoder_states = [state_h, state_c]
    decoder_outputs = decoder_Dense (decoder_outputs)
    decoder_model = Model(
        [decoder_input] + decoder_states_inputs,
```

```
        [decoder_outputs] + decoder_states)

    return model, encoder_model, decoder_model
```

여기에서 우리가 모델 세 개를 모두 반환한다는 점에 유의하자. 훈련 모델이 훈련을 마치면 나는 케라스의 model.save() 메서드로 세 가지 모델을 직렬화할 것이다.

훈련

우리는 마침내 시퀀스-투-시퀀스 신경망을 훈련시킬 준비가 되었다. 다음 코드는 먼저 모든 데이터 적재 함수를 호출하고 콜백을 생성한 다음 모델에 적합화한다.

```
data = load_data()
data = one_hot_vectorize(data)
callbacks = create_callbacks("char_s2s")
model, encoder_model, decoder_model = build_models(256, data['num_encoder_tokens'],
                                                    data['num_decoder_tokens'])
print(model.summary())

model.fit(x=[data["encoder_input_data"], data["decoder_input_data"]],
          y=data["decoder_target_data"],
          batch_size=64,
          epochs=100,
          validation_split=0.2,
          callbacks=callbacks)

model.save('char_s2s_train.h5')
encoder_model.save('char_s2s_encoder.h5')
decoder_model.save('char_s2s_decoder.h5')
```

이전에는 내가 평소와 같이 검증 집합이나 훈련 집합을 정의하지 않았음을 알 수 있을 것이다. 이번에는 블로그 게시물에 제시된 예제에 따라 케라스가 데이터의 20%만 검증용으로 마구잡이로 선택하게 했는데, 예제에서 완벽하게 작동한다. 여러분이 이 코드를 사용해 실제로 기계 번역을 수행할 생각이라면 별도의 테스트 집합을 사용하기 바란다.

훈련 모델이 적합하게 된 후에, 나는 이 세 가지 모델을 모두 저장하고 추론을 위해 제작된 별도의 프로그램에 다시 적재할 것이다. 추론 코드는 그 자체가 매우 복잡하기 때문에 코드를 좀 더 깨끗하게 유지하기 위해 이렇게 하는 것이다.

이 모델의 100 에포크 시의 모델 훈련 내역을 살펴보자.

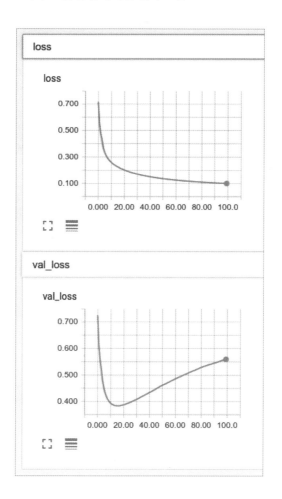

보다시피, 20 에포크 정도에 이르렀을 때 과적합하기 시작한다. loss는 계속 감소하는 반면, val_loss는 증가하고 있다. 이번 시나리오에서는 훈련을 마치기 전까지는 추론 모델을 직렬화하지 않을 것이기 때문에 모델의 검사점을 검사하는 게 그다지 효과적이지 않을 것이다. 따라서 이상적으로는 보면, 훈련 에포크 수를 텐서보드에서 관측된 최솟값보다 약간 더 많게 설정해 한 번 더 훈련해야 한다.

추론

이제 우리는 훈련된 모델을 가지게 되었으므로, 실제로 번역문을 몇 개 생성해 보려고 한다.

전반적으로 추론(inference)을 위한 단계는 다음과 같다.

1. 데이터를 적재한 다음에 벡터화한다(딕셔너리를 색인할 문자와 테스트에 쓸 번역문 몇 개가 필요하다).
2. 문자를 사용해 매핑한 것(즉, 딕셔너리)을 색인 처리하면 문자 딕셔너리들에 역색인을 생성할 수 있으므로, 적절한 문자를 예측하면 숫자를 문자로 바꿔 볼 수가 있다.
3. 번역할 입력 시퀀스를 선택한 다음 인코더를 통해 그것을 처리해 상태를 획득한다.
4. 상태 및 〈SOS〉 문자인 '\t'를 디코더로 보낸다.
5. 디코더가 〈EOS〉 또는 '\n'을 생성할 때까지 각 다음 문자를 취하면서 루프를 반복한다.

데이터를 적재하기

다음 코드에 보이는 것처럼, 훈련 스크립트에서 load_data 함수와 one_hot_vectorize 함수를 가져와서 그러한 메서드들을 같은 방법으로 호출할 수 있다.

```
data = load_data()
data = one_hot_vectorize(data)
```

역색인을 생성하기

디코더는 올바른 문자의 색인을 예측한다. 이 색인은 디코더의 소프트맥스 출력에 대한 argmax이다. 우리는 그 문자에 대한 색인을 사상할 수 있어야 한다. 기억할지 모르겠지만, 우리는 이미 데이터 딕셔너리에 색인을 사상할 수 있는 문자를 가지고 있다. 그래서 그것을 뒤집기만 하면 된다. 다음과 같이 아주 간단하게 딕셔너리를 역전시킬 수 있다.

```
def create_reverse_indicies(data):
data['reverse_target_char_index'] = dict(
        (i, char) for char, i in data["target_token_index"].items())
return data
```

그런 후에 다음과 같이 이 함수를 호출한다.

```
data = create_reverse_indicies(data)
```

모델을 적재하기

훈련 스크립트에 저장된 모델을 keras.models.load_model로 적재할 수 있다. 그렇게 할 수 있도록 이 도우미(helper) 함수를 만들었다. 다음 코드를 사용해 모델을 적재할 것이다.

```
def load_models():
    model = load_model('char_s2s.h5')
    encoder_model = load_model('char_s2s_encoder.h5')
    decoder_model = load_model('char_s2s_decoder.h5')
    return [model, encoder_model, decoder_model]
```

다음 함수를 호출하기만 하면 세 가지 모델을 모두 적재할 수 있다.

```
model, encoder_model, decoder_model = load_models()
```

시퀀스를 번역하기

이제 몇 가지 입력 시퀀스를 표본으로 추출해 번역할 준비가 되었다. 예제 코드에서, 우리는 첫 부분에 해당하는 2개 국어 쌍 100개를 사용한다. 전체 데이터에서 무작위로 표본을 추출하면 테스트를 더 잘할 수 있겠지만, 이 간단한 루프로 그 과정을 잘 나타낸다고 생각한다.

```
for seq_index in range(100):
    input_seq = data["encoder_input_data"][seq_index: seq_index + 1]
    decoded_sentence = decode_sequence(input_seq, data, encoder_model,
                                                      decoder_model)
    print('-')
    print('Input sentence:', data['input_texts'][seq_index])
    print('Correct Translation:', data['target_texts'][seq_index].strip("\t\n"))
    print('Decoded sentence:', decoded_sentence)
```

이 코드에서는 encoder_input_data의 관측치를 decode_sequence의 입력으로 사용한다. decode_sequence는 디코더가 올바른 번역이라고 여기는 시퀀스를 되돌려 보낼 것이다. 또한 시퀀스를 인코더 모델과 디코더 모델로 전달해, 각 모델들이 제 일을 처리할 수 있게 해야 한다. 학습한 구문이 연결되어 있지 않기 때문에 이어 나오는 번역 내용이 더 흥미를 끈다.

디코더의 예측을 얻은 후에는 이를 입력 문장 및 제대로 번역한 문장과 비교할 수 있다.

물론, 우리는 decode_sequence 메서드가 어떻게 작용하는지를 아직 탐구하지 않았기 때문에 아직 완성된 것은 아니다. 다음 차례에서 할 일이다.

시퀀스를 디코딩하기

디코더가 작업을 시작하려면 다음 두 가지가 필요하다.

- 인코더에서 나온 상태

- 예측된 번역이 시작된다는 입력 신호이다. 우리는 이 입력 신호를 우리의 〈SOS〉 문자로 여겨 원핫인코딩의 '\t'로 보낼 것이다.

인코더 상태를 얻으려면 다음 코드를 사용해 변환하려는 구문의 벡터화된 버전을 인코더로 전송하면 된다.

```
states_value = encoder_model.predict(input_seq)
```

디코더를 시작되게 하려면 〈SOS〉 문자가 포함된 원핫 벡터도 필요하다. 다음 코드로 그렇게 할 수 있다.

```
target_seq = np.zeros((1, 1, data['num_decoder_tokens']))
target_seq[0, 0, data['target_token_index']['\t']] = 1.
```

이제 다음 코드를 사용해 번역된 구문을 생성하는 디코더 루프를 설정할 준비가 되었다.

```
stop_condition = False
decoded_sentence = ''
while not stop_condition:
    output_tokens, h, c = decoder_model.predict( [target_seq] + states_value)
    sampled_token_index = np.argmax(output_tokens[0, -1, :])
    sampled_char = data["reverse_target_char_index"][sampled_token_index]
    decoded_sentence += sampled_char

    if (sampled_char == '\n' or
        len(decoded_sentence) > data['max_decoder_seq_length']):
            stop_condition = True
    target_seq = np.zeros((1, 1, data['num_decoder_tokens']))
    target_seq[0, 0, sampled_token_index] = 1.
    states_value = [h, c]
```

가장 먼저 주목해야 할 것은 stop_condition = True가 될 때까지 루프를 돈다는 점이다. 이 문제는 디코더가 '\n'을 생성할 때 발생한다.

루프를 처음으로 경유할 때, 〈SOS〉 벡터와 우리가 루프 밖에서 생성한 디코더로부터 나온 상태를 사용해 decoder_model의 예측 메서드를 호출한다.

물론 output_tokens에는 디코더가 예측할 수 있는 각 문자의 소프트맥스 예측이 들어있다. output_tokens의 출력 argmax를 취함으로써 우리는 가장 큰 소프트맥스 값의 색인을 얻을 것이다. 편리하게도, 이전에 만든 reverse_target_char_index(색인들과 문자들 간에 전환을 담당하는 딕셔너리)를 사용해 관련 문자로 거꾸로 되돌려 번역할 수 있다.

그런 다음 이 문자를 decode_sequence 문자열에 추가한다.

그런 다음에 해당 문자가 '\n'을 트리거하는 stop_condition이 True인지를 확인할 수 있다.

마지막으로, 디코더가 생성한 마지막 문자와 디코더의 은닉 상태를 포함하는 목록이 포함된 새로운 target_seq를 생성한다. 이제 다시 루프를 반복할 준비가 되었다.

디코더는 디코딩 처리한 시퀀스가 생성될 때까지 이 과정을 따른다.

번역 예제

재미삼아, 내가 몇 가지 번역을 시도해 봤다. 이 모든 것은 훈련 집합의 앞부분에서 나온 것이다. 즉, 내가 훈련 데이터셋에 대한 예측을 하고 있다는 점을 의미한다. 따라서 이러한 번역은 모델이 실제보다 더 멋지게 보이게 한다.

첫 번째 번역문들을 통해 우리가 기대하는 바가 뭔지를 여러분이 느낄 수 있기를 바라는데 다행히 신경망이 잘 작동한다.

> **입력 문장**: Help!
> **정확한 번역**: À l'aide!
> **디코딩된 문장**: À l'aide!

학습된 구문이 훈련용 구문 중 어느 것과도 연결되어 있지 않기 때문에 다음 번역이 더 흥미롭다. *Vas-tu immédiatement!*이라는 구문은 *You go immediately(당장 가야 한다)*와 같이 번역될 수 있는 문장인데, 이는 'Go on.'에 대해서 아주 비슷한 뜻을 지니게 번역한 것일 뿐 아니라 정확한 면도 있어 보인다.

> **입력 문장**: Go on.
> **정확한 번역**: Poursuis.
> **디코딩된 문장**: Vas-tu immédiatement!
> –
>
> **입력 문장**: Go on.
> **정확한 번역**: Continuez.
> **디코딩된 문장**: Vas-tu immédiatement!
> –
>
> **입력 문장**: Go on.
> **정확한 번역**: Poursuivez.
> **디코딩된 문장**: Vas-tu immédiatement!
> –

물론 같은 말을 여러 가지 방식으로 할 수 있어야 하는 데, 이런 일을 신경망이 처리하기에는 더 어렵다.

입력 문장: Come on!
정확한 번역: Allez !
디코딩된 문장: Allez!

–

입력 문장: Come on.
정확한 번역: Allez!
디코딩된 문장: Allez!

–

입력 문장: Come on.
정확한 번역: Viens!
디코딩된 문장: Allez!

–

입력 문장: Come on.
정확한 번역: Venez!
디코딩된 문장: Allez!

요약

이번 장에서는 시퀀스-투-시퀀스 모델의 작동 방식과 사용 방법을 포함해 시퀀스-투-시퀀스 모델의 기본 사항을 다루었다. 바라건대, 우리가 여러분에게 기계 번역, 질의-응답 애플리케이션 및 채팅 애플리케이션을 위한 강력한 도구를 보여 주었으면 한다.

여기까지 여러분이 따라왔다면 정말 잘한 일이다. 여러분은 꽤 많은 딥러닝 응용 사례를 보아 왔는데, 이제 여러분은 심층 신경망의 최첨단 응용 분야로 향하는 길에서 평균 이상이 된 자신의 모습을 확인하는 중이다.

다음 장에서는 다른 고급 주제인 심층강화학습 즉, 심층 Q 학습의 예제를 드러내 보일 뿐만 아니라, 자신만의 심층 Q 신경망을 구현하는 방법도 드러내 보일 생각이다.

그때까지, *수아 디탕투(sois détendu!*/편안하시길!).

12

심층강화학습을
사용하기

이번 장에서는 조금 다른 방식으로 심층 신경망을 사용할 것이다. 우리는 특정 클래스에 소속될 것인지 여부를 예측하거나, 값을 추정하거나, 심지어 시퀀스를 생성하는 일보다 더 지능적인 일을 하는 에이전트(agent)[1]를 만들 것이다. 머신러닝과 인공지능이라는 용어는 서로 바꿔 쓸 수도 있는 말이지만, 이번 장에서는 환경을 인지할 수 있는 지능형 매개체 역할을 하면서 동시에 그 환경에서 어떤 목표를 달성하기 위한 행동을 취하는 특별한 인공지능에 관해 논의할 것이다.

체스나 바둑과 같은 전략 게임을 할 수 있는 에이전트를 상상해 보라. 그러한 게임을 해결하기 위해 신경망을 구축하는 아주 순진한 접근법은 우리가 모든 있을 법한 체스판/체스 조합을 원핫인코딩을 하고 그 다음 가능한 모든 움직임을 예측하는 신경망 아키텍처를 사용하는 것일 수 있다. 그 신경망이 아무리 거대하고 복잡하더라도, 아마 별로 잘 작동하지 않을 것이다. 체스를 잘하려면 다음 동작뿐만 아니라 그 다음 동작도 고려해야 한다. 우리의 지능형 에이전트는 비결정적인 세계에서 향후 움직임을 고려할 필요가 있다.

---

1 (옮긴이) 대리자, 행위자라는 뜻을 지니고 있으며 심층강화학습 기술에 나오는 연기자(actor)나 비평가(critic) 또는 게임에 나오는 NPC가 이러한 에이전트가 되기도 하지만 항상 그런 건 아니다.

이는 흥미로운 분야이다. 지능형 에이전트라고 하는 이 분야에서 '연구자들은 인공일반지능 (artificial general intelligence)[2] 즉, 강인공지능(strong AI)[3]을 향해 나아가고 있다. 강인 공지능의 개념은 일반적으로 단일 작업이나 애플리케이션을 해결하는 약인공지능(weak AI) 이라는 개념과 대비된다.

이번 장에서 다룰 강화학습(reinforcement learning)은 저자인 나와 독자인 여러분 모두에 게 어려운 과제가 될 텐데, 강화학습을 제대로 설명하려면 책 한 권이 있어야 할 정도이고 수 학, 심리학, 컴퓨터 과학의 성과를 요약해야 하기 때문이다. 따라서 간단하게 참고할 수만 있 게 한 면을 용납하기를 바라고, 아주 적은 내용이라도 다음 단원으로 넘기는 일 없이 여러분 에게 충분히 정확하게 알려주려고 한다는 점을 알아주었으면 좋겠다.

강화학습, 마르코프 결정 과정(Markov decision processes, MDP) 및 Q 학습(Q-learning) 이 지능형 에이전트의 기본 구성요소이므로 다음 단원에서 이것들에 관해 이야기하겠다.

이번 장에서는 다음 주제들을 논의한다.

- 강화학습 개요
- 케라스 강화학습 프레임워크
- 케라스에서 강화학습 에이전트를 구축하기

강화학습 개요

강화학습은 지능형 에이전트(intelligent agent)라는 개념을 기반으로 한다. 에이전트는 특 정 상태를 관찰한 다음 행동을 취하는 식으로 자신이 속한 환경과 상호작용한다. 에이전트 는 상태 사이를 이동하기 위한 행동을 취할 때 보상 신호의 형태로 자신이 한 행동의 양호 함(goodness) 여부에 대한 피드백을 받는다. 이 보상 신호가 강화학습에서 다루는 '강화 (reinforcement)'에 해당한다. 이것은 에이전트가 선택한 것의 양호함을 알아내기 위해 사용 할 수 있는 피드백 루프이다. 물론 보상은 긍정적일 수도 있고 부정적일 수도 있다.

---

2 (옮긴이) 문제 풀이 영역에 한계가 없는 인공지능. 그러므로 사람과 비슷하게 모든 문제에 대응할 수 있는 인공지능을 말한다.

3 (옮긴이) 사람과 거의 같은 수준에 이른 인공지능. 그렇지 못한 인공지능은 '약인공지능'이라고 부른다.

우리가 구축하려는 에이전트 역할을 하는 자율 주행 차량을 상상해 보라. 길을 따라 운전하는 동안에 해당 차량은 자신의 행동에 대한 보상 신호를 지속적으로 받게 된다. 정지선에 멈춰서 있으면 긍정적인 보상(positive rewards)으로 이어질 수 있지만, 보행자와 부딪치면 에이전트는 부정적인 보상(negative rewards)을 받게 될 것이다[4]. 정지선에서 멈출지 아니면 보행자와 부딪칠지를 선택해야 하는 상황에 직면했을 때, 에이전트는 더 많은 보행자와 부딪칠 때 받을 처벌을 피하기 위해 정지선을 지킬 때 얻는 자신의 보상을 포기하는 식으로, 차라리 정지선을 지나쳐서 더 많은 보행자를 피하는 법을 배우게 될 수도 있다.

상태, 행동 및 보상이라는 개념이 강화학습이라는 생각의 핵심을 이룬다. 보상에 관해서는 이미 논의했으니 이번에는 행동과 상태에 관해 이야기해 보자. 행동(actions)은 에이전트가 어떤 상태를 관측(observations)할 때 수행할 수 있는 작업이다. 에이전트가 간단한 보드 게임을 하고 있는 상황일 때, 행동이란 에이전트가 자신의 말을 둘 차례가 돌아왔을 때 하는 일을 말한다. 그러므로 차례는 에이전트의 상태(states)인 셈이다. 여기에서 우리가 살펴볼 문제에 맞게, 에이전트가 취할 수 있는 행동이 항상 유한하고 이산적(discrete)[5]이라고 하자. 다음 그림이 이러한 개념을 보여준다.

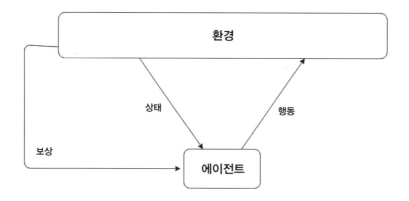

---

4 (옮긴이) 긍정적인 보상과 부정적인 보상은 각기 가점/감점, 보상/처벌 등으로 부를 수도 있지만 감점이나 처벌이라는 용어를 쓰지 않고 굳이 보상이라는 한 가지 말로만 표현하는 이유는 강화학습 알고리즘에서 보상을 한 가지 변수로 표현하기 때문이다. 그래서 긍정 보상에는 수를 더하고, 부정 보상에는 수를 빼는 식으로 처리한다.

5 (옮긴이) 즉, 행동이 띄엄띄엄 일어난다는 뜻.

이 피드백 루프의 한 단계를 다음과 같이 수학적으로 표현할 수 있다.

$$s \xrightarrow{\ a\ } r, s'$$

행동을 통해 에이전트는 원래 상태 s에서 다음 상태 s'로 전환하며 이 과정에서 보상 r을 받는다. 에이전트가 행동을 선택하는 방식을 **에이전트의 정책(agent's policy)**이라고 하며 일반적으로 π로 표시한다.

에이전트가 최대한 많은 보상을 받을 수 있는 일련의 행동들(즉, 행동들의 시퀀스)을 한 상태에서 다음 상태로 옮겨 가는 과정에서 찾는 게 강화학습의 목표이다.

마르코프 결정 과정

우리가 짜 놓은 이 세계(world)[6]는 다음과 같은 속성을 가진 **마르코프 결정 과정(Markov decision process, MDP)**이 된다.

- 상태들의 유한 집합인 S가 있다.

- 행동들의 유한 집합인 A가 있다.

- $P_a(s, s')$는 행동 A가 상태 s와 상태 s' 사이에서 전이(transition)될 확률이다.

- $R_a(s, s')$ 은 s와 s' 사이의 전이에 대한 즉석 보상(immediate reward)이다.

- $\gamma \in [0, 1]$은 할인 요인(discount factor)으로, 우리가 현재 보상에 대비 미래 보상을 얼마나 할인할지를 의미한다(이 점을 나중에 더 자세히 다룬다).

일단 우리가 각 상태에서 어떤 행동을 취해야 할지를 결정하는 정책 함수 π를 갖게 되면, MDP는 해결되어 마르코프 연쇄(Markov chain)가 된 것이다.

그리고 좋은 소식은, 한 가지 단서를 사용한다면, MDP를 완벽하게 해결할 수 있다는 것이다. 단서란 MDP의 모든 보상과 확률이 알려져야 한다는 점이다. 일반적으로 에이전트 환경

---

6 (옮긴이) 에이전트가 활동하는 곳. 환경과 거의 같은 말이지만 환경은 에이전트를 제외한 개념이므로, 세계란 환경과 에이전트로 구성된 곳이라고 볼 수 있다. 게임 세계, 격자 세계(또는 그리드 월드), 가상 환경 등 다양한 세계(또는 환경)가 있을 수 있다.

이 혼란스럽거나 최소한 결정적이지 않아서 에이전트가 모든 보상과 상태 변화 확률을 알 수 없으므로 이러한 단서 조항이 상당히 중요하다.

Q 학습

행동을 취했을 때의 보상을 추정할 수 있는 함수 Q를 상상해 보라.

$$r = Q(s,a)$$

일부 상태 s와 행동 a는 주어진 상태에서 행동하는 데 대한 보상을 생성한다. 우리가 환경에 대한 모든 보상을 안다면, 우리는 Q를 통해 루프만 돌면 우리에게 가장 큰 보상을 주는 행동을 선택할 수 있을 것이다. 하지만 앞 절에서 언급했듯이 우리 에이전트는 보상 상태와 상태 확률을 모두 알 수는 없다. 따라서 우리의 Q 함수는 보상의 근사치에 다가서려고 시도할 필요가 있다.

우리는 이 이상적인 Q 함수를 재귀적으로 정의한 Q 함수, 즉 **벨만 방정식**(Bellman equation)으로 근사할 수 있다.

$$Q(s,a) = r_0 + \gamma \, max_a \, Q(s',a)$$

이 식에서 r_0은 다음 행동에 대한 보상이며 그런 다음 우리는 Q 함수를 다음 행동에서 재귀적으로 사용해(거듭거듭 재귀적으로 사용해) 해당 행동에 대한 미래 보상을 결정한다. 그렇게 함으로써 감마(γ)를 현재 보상 대비 미래 보상 할인으로 적용한다. 감마가 1보다 작은 한 보상 급수를 무한대로 유지한다. 보다 분명한 것은, 미래 상태에 대한 보상은 현재 상태의 동일한 보상보다 가치가 떨어진다는 점이다. 구체적인 예를 들면, 누군가가 오늘 100달러를 받든지 아니면 내일 100달러를 받으라고 한다면, 내일은 어떻게 될지 모르기 때문에 오늘 돈을 받아 둬야 할 것이다.

우리가 최선을 다해 에이전트가 있음직한 모든 상태 변화를 경험하도록 했다면, 그리고 이 함수를 사용해 보상을 추정했다면, 우리는 대략적으로 우리가 시도했던 이상적인 Q 함수에 도달했을 것이다.

무한 상태 공간

Q 함수에 대한 이러한 논의는 전통적인 강화학습에 중요한 한계가 있음을 알게 해 준다. 기억하겠지만 Q 학습에서는 상태 공간(state spaces)의 유한하고 이산적인 집합을 가정한다. 불행하게도 그런 가정은 우리가 사는 현실 세계와 다르며, 에이전트들이 시간을 들여 깨달아야 할 환경도 아니다. 핑퐁 게임을 하는 에이전트를 생각해 보자. 상태 공간의 중요한 한 부분은 탁구공의 속도인데, 이것은 확실히 이산적인 게 아니다. 우리가 곧 다룰 에이전트처럼, 무언가를 볼 수 있는 에이전트는 이미지를 보게 될 텐데, 이미지는 크고 연속적인 공간이다.

우리가 논의한 벨만 방정식에서는 상태에서 상태로 옮겨갈 때 경험이 된 보상을 거대한 행렬 형태로 유지해야 한다. 그러나 연속 상태 공간에 직면하게 되면 이런 일이 불가능해진다. 있음직한 상태는 본질적으로 무한한데 크기가 무한한 행렬을 우리는 만들지 못하기 때문이다.

다행히 우리는 심층 신경망을 사용해 Q 함수를 근사할 수 있다. 여러분이 딥러닝을 다루는 책을 읽고 있는 중이므로 이런 말에 놀라지는 않은 것으로 보아, 여러분은 아마도 딥러닝이 이런 장면 어딘가에 등장했을 거라고 추측했을 것이다. 여기가 바로 그곳이다.

심층 Q 신경망

심층 Q 신경망(deep Q networks, DQN)은 Q 함수를 근사하는 신경망이다[7]. 심층 Q 신경망은 상태를 행동에 사상하고, 다음 그림에 보이는 바와 같이 각 행동에 대한 Q 값을 추정하는 법을 학습한다.

---

7 (옮긴이) 즉, Q 함수와 정확히 일치하지는 않을지라도 가장 근접한 방정식(또는 표현)을 찾아내는 신경망이라는 뜻이다.

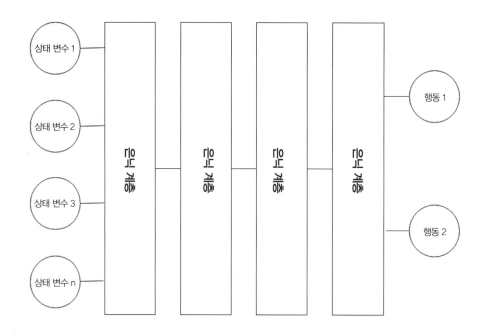

연속 상태 공간(continuous state spaces)에서 얻은 보상을 행동에 사상하면서 무한히 큰 행렬을 저장하려고 하는 대신에, 우리는 심층 신경망을 함수처럼 사용해 그런 행렬을 근사할 수 있다. 이런 방식으로 우리는 신경망을 지능형 에이전트의 두뇌로 사용할 수 있다[8]. 하지만 이 모든 내용은 우리를 아주 흥미로운 질문으로 이끈다. '그렇다면 이 신경망을 어떻게 훈련하는가?'라는 질문 말이다.

온라인 학습

에이전트가 상태에서 상태로 전이하며 행동을 하게 되면 에이전트는 보상을 받는다. 에이전트는 각 상태, 행동 및 보상을 훈련 시의 입력으로 사용해 온라인으로 학습할 수 있다. 모든 행동을 한 후에 에이전트는 자신의 신경망 가중치를 갱신할 텐데, 그러는 과정에서 더 똑똑해질 수 있을 것이다. 이것은 온라인 학습(online learning)의 기본 개념이다. 에이전트는 여러분과 내가 하듯이 진도를 나가면서 학습한다.

이러한 순진한 형태의 온라인 학습의 단점은 다소 명확하며 두 가지이다.

---

8 (옮긴이) 위키북스 출판사에서 펴내고 역자고 번역한 '유니티 ML-Agents'에 나오는 에이전트와 브레인(두뇌)도 이런 에이전트와 두뇌에 해당한다.

- 무언가를 경험한 후에는 그런 경험을 잊어버린다.

- 겪어 본 경험은 서로 매우 밀접하게 연관되어 있고 가장 최근의 경험에 지나치게 맞춰질(즉, 과적합될) 것이다. 흥미롭게도 인간도 이런 일로 고통을 받으며, 이것을 가용성 편향(availability bias)이라고 부른다.

우리는 기억과 경험 재생을 통해 이런 문제를 해결할 수 있다.

기억과 경험 재생

우리가 에이전트의 경험을 집합 형태로 저장하는 유한 기억 공간(finite memory space)이라는 개념을 도입하면 이 두 문제에 대한 현명한 해결책을 이용할 수 있다. 각 상태에서 우리는 상태, 행동 그리고 보상을 기억할 기회를 가질 수 있다. 그런 다음 에이전트는 기억(memory)속에서 임의의 미니배치를 표본추출하고[9] 해당 미니배치를 사용해 DQN 가중치를 갱신함으로써 이러한 경험 재생(experience replay)을 주기적으로 할 수 있다.

이 재생 매커니즘을 통해 에이전트는 장기간에 걸친 일반적인 경험으로부터 학습할 수 있는데, 최종 경험만으로 전체 신경망을 갱신하는 게 아니라 기억 속에서 경험을 무작위 표본 추출 방식으로 추출해 내기 때문이다.

이용 대 탐색[10]

일반적으로 우리는 에이전트가 *탐욕스러운(greedy)* 정책을 따르길 원하는데, 다시 말하면 우리는 에이전트가 Q 값이 가장 큰 행동을 취하기를 바란다. 그렇지만 신경망이 학습하는 동안에는 에이전트가 항상 탐욕스럽게만 행동하지 않기를 원한다. 에이전트가 탐욕스럽게만 행동했다면, 에이전트는 새로운 선택지를 결코 탐색할 수 없을 것이므로 새로운 것을 학습하지도 못한다. 그래서 우리는 때때로 에이전트가 정책에서 이탈하게 할 필요가 있다[11].

이 탐색의 균형[12]을 맞추는 가장 좋은 방법은 지금도 진행 중인 연구 주제이며, 이 방법은 아주 오랫동안 사용되어 왔다. 그러나 우리는 아주 수월한 방법을 사용할 생각이다. 에이전트가

---

9 (옮긴이) 즉, 메모리에서 작은 집단을 표본으로 추출해 내고

10 (옮긴이) 탐색 대 이용(exploration vs. exploitation)이란 말로 잘 알려져 있다.

11 (옮긴이) 정책 밀착(on policy)이란 기존 정책을 고수하며 다음 행동을 하는 행태를 말하고, 정책 이탈(off policy)이란 기존 정책과 다른 정책에 따라 다음 행동을 하는 행태를 말한다. 아직까지는 정책 밀착이나 정책 이탈이란 말 대신 '온 폴리시'나 '오프 폴리시'라고 부르는 경우가 더 흔하고, 정책 밀착과 정책 이탈을 옮긴이가 번역한 다른 책에서 채택한 용어이기는 해도 개념을 훨씬 더 잘 나타낸다.

12 (옮긴이) 즉, 탐욕스러운 정책과 탐욕스럽지 않은 정책 간의 균형. 다시 말해서 최대 Q 값이 나오는 행동만 하겠다는 방침과, 그렇지 않은 행동도 하겠다는 방침 간의 균형.

행동을 취할 때마다 우리는 난수를 생성할 것이다. 이 난수가 일부 임계값 엡실론(ϵ)과 같거나 더 작은 경우에 에이전트는 무작위 행동을 수행한다. 이것을 **엡실론 탐욕 정책(ϵ-greedy policy)**이라고 한다.

에이전트가 처음으로 시작되면 아직 세상을 잘 모르는 상황일 것이므로 더 많은 것을 탐색해야 한다. 에이전트가 점점 더 똑똑해지면 탐색을 덜 하면서 환경에 대해 이미 알고 있던 지식을 더 많이 사용해야 할 것이다. 그렇게 하려면 에이전트를 훈련하면서 ϵ을 점차적으로 줄여야 한다. 예제에서 우리는 엡실론을 매 차례(turn)마다 감쇠율(decay reate)만큼 줄일 것이므로 감쇠율은 각 행동에 대해서 선형적으로 줄게 된다.

이 모든 것을 종합하면 **선형 풀림 엡실론 탐욕 Q 정책(linear annealed ϵ-greedy Q policy)**[13]을 갖게 되는데, 이 말의 영어식 발음은 발음하기 쉬울 뿐만 아니라 운율이 맞아서 재미도 있다.

딥마인드

지금은 구글에 속하게 된 딥마인드 사 소속 블라드미르(Volodymyr Mnih) 등이 저술한 *"Playing Atari with Deep Reinforcement Learning"*(심층강화학습으로 아타리 플레이하기)라는 논문을 언급하지 않고서는 강화 학습에 대한 논의가 끝나지 않을 것이다(https://www.cs.toronto.edu/~vmnih/docs/dqn.pdf). 이 획기적인 논문에서 저자들은 아타리 2600 게임을 할 수 있는 심층 Q 신경망을 훈련하기 위해 합성곱 신경망을 사용했다. 그들은 아타리 2600 게임으로부터 원시 픽셀 출력을 가져와서 크기를 조금 줄이고 회색조로 바꾼 다음에 이것을 신경망을 위한 상태 공간 입력으로 사용했다. 컴퓨터가 화면의 물체들의 속도와 방향을 이해할 수 있게 그들은 네 개의 이미지 버퍼를 심층 Q 신경망에 대한 입력으로 사용했다.

저자들은 동일한 신경망 아키텍처로 아타리 2600용 게임 일곱 개를 할 수 있는 에이전트 한 개를 만들었는데, 그 중 세 개의 게임에서 해당 에이전트가 사람보다 게임을 더 잘 했다. 나중에는 49개 게임까지 해 보게 했는데 그 중 대부분의 게임에서 에이전트가 사람보다 게임을

---

13 (옮긴이) 탐욕스런 Q 정책을 엡실론 값에 맞춰 점점(선형적으로) 풀어준다는 뜻이다. 이때 쓰는 풀림이라는 말은 원래 금속공학 또는 재료공학에서 유래한 것으로 보이는데, 쇠를 달구었다가 천천히 식히는 일을 풀림이라고 하고 이 때 온도 변화 곡선이 선형으로 천천히 낮아진다. 엡실론 곡선도 감쇠율에 맞춰 선형적으로 낮아진다는 점에서 풀림이라고 부르는 것이다.

더 잘했다. 이 논문은 일반 인공지능을 향한 정말 중요한 걸음이었고 현재는 많은 강화학습 관련 연구의 초석이 되었다.

케라스 강화학습 프레임워크

이 시점에서 심층 Q 신경망(deep Q network)을 구축할 충분한 배경 지식이 있어야 하지만, 배경 지식이 있어도 여전히 극복해야만 할 꽤 큰 장애물이 남아 있다.

심층강화학습을 활용하는 에이전트를 구현하기가 상당히 어려울 수 있지만, 매따이스 플래퍼트(Matthias Plappert)가 처음 만든 Keras-RL 라이브러리를 사용하면 훨씬 더 쉽게 만들 수 있다. 그의 라이브러리를 사용해 이번 장에 나오는 에이전트에 능력을 공급할 생각이다.

물론, 에이전트는 환경 없이는 마음껏 재미를 누릴 수 없다. 나는 OpenAI gym도 쓸 생각인데, 이것이 상태 함수 및 보상 함수가 완비된 여러 환경을 제공하기 때문에 에이전트가 탐색할 수 있는 세계를 쉽게 구축할 수 있다.

Keras-RL 설치

Keras-RL은 pip로 설치할 수 있다. 그러나 코드가 약간 더 최신판일 수 있으므로 프로젝트를 담고 있는 깃허브 저장소에서 설치하는 것이 좋다. 이렇게 하려면 다음과 같이 저장소를 복제하고 파이썬 setup.py을 실행하면 된다.

```
git clone https://github.com/matthiasplappert/keras-rl.git cd keras-rl
python setup.py install
```

OpenAI gym 설치

OpenAI gym을 pip로 설치해서 쓸 수 있다. 나는 OpenAI gym에 들어 있는 Box2D 환경과 atari 환경에서 가져온 예제를 사용할 생각이다. 다음 코드를 사용해 설치할 수 있다.

```
pip install gym
pip install gym[atari]
pip install gym[Box2D]
```

OpenAI gym 사용하기

OpenAI gym을 사용하면 정말 쉽게 심층강화학습을 구현할 수 있다. Keras-RL은 대부분의 힘든 일을 할 것이지만, 에이전트가 환경과 어떻게 상호작용하는지를 이해하려면 개별적으로 gym을 거치는 편이 더 낫다고 생각한다.

환경은 인스턴스화할 수 있는 객체이다. 예를 들어 CartPole-v0 환경을 생성하려면 다음 코드와 같이 gym을 가져와 환경을 만들어야 한다.

```
import gym
env = gym.make("CartPole-v0")
```

이제, 우리 에이전트가 그런 환경에서 행동하기를 원한다면, 다음과 같이 행동을 취하고 상태 및 보상을 돌려받기만 하면 된다.

```
next_state, reward, done, info = env.step(action)
```

에이전트는 루프를 사용해 환경과 상호 작용함으로써 전체 에피소드[14]를 재생할 수 있다. 이 루프의 모든 반복(iteration)은 에피소드의 한 스텝(step)에 해당한다. 에이전트가 환경에서 '완료(done)' 신호를 수신하면 이 문제가 종료된다.

케라스에서 강화학습 에이전트를 구축하기

기쁜 소식이 있다. 드디어 코드를 작성할 수 있게 되었다. 이번 단원에서는 **카트폴 (CartPole, 수레와 막대기)**과 **루나랜더(Lunar Lander, 달 착륙선)**라는 Keras-RL 에이전트 두 개를 시연할 것이다. GPU와 클라우드 예산을 별도로 들이지 않아도 될 만한 예제로 고른 것이다. 이 예제들을 아타리 환경에서 풀어 나갈 문제로 쉽게 확장할 수 있고, 그 중 한 개를 책의 깃 저장소에 넣어 두었다. 이 모든 코드는 항상 그렇듯이 Chapter12 폴더에서 찾을 수 있다. 다음 두 가지 환경을 간단히 살펴보자.

---

14 (옮긴이) 상태, 행동, 보상으로 이어지는 한 차례(turn)에 걸친 에이전트가 환경과 상호작용을 한 장면. '삽화'라는 뜻이며 이는 만화영화의 한 컷과 유사한 개념이다.

- **카트폴**: 카트폴 환경은 수레(cart) 위에서 균형을 잡아야 하는 막대기(pole)로 구성된다[15]. 에이전트는 막대기 아래에 놓인 수레가 움직이는 동안에 막대기 균형을 맞추는 방법을 배워야 한다. 에이전트에는 수레 위치, 수레의 속도, 막대기의 각도 및 막대기의 회전 속도가 입력으로 지정된다. 에이전트는 수레의 양쪽에 힘을 실어 밀 수 있다. 막대기가 수직을 기준으로 15도 이상 기울면 에이전트가 게임에 진 것으로 여긴다.

- **루나랜더**: 루나랜더 환경은 훨씬 더 도전적이다. 에이전트는 착륙대에 루나랜더를 착륙시켜야 한다. 달의 지면이 변화하므로 매 에피소드마다 착륙선의 방향이 바뀐다. 각 스텝마다 세계의 상태를 설명하는 8차원 배열이 에이전트에 주어지면 에이전트는 해당 스텝에서 네 가지 행동 중 하나를 수행할 수 있다. 에이전트는 아무것도 하지 않거나, 주 엔진을 점화하거나, 왼쪽 방향 엔진을 점화하거나, 오른쪽 방향 엔진을 점화하는 행동 중에 선택할 수 있다.

카트폴

카트폴 에이전트는 GPU 없이도 상당히 빠르게 훈련하기에 아주 적당하게 한 신경망을 사용한다. 항상 그렇듯이 우리는 모델의 아키텍처부터 살펴볼 것이다. 그런 다음 신경망의 기억, 탐색 정책을 정의하고 최종적으로 에이전트를 훈련한다.

카트폴 신경망 구조

각기 16개 뉴런이 있는 은닉 계층 세 개는 아마도 이 단순한 문제를 해결하기에 충분하고도 오히려 남을 것이다. 이 모델은 우리가 책의 초반에 사용했던 몇 가지 기본 모델과 아주 비슷하다. 다음 코드를 사용해 모델을 정의한다.

```
def build_model(state_size, num_actions):
    input = Input (shape=(1,state_size))
    x = Flatten() (input)
    x = Dense (16, activation='relu') (x)
    x = Dense (16, activation='relu') (x)
    x = Dense (16, activation='relu') (x)
    output = Dense (num_actions, activation='linear') (x)
    model = Model(inputs=input, outputs=output)
    print(model.summary())
    return model
```

---

15 (옮긴이) 그래서 이 문제를 '카트폴 문제'라고 부르는데, 우리 말로 바꾼다면 '수레/막대 문제'가 된다. 강화학습 분야의 'Hello World' 같은 것이다.

입력은 1×상태 공간 벡터가 될 것이며, 각 스텝별로 해당 행동의 Q 값을 예측하는 있음직한 각 동작에 대한 출력 뉴런이 있을 것이다. 출력에 대해 argmax를 취함으로써 Q 값이 가장 큰 행동을 선택할 수 있지만 Keras-RL이 우리 대신에 그 일을 해 주므로 우리가 직접 그렇게 하지 않아도 된다.

기억

Keras-RL은 에이전트의 경험을 저장할 수 있게 빠르고 효율적인 데이터 구조로 된 rl. memory.SequentialMemory 클래스를 제공한다.

```
memory = SequentialMemory(limit=50000, window_length=1)
```

우리는 이 메모리 객체에 대한 최대 크기를 지정해야 하는데, 여기서 최대 크기는 하이퍼파라 미터이다. 새로운 경험들이 이 메모리에 추가되고 메모리가 가득 차면 오래된 경험들은 잊혀 진다.

정책

Keras-RL은 rl.policy.EpsGreedyQPolicy 라고 부르는 ϵ 탐욕 Q 정책을 제공해 탐색과 이용의 균형을 맞추는 일에 사용할 수 있게 했다. 다음 코드와 같이 rl.policy. LinearAnnealedPolicy를 사용해 에이전트가 세계 속에서 무언가를 진척시켜 나가는 상황에 맞춰서 ϵ을 줄여 나갈 수 있다.

```
policy = LinearAnnealedPolicy(EpsGreedyQPolicy(), attr='eps',
                             value_max=1., value_min=.1, value_test=.05,
                             nb_steps=10000)
```

여기서 우리는 ϵ을 1로 시작하되 0.1보다 작아지는 일이 없기를 바라고, 그러는 과정에서 우리의 난수가 0.05보다 작은지를 테스트한다고 말 할 수 있다. 우리는 1과 0.1 사이의 스텝 수를 10,000으로 설정하면 Keras-RL이 우리를 대신해 감쇠 계산을 처리한다.

에이전트

이제 모델, 기억 및 정책이 정의되어 있으므로 Q 신경망 에이전트를 한 개를 생성하고 해당 에이전트를 그러한 객체들에 보낼 준비가 되었다. 이런 용도로 사용할 수 있게 Keras-RL은 rl.agents.dqn.DQNAgent라는 클래스를 제공하는데 다음 코드처럼 사용하면 된다.

```
dqn = DQNAgent(model=model, nb_actions=num_actions, memory=memory,
               nb_steps_warmup=10,
               target_model_update=1e-2, policy=policy)
dqn.compile(Adam(lr=1e-3), metrics=['mae'])
```

이러한 파라미터 중 target_model_update와 nb_steps_warmup이 이 시점에서는 여러분에게 익숙하지 않을 것이다.

- nb_steps_warmup: 경험 재생을 시작하기 전에 대기 시간을 결정해야 하는데, 기억하는지 모르겠지만, 경험 재생은 신경망을 실제로 훈련하기 시작할 때 이뤄진다. 이를 통해 적절한 미니배치를 빌드할 수 있는 충분한 경험을 쌓을 수 있다. 여러분이 파라미터의 값을 배치 크기보다 작은 것으로 선택하면 Keras RL이 대체할 수 있는 것을 사용해 표본화한다.

- target_model_update: Q 함수는 재귀적이며 에이전트가 갱신되면 Q(s,a)의 신경망도 갱신되고, 이와 같은 갱신이 또한 Q(s', a)에 대한 예측에도 영향을 준다. 이렇게 되면 신경망이 매우 불안정해질 수 있다. 가장 심층적인 Q 신경망 구현이 이러한 제한을 해결하는 방법은 표적 신경망을 사용하는 것인데, 표적 신경망은 훈련되지 않은 심층 Q 신경망의 사본이지만, 새로운 사본으로 대체된다. target_model_update 파라미터로 이런 일이 얼마나 자주 일어나야 할지를 제어한다.

훈련

케라스 RL은 케라스와 유사한 콜백 몇 가지를 제공해 모델의 검사점을 쉽게 검사하고 로그를 기록할 수 있게 한다. 나는 그러한 콜백 두 가지를 아래에서 모두 사용할 생각이다. Keras-RL이 제공하는 콜백을 더 많이 보려면 https://github.com/matthiasplappert/Keras-RL/blob/master/rl/callbacks.py를 참고하라. 또한 고유한 Keras-RL 콜백을 생성하는 데 사용할 수 있는 콜백 클래스도 찾을 수 있다.

우리는 다음 코드를 사용해 모델을 훈련할 것이다.

```
def build_callbacks(env_name):
    checkpoint_weights_filename = 'dqn_' + env_name + '_weights_{step}.h5f'
    log_filename = 'dqn_{}_log.json'.format(env_name)
    callbacks = [ModelIntervalCheckpoint(checkpoint_weights_filename, interval=5000)]
    callbacks += [FileLogger(log_filename, interval=100)]
    return callbacks

callbacks = build_callbacks(ENV_NAME)

dqn.fit(env, nb_steps=50000, visualize=False, verbose=2, callbacks=callbacks)
```

일단 에이전트의 콜백들이 빌드되었다면, 우리는 .fit() 메서드를 사용해 케라스 모델과 마찬가지로 DQNAgent를 적합하게 할 수 있다. 이번 예제에서는 visualize 파라미터를 기록해두라. visualize를 True로 설정하면 에이전트가 진행 중인 환경과 상호 작용하는 것을 관찰할 수 있다. 그러나 이렇게 하면 훈련이 상당히 느리게 진행된다.

결과

첫 250개 에피소드가 지난 후에 우리는 해당 에피소드의 총 보상이 200에 달하고 에피소드 스텝도 200에 도달한다는 점을 알게 될 것이다. 이는 에이전트가 최대 200 스텝으로 끝날 때까지 수레에 실린 막대기의 균형을 잡는 법을 학습했다는 점을 의미한다.

물론 우리가 성공한 게 즐거우므로, 우리는 DQNAgent의 .test() 메서드를 사용해 몇 가지 에피소드를 평가할 수 있다. 이 메서드를 정의하는 데 사용되는 코드는 다음과 같다.

```
dqn.test(env, nb_episodes=5, visualize=True)
```

여기서 visualize=True로 설정하면 에이전트가 다음 이미지와 같이 막대기의 균형을 맞추는 것을 볼 수 있다.

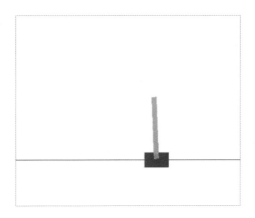

여기까지 해 보니까, 균형 잡힌 막대 하나가 보인다! 그래, 나도 인정하는데, 수레에서 막대기를 균형 잡게 하는 일이 그렇게 멋져 보이지는 않는다. 그러니 한 가지 더 가벼운 예를 들어보겠다. 이번 예제에서는 루나랜더를 달에 착륙시킬 생각인데, 이게 더 깊은 감동을 줄 것으로 보인다.

루나랜더

Keras-RL 덕분에 루나랜더에 사용하는 에이전트는, 실제 모델 아키텍처와 몇 가지 하이퍼파라미터 변경 사항을 제외하고는, 카트폴과 거의 동일하다. 달 착륙지 환경에는 네 개 대신 여덟 개의 입력이 있는데, 이제 우리 대리인은 두 개가 아닌 네 개의 행동을 선택할 수 있다.

이러한 예제들에서 영감을 받아 Keras-RL 신경망을 구축하려는 경우, 하이퍼파라미터를 선택하는 일이 정말정말 중요하다는 점을 명심하라. 루나랜더 에이전트의 경우 모델 아키텍처를 아주 조금만 변경했는데도 에이전트가 환경에 대한 솔루션을 학습하지 못하게 되었다. 신경망을 제대로 만들기는 쉽지 않은 일이다.

루나랜더 신경망의 아키텍처

루나랜더 에이전트의 구조는 카트폴보다 조금 더 복잡해서, 동일한 세 개의 은닉 계층에 단지 몇 개의 뉴런만 더 도입했다. 다음 코드를 사용해 모델을 정의할 것이다.

```
def build_model(state_size, num_actions):
    input = Input (shape=(1, state_size))
```

```
    x = Flatten() (input)
    x = Dense (64, activation='relu') (x)
    x = Dense (32, activation='relu') (x)
    x = Dense (16, activation='relu') (x)
    output = Dense (num_actions, activation='linear') (x)
    model = Model(inputs=input, outputs=output)
    print(model.summary())
    return model
```

이 문제의 경우, 소규모 아키텍처들은 착륙선을 통제하고 유지하는 법은 학습했지만 실제로 착륙시키지는 못 했다. 물론, 매 에피소드의 각 스텝마다 미니배치를 갱신하기 때문에 실행시간(run time)과 컴퓨터 요구 사항을 감안해 얼마나 복잡하게 할지를 신중하게 고려해야 한다.

기억 및 정책

카트폴의 기억(memory) 및 정책(policy)을 재사용할 수 있다. 이 에이전트가 훈련을 위해 더 많은 스텝을 밟아 나가기 때문에 선형 풀림 정책의 스텝을 추가로 조정함으로써 에이전트를 훈련하는 속도를 향상시킬 수 있다고 믿는다. 그러나 카트폴에 쓸 수 있게 선택된 값들이 충분히 잘 작동하는 것 같으므로, 스텝을 조정하는 일은 독자들이 풀어야 할 연습거리로 남겨 두려 한다.

에이전트

다음 코드에서 볼 수 있듯이, 훨씬 더 적은 학습 속도를 제외하면, 루나랜더의 DQNAgent 역시 똑같다.

```
dqn = DQNAgent(model=model, nb_actions=num_actions, memory=memory,
               nb_steps_warmup=10, target_model_update=1e-2, policy=policy)
dqn.compile(Adam(lr=0.00025), metrics=['mae'])
```

훈련

이 에이전트를 훈련할 때, 에이전트가 착륙선을 이륙시키는 건 학습하면서 착륙은 피하려 한다는 점을 알아차리게 될 것이다. 착륙선이 마침내 착륙하게 되면 에이전트는 강력한 보상을 받게 되는데, 성공적으로 착륙하게 하면 +100점을 받고, 충돌 시에는 −100점을 받는다. 이 −100점이라는 보상은 너무 강력해서 에이전트는 처음에는 호버링을 해서 작은 벌점을 받으려고 할 것이다. 충돌하면서 착륙하는 게 아주 나쁘다는 점을 안 에이전트가 마침내 잘 착륙시키는 편이 착륙시키지 않는 편보다 낫다는 점을 생각해 내기까지는 꽤 많은 에피소드가 필요하다. [16]

 보상 신호를 형성해 에이전트가 더 빨리 학습할 수 있도록 할 수도 있지만, 그런 주제는 이 책의 범위를 벗어난다. 자세한 내용을 알고 싶으면 보상 행동조형(reward shaping)[16]에 관해 연구해 보라.

충돌 착륙에 대한 이러한 극단적인 부정적 피드백 때문에, 신경망이 착륙하는 법을 배우는 데 상당한 시간이 걸릴 것이다. 우리는 우리의 메시지를 전달하기 위해 50만 개의 훈련 스텝을 진행하고 있다. 우리는 다음 코드를 사용해 에이전트를 훈련할 것이다.

```
callbacks = build_callbacks(ENV_NAME)

dqn.fit(env, nb_steps=1000000,
        visualize=False,
        verbose=2,
        callbacks=callbacks)
```

기본적으로 0.99로 설정된 감마 파라미터를 조정해 이 예를 더 개선할 수 있을 것이다. Q 함수를 다시 기억해 낸다면, 이 파라미터가 Q 함수 내에서 미래 보상의 영향을 줄이거나 늘린다는 점을 알 수 있을 것이다.

결과

나는 Git 장에 루나랜더의 가중치를 포함시켰고, 시각화 기능을 사용해 해당 가중치를 실행하는 dqn_lunar_lander_test.py라는 스크립트를 만들었다. 이 스크립트는 훈련된 모델의 가중치를 적재하고 10 에피소드 동안 런(run)한다. 대부분의 경우에 에이전트는 다음 화면에서 볼 수 있듯이 놀라운 기술과 정확도로 루나랜더를 착륙시킬 수 있다.

---

16 (옮긴이) '행동조형'은 심리학 용어이다. 이 용어로 검색해 보면 관련 지식을 습득할 수 있을 것이다.

심층 Q 신경망이 로켓 과학이라고 하기는 조금 그렇지만, 이것으로 로켓을 제어할 수 있다는 점을 보여주었기를 바란다.

요약

스탠포드 대학교에서는 전체 수업 과정을 강화학습에만 기반을 두고 있다. 강화학습만 다룬 책을 쓰는 일도 가능했을 것이고, 사실 그런 일이 여러 차례 성사되었다. 그러므로 이번 장이 여러분이 강화학습 문제를 해결하기 위한 여정을 시작하는 곳이라는 점을 알게 되었기를 바란다.

루나랜더 문제를 풀어보면서 나는 심층 Q 신경망으로 강화된 에이전트를 사용하는 장난감 같은 문제에서 시작해 실제 우주 탐험에 이르기까지 관심을 두게 되었다. 이번 장이 나에게 그랬던 것처럼 여러분에게도 그렇게 하기를 바란다.

다음 장에서는 마지막으로 새로운 이미지나 데이터 점, 심지어는 새로운 음악을 생성할 수 있는 신경망, 즉 생성적 적대 신경망을 살펴보자.

생성적 적대 신경망

이 책의 많은 부분에서 분류하거나 추정하는 신경망에 관해 이야기를 해 왔는데 이번 장에서는 무언가를 생성할 수 있는 능력을 가진 심층 신경망을 설명할 생각이다. **생성적 적대 신경망**은 나중에 자세히 다룰 심층 신경망 두 개 간의 내부 경쟁을 통해 이러한 작업을 수행하는 방법을 학습한다. 이번 장에서 중점적으로 다룰 GAN 유형인 **심층 합성곱 GAN**(deep convolutional generative adversarial networks, DCGAN)의 경우, 신경망은 훈련용 데이터셋의 이미지와 비슷한 이미지를 생성하는 법을 학습하게 된다.

이번 장에서 다룰 주제는 다음과 같다.

- GAN의 개요

- 심층 합성곱 GAN의 아키텍처

- GAN 훈련에 실패하는 방법

- GAN을 위한 안전한 선택지

- 케라스 GAN을 사용해 MNIST 이미지를 생성하기

- 케라스 GAN을 사용해 CIFAR-10 이미지를 생성하기

GAN의 개요

생성적 적대 신경망(generative adversarial networks, GAN)[1]은 전반적으로 새로운 콘텐츠를 생성하는 일과 관련이 있다. GAN은 일부 분포를 학습하고 해당 분포를 바탕으로 새 표본을 생성할 수 있다. 이 표본은 훈련 데이터에는 없던 선분 속의 새로운 점일 수도 있지만 매우 복잡한 데이터셋의 새로운 점일 수도 있다. GAN은 새로운 음악이나 소리 또는 그림을 생성하는 데 사용되어 왔다. 얀 르쿤(Yann LeCun)에 따르면 *"적대적 훈련은 얇게 썬 빵이 나온 이후로 가장 멋진 것"*(https://www.quora.com/session/Yann-LeCun/1)이라고 한다. 나는 썰려 있는 빵이 특별히 멋지다고 확신할 수는 없지만, 얀 르쿤이 아주 멋진 남자이니 일단 그의 말을 믿어 볼 생각이다. 어찌 되었든 간에 GAN은 매우 인기가 있으며, 지금까지 업무적인 구성 과정에서 다룬 나머지 주제보다 실용적이지는 않지만 그래도 딥러닝 기법에 대한 설문 조사를 할 때면 어느 정도 고려할 가치가 있는 것이다.

2014년에 이안 굿펠로우(Ian Goodfellow) 등이 *"Generative Adversarial Nets"*(https://arxiv.org/pdf/1406.2661.pdf)라는 논문을 작성해 서로 상대를 패배하게 하려고 하는 심층 신경망 두 개를 적대적으로 훈련하는 방식의 프레임워크를 제안했다. 이 프레임워크는 판별기와 생성기라는 두 개의 별도 신경망으로 구성되어 있다.

판별기(discriminator)는 훈련 집합의 실제 데이터와 생성기가 만들어 낸 가짜 데이터를 살펴본다. 진품 또는 모조품이라는 형태로 들어오는 데이터 인스턴스를 분류하는 게 판별기가 하는 일이다.

생성기(generator)는 판별기를 속여서 자신이 생성하는 데이터가 진짜라고 생각하도록 노력한다.

생성기와 판별기는 각각 상대방보다 우위에 서려고 하는 게임에 빠지게 된다. 이 경쟁으로 인해 각 신경망이 개선되어 결국 생성기가 출력한 내용과 훈련 집합에 있던 데이터를 판별기가 구분할 수 없는 지경에 이르게 된다. 생성기와 판별기가 모두 적절하게 구성되면 둘 다 내시 균형(Nash equilibrium)[2]에 도달해 서로 간에 우열을 비교할 수 없는 상황까지 이르게 된다.

---

1 (옮긴이) 적대적 생성 신경망이라고도 부르며, 원래 의미를 잘 생각해 본다면 '적대'를 '대항'으로 고쳐 쓰는 게 바람직해 보인다.

2 (옮긴이) 상호 경쟁하는 상황에서 균형에 이르게 되는 점을 다룬 게임 이론. 경제학자인 존 내시가 창안한 이론으로 현대의 정치, 경제, 투자, 게임 등 다양한 분야에 응용되고 있다.

심층 합성곱 GAN의 아키텍처

GAN에 관한 많은 논문들이 발표되었고, 각 논문은 저마다 새롭고 기발한 아키텍처와 개조 방식을 제안하지만, 이러한 논문 중 대부분은 적어도 어느 정도는 심층 합성곱 GAN(DCGAN)을 바탕으로 삼고 있다. 이번 장의 나머지 부분에서는 DCGAN이라는 모델에 초점을 맞출 생각인데, 이럼으로써 배우게 되는 지식이 이 책에서 다루지 않지만 **Conditional GAN(cGAN)**, Stack GAN, InfoGAN, Wasserstein GAN과 같은 새롭고 흥미로운 GAN 아키텍처나 미래에 보게 될 그 밖의 새로운 변종을 채택해야 할 때 크게 도움이 될 것이다.

DCGAN은 알렉스 래드포드(Alex Radford), 루크 메츠(Luke Metz) 및 서미스 친탈라(Soumith Chintala)가 *"Unsupervised Representation Learning with Deep Convolutional Generative Adversarial Networks"*(심층 합성곱 생성적 적대 신경망을 사용하는 비지도 표현 학습, https://arxiv.org/pdf/1511.06434.pdf)에서 소개했다.

다음 단원에는 DCGAN의 전체 아키텍처를 살펴보자.

적대적 훈련 아키텍처

GAN의 전반적인 아키텍처는 다음 그림과 같다. 여러분이 이해하기 쉽도록 개별적인 신경망인 생성기와 판별기를 최대한 단순한 블랙박스 형태로 그렸다. 곧 개별 아키텍처를 자세히 다루겠지만, 먼저 각 아키텍처가 상호작용을 하는 방식에 초점을 맞추기 위해서이다.

GAN 아키텍처

생성기에 마구잡이 잡음(random noise) (z)의 벡터를 제공하면 생성기는 판별기를 속일 수 있는 출력 G(z)를 생성한다(DCGAN의 경우 이미지를 생성함).

판별기에는 실제 훈련 데이터(X)와 생성기 출력인 G(z)가 모두 제공된다. 이 방법은 입력 내용이 실제로 진품 P(X)일 가능성을 결정하는 것이다.

판별기와 생성기는 한 스택에서 모두 함께 훈련된다. 한쪽이 개선되면 다른 쪽도 생성기가 양호한 출력을 만들어 판별기가 더 이상 해당 출력과 훈련 데이터 간의 차이를 식별할 수 없을 때까지 개선된다.

물론, 자신만의 GAN을 만들 준비를 마치기 전에 할 몇 가지 세부 사항들을 더 다뤄야 한다. 다음 차례로 생성기를 조금 더 깊숙한 데까지 살펴보자.

생성기 아키텍처

이번 예제에서는 28×28 크기로 된 회색조 이미지를 생성하는 데 적합한 계층 크기를 사용하고 있는데, 이는 나중에 MNIST 예에서 우리가 수행할 작업 바로 그것이다. 이전에 생성기를 다뤄 본 적이 없다면 여러분에게는 생성기의 산술 연산이 약간 어려울 수 있으므로, 각 계층을 살펴보면서 하나씩 이를 다룰 생각이다. 다음 그림은 아키텍처를 보여 준다.

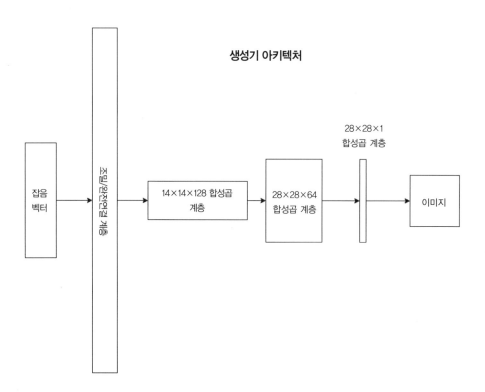

생성기에 대한 입력은 우리가 잡음 벡터(noise vector)라고 부르는, 100×1 크기 벡터에 불과하다. GAN은 이 잡음 벡터가 정규 분포에서 생성될 때 가장 잘 작동하는 경향이 있다.

신경망의 첫 번째 계층은 조밀 계층(dense layer)이므로, 완전히 연결된 것이다. 이 계층을 통해 우리는 선형 대수를 설정할 수 있으므로 우리는 결국 올바른 모양으로 된 출력을 갖게 된다. 각 합성곱 블록에 대해 우리는 첫 번째 축과 두 번째 축(결과적으로 이미지의 높이와 너비에 해당하는 행과 열)을 두 배로 늘리면서도 채널 개수는 점차적으로 1로 줄일 것이다. 결과적으로 출력의 높이와 너비가 각기 28이 되게 할 필요가 있다. 그러므로 $7 \times 7 \times 128$ 모양으로 된 텐서로 시작할 필요가 있는데, 그래야 이 텐서가 14×14 모양이 되었다가 궁극적으로 28×28 모양이 될 수 있다. 이를 위해, 우리는 조밀 계층의 크기를 $128 \times 7 \times 7$ 뉴런, 즉 6,272 유닛으로 조정할 것이다. 이를 통해 조밀 계층의 출력을 $7 \times 7 \times 128$로 다시 구성할 수 있다. 이런 내용이 명확이 이해되지 않는다고 해도 걱정하지 않아도 되는 게, 코드를 작성하고 나면 이해될 것이기 때문이다.

완전 연결 계층(fully connected layer, 즉 조밀 계층) 이후에는 더 간단하다. 우리는 늘 그래왔던 것처럼 합성곱 계층을 사용하고 있다. 하지만 이번에는 합성곱 계층을 후진 방향으로 사용하고 있다. 더 이상 최대 풀링을 사용해 하향 표본추출(down sampling)을 하지 않는다[3]. 대신에 우리는 신경망을 구축하기 위해 합성곱 계층을 사용해 상향 표본추출(up sampling)을 함으로써 시각적 특징을 학습하게 하고, 결과적으로 텐서를 적절한 모양으로 출력하게 한다.

일반적으로 생성기 내 마지막 계층의 활성은 쌍곡 탄젠트이며, 훈련용 이미지 행렬 내의 원소들은 −1과 1 사이로 정규화된다. 이 기법은 내가 이번 장에서 언급할 많은 GAN 기법 중 하나이다. 연구자들은 안정적인 GAN을 구축하는 데 도움이 되는 기법을 경험적인 관찰을 통해 찾아냈는데, 이 기법의 대부분은 서미스 친탈라(Soumith Chintala)의 깃 저장소에 들어 있고, 이 사람은 https://github.com/soumith/ganhacks에 수록된 DCGAN 논문의 원저자이기도 하다. 딥러닝 연구와 관련해서는 세상 참 좁다는 말이 통한다.

---

3 여기서 하향 표본 추출(down sampling)을 예로 들면 4×4 크기로 된 이미지로 단 최대 풀링을 통해 1×1 크기로 된 이미지로 줄이는 것과 같은 일을 말한다.

판별기 아키텍처

판별기의 아키텍처는 우리가 이전 장들에서 이미 보았던 것과 훨씬 더 비슷하다. 다음 그림에서 보듯이 판별기가 실제로는 전형적인 이미지 분류기이다. 판별기는 입력 이미지가 실제 이미지들 중 하나인지 여부를 예측해야 하므로 출력의 활성이 sigmoid이다. 판별기는 이진 분류 문제를 해결하고 있는 것이다.

판별기 아키텍처

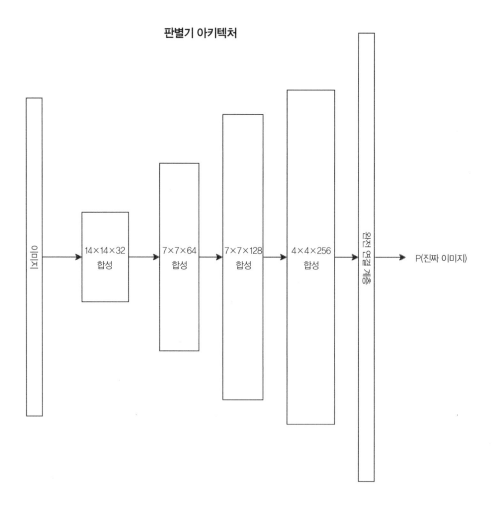

이제 우리는 DCGAN의 아키텍처와 다양한 계층을 살펴보았으므로 이제 이 프레임워크가 어떻게 훈련되는지 살펴보자.

적층한 훈련

DCGAN 프레임워크는 내가 이 책의 앞 부분에 나온 신경망들을 훈련할 때 쓴 방식과 같은 방식으로 미니배치를 사용해 훈련된다. 하지만 나중에 우리가 코드를 작성할 때 여러분은 우리가 단순히 models.fit() 메서드를 호출하고 그것을 다루기 위해 케라스에 의존하는 대신에, 우리가 각 갱신 배치에 대해 발생하는 작업을 명시적으로 제어하는 훈련 루프를 구축하고 있음을 알게 될 것이다. GAN 훈련 시에는 동일한 배치에 대한 가중치를 여러 모델이 갱신해야 해서 나는 이런 식으로 했는데, 그렇기 때문에 우리가 이전에 했었던 단일 파라미터 갱신보다는 조금 더 복잡하다.

각 배치별로 DCGAN 훈련이 두 단계로 이루어진다.

1단계: 판별기를 훈련한다

DCGAN 배치 훈련의 첫 번째 단계는 실제 데이터와 생성된 데이터를 둘 다 사용해 판별기를 훈련하는 것이다. 실제 데이터에 주어진 레이블은 분명히 1이고 가짜 데이터의 레이블은 0이다.

2단계: 스택을 훈련한다

판별기가 자신의 가중치를 갱신한 후에 판별기와 생성기를 단일 모델로 삼아 함께 훈련한다. 그렇게 하는 동안에 우리는 판별기의 가중치를 동결시켜 훈련되지 못 하게 한 다음에, 판별기가 생성기의 가중치를 갱신할 수 있도록 생성기에 경사를 역전파할 수 있도록 할 것이다.

훈련 과정 중에 이 단계에서 쓸 수 있게, 우리는 잡음 벡터를 입력으로 사용할 텐데, 생성기는 해당 잡음 벡터를 사용해 이미지를 생성한다. 판별기는 해당 이미지를 보게 되면 그 이미지가 진짜인지 여부를 예측하도록 요청받는다. 다음 보기에서는 이 과정을 보여 준다.

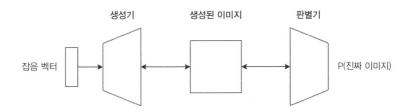

판별기는 우리가 $\hat{y}$라고 부를 수 있는 예측을 제안할 것이다. 이 스택에 대한 loss 함수는 이진 교차 엔트로피가 될 것이며, 우리가 y로 간주할 수 있는 1이라는 레이블 한 개를 loss 함수에 전달한다. 이 책의 앞부분을 다시 떠 올려 본다면 y와 $\hat{y}$ 사이의 loss는 판별기를 통해 생성기로 다시 전달되는 경사로 변환된다. 이렇게 하면 생성기의 가중치가 갱신되므로, 판별기가 인식한 문제 공간에 대한 이점을 활용해 더욱 현실감 있는 이미지를 생성하는 방법을 학습할 수 있게 된다.

판별기가 더 이상 두 데이터 집합을 구별할 수 없을 만큼 훈련 데이터와 비슷한 데이터를 생성기가 생성해 내는 지경에 이를 때까지 이 두 단계가 거듭 반복되므로, 이는 판별기를 위한 추측 게임이 되어 간다. 이런 지경에 이르면 생성기는 더 이상 개선되지 않는다. 이 내시 균형이 발견된 시점이 신경망이 훈련된 시점이다.

GAN 훈련에 실패하는 방법

GAN을 훈련하는 일은 아무리 좋게 쳐준다고 해도 까다로운 일이다. GAN을 훈련하는데 실패한 많은 방법들이 있다. 사실, 이번 장을 쓰는 동안에 나는 정작 클라우드 GPU를 이용하는 비용을 치르는 데에는 인색하면서도 내 욕설 벡터 형태로 된 어휘집이나 늘리고 있다는 점을 알게 되었다. 내가 이번 장의 뒷부분에서 실행되는 GAN 두 개를 보여주기 전에, 무엇인가가 고장이 날 수 있고 우리가 어떻게 그런 것들을 고칠 수 있을지 생각해 보자.

안정성

안정성(stability)이란 GAN을 훈련하려면 판별기와 생성기 사이에서 신중하게 균형을 잡아야 함을 나타내는 말이다. 판별기와 생성기는 둘 다 신경망의 패권을 놓고 서로 싸운다. 반면에 그것들은 또한 학습하고 발전하기 위해 서로 필요한 존재이기도 하다. GAN이 작동되게 하려면 어느 쪽도 다른 쪽을 압도해서는 안 된다.

불안정한 GAN에서는 판별기가 생성기를 압도하면서 생성기가 가짜라는 것을 완전히 확신할 수 있다. 손실은 0에 수렴하게 되고 생성기로 보낼 만한 경사가 없게 되므로 더 이상 개선될 여지도 없게 된다. 신경망을 구축하는 게임은 그것으로 끝장나버리고 만다. 이것을 다루는 가장 좋은 방법은 판별기의 학습 속도를 낮추는 것이다. 여러분은 또한 판별기 아키텍처에서 전반적으로 뉴런 개수를 줄이려고 할 수도 있지만, 여러분은 나중에 훈련 과정에서 해당 뉴런들을 누락할 수도 있다. 궁극적으로는 신경망 아키텍처와 하이퍼파라미터를 조정하는 것이 이러한 상황을 피하는 가장 좋은 방법이다.

물론, 최빈값 붕괴 시에 그러는 것처럼 다른 방식이 될 수도 있다.

최빈값 붕괴

최빈값 붕괴(mode collapse)는 GAN이 실패하는 것과 비슷하기도 하고 관련성이 있기도 한 방법이다. 최빈값 붕괴 시 생성기는 다봉 분포(multimodal distribution)에서 하나의 최빈값만을 학습하고는 그것만 선택해 항상 이 방식으로 판별기를 이용하려고 한다. 훈련 집합에 물고기와 새끼 고양이가 있는데 생성기는 이상한 새끼 고양이만 생성할 뿐 물고기는 생성하지 않는다면, 여러분은 최빈값 붕괴를 경험하고 있는 것이다.[4] 이런 경우에 판별기의 능력을 높이면 도움이 될 수 있다.

GAN을 위한 안전한 선택지

나는 앞에서 서미스 친탈라(Soumith Chintala)의 'GAN Hacks'라는 깃(https://github.com/Soumith/ganhacks)을 언급한 적이 있다. GAN을 안정적으로 만들려고 할 때 시작하기에 좋은 장소이다. 안정적인 GAN이 되게 훈련하기가 얼마나 어려울지를 이야기했으니 이제는 해당 깃에서 찾을 수 있는, 안정적인 훈련에 성공하는 데 필요한 몇 가지 선택지에 관해 이야기해보자. 꽤 많은 기법들이 해당 깃에 있지만, 해당 장에서 아직까지 다뤄보지 않았지만 내가 가장 추천하는 기법들은 다음과 같다.

---

4 (옮긴이) 다봉 분포란 연속확률분포에 최빈값이 여러 개 나오는 경우이다(출처: 위키백과). 즉, 산봉우리가 여러 개 있는 모양으로 연속확률분포 그래프가 그려지는 경우이다. 이 때 각 산봉우리는 최빈값을 나타낸다. 다봉 분포인 경우에 생성기가 선택해 쓸 수 있는 최빈값이 여럿(즉, multi-modal)이므로 원래 생성기는 이런 여러 최빈값중에서 골고루 선택해 판별기를 이용해야 한다. 본문에 나오는 예를 인용하고 확대해 설명하자면, 최빈값으로 고양이/개/물고기/노루/독수리 등이 나왔다면 다섯 개의 봉우리가 있는 연속확률분포곡선 그래프로 그려질 테고, 생성기는 다섯 개 최빈값들을 골고루 선택해야 하는데 그 중에 고양이 최빈값만 선택한 경우에 최빈값이 붕괴되었다고 할 수 있고, 이 때 생성기는 고양이 사진만 생성할 것이다.

- **배치 노름(batch norm)**: 배치 정규화(batch normalization)[5]를 이용할 때 진짜 데이터와 가짜 데이터에 대해 따로 미니배치를 구성하고, 따로따로 갱신하라.

- **리키 렐루(leaky ReLU)**: 리키 렐루는 렐루(ReLU) 활성 함수의 변형이다. 렐루 함수가 $f(x) = max(0, x)$라는 점을 기억하자.

  리키 렐루는 다음과 같은 식이 된다.

  $$f(x) = \left\{ \begin{array}{l} x \ when \ x >= 0 \\ \alpha * x \ when \ x < 0 \end{array} \right\}$$

- 리키 렐루는 유닛이 활성화되지 않은 경우 0이 아니면서도 매우 작은 경사를 허용한다. 리키 렐루는 경사 소멸 문제와 맞서 싸우는데, 판별기와 생성기를 조합할 때처럼 많은 계층을 서로 겹쳐 쌓을 때 항상 경사 소멸이 문제가 된다.

- 생성기에서 드롭아웃을 사용: 이렇게 하면 잡음이 공급되는 꼴이 되므로 최빈값 붕괴를 방어할 수 있다.

- 소프트 레이블(soft label)[6]을 사용: 진짜 사례의 경우에는 0.7과 1 사이의 레이블을 사용하고 가짜 사례인 경우에 0과 0.3 사이의 레이블을 사용한다. 이런 잡음은 판별기에서 생성기로 정보가 계속 흐르게 하는 데 도움이 된다.

이번 장의 다른 부분에서도 다룰 수 있는 GAN 기법은 상당히 많지만, GAN을 구현하는 데 성공하려면 여기서 소개한 몇 가지 기법이 가장 중요하다고 생각한다.

케라스 GAN을 사용해 MNIST 이미지를 생성하기

우리가 이전에도 MNIST를 사용해 보았지만, 이번에는 GAN을 이용해 MNIST와 비슷한 이미지를 새로 만들 것이다. GAN을 훈련하는 데는 매우 오랜 시간이 걸릴 수 있지만, 대부분의 노트북에서 몇 시간 안에 실행될 수 있을 만큼 이번 문제는 크기가 작기 때문에, 예제로 삼기에 적당하다. 나중에 이 예제를 CIFAR-10 이미지로 확대해 볼 생각이다.

여기에서 사용하는 신경망 아키텍처는 DCGAN 논문의 저자들과, 여기에 사용된 코드의 기초가 되는 케라스 GAN(Keras GAN, https://github.com/eriklindernoren/Keras-GAN)이라고 부르는 멋진 GAN 구현 모음을 작성한 에릭 린더-노렌(Erik Linder-Norén)

---

5 (옮긴이) 노름(norm)과 정규화(normalization)는 그 개념이 다르므로 영어를 별도로 병기했다.

6 (옮긴이) 즉, 유연한 레이블.

을 비롯한 많은 사람들이 발견하고 최적화한 것이다. 여러분이 여기에서 사용하는 아키텍처들에 내가 어떻게 도달했는지 궁금해 한다면, 나는 이 거인들의 어깨 위에 서려고 했다고 말할 수 있다.

데이터셋을 적재하기

MNIST 데이터셋은 손으로 그린 숫자(0~9) 6만 개로 구성되어 있다. 케라스는 훈련용 이미지 5만 개와 테스트 이미지 1만 개로 분할해 주는 내장형 적재기(loader)를 제공한다. 우리는 다음 코드를 사용해 데이터셋을 적재할 것이다.

```python
from keras.datasets import mnist

def load_data():
    (X_train, _), (_, _) = mnist.load_data()
    X_train = (X_train.astype(np.float32) - 127.5) / 127.5
    X_train = np.expand_dims(X_train, axis=3)
    return X_train
```

아마도 알아차렸겠지만, 나는 레이블이나 테스트 데이터셋을 전혀 반환하지 않는다. 나는 훈련 데이터셋만 사용하려고 한다. 내가 사용할 레이블이라고는 가짜인 경우에는 0이고 진짜인 경우에는 1이기 때문에 레이블이 따로 있을 이유가 없다. 훈련 데이터셋에 들어있는 이미지는 모두 진짜 이미지이므로 판별기에 모두 1의 레이블이 할당된다.

생성기를 구축하기

생성기는 이번 단원에서 설명하는 몇 가지 새로운 계층을 사용한다. 먼저, 다음 코드를 자세히 살펴보라.

```python
def build_generator(noise_shape=(100,)):
    input = Input (noise_shape)
    x = Dense (128 * 7 * 7, activation="relu") (input)
    x = Reshape((7, 7, 128)) (x)
    x = BatchNormalization (momentum=0.8) (x)
    x = UpSampling2D () (x)
```

```
    x = Conv2D (128, kernel_size=3, padding="same") (x)
    x = Activation("relu") (x)
    x = BatchNormalization (momentum=0.8) (x)
    x = UpSampling2D () (x)
    x = Conv2D (64, kernel_size=3, padding="same") (x)
    x = Activation("relu") (x)
    x = BatchNormalization (momentum=0.8) (x)
    x = Conv2D (1, kernel_size=3, padding="same") (x)
    out = Activation("tanh") (x)
    model = Model(input, out)
    print("-- Generator -- ")
    model.summary()
    return model
```

이전에는 UpSampling2D 계층[7]을 사용해 본 적이 없었다. 이 계층은 채널을 변경하지 않은 채로 입력 텐서의 행과 열을 늘린다. 입력 텐서의 값을 반복해 채우는 식으로 이 작업을 수행한다. 기본적으로 이 계층은 입력 내용이 두 배가 되게 한다. UpSampling2D 계층에 $7 \times 7 \times 128$ 입력을 제공하면 $14 \times 14 \times 128$ 출력을 제공한다.

일반적으로 CNN을 구축할 때에는, 먼저 아주 높고 넓은 이미지로 출발하고, 그런 다음 합성곱 계층들을 사용해 이미지가 담긴 텐서가 아주 깊지만 덜 높고 덜 넓은 게 되게 한다. 여기서는 정반대로 할 생각이다. $7 \times 7 \times 128$ 모양인 텐서로 시작하도록 조밀한 계층을 사용한 다음에 두 배로 하기를 두 번 반복하면 28×28 텐서가 남게 된다. 회색조로 된 이미지가 필요하기 때문에, $28 \times 28 \times 1$ 출력을 얻기 위해 단일 유닛이 있는 합성곱 계층을 사용할 수 있다.

이런 식의 생성기에 필요한 산수가 처음에는 약간 잘못된 것 같고 어색해 보일 수 있지만 몇 시간이 지나고 나면 요령을 터득하게 될 것이다!

판별기를 구축하기

판별기는 사실 이전에 언급했던 다른 CNN과 대부분 똑같다. 물론, 논의해 보아야 할 새로운 면도 몇 가지 있다. 우리는 다음 코드를 사용해 판별기를 구축할 것이다.

7　(옮긴이) 이름에서 알 수 있듯이 2차원(2D) 모양으로 된 텐서(주로 이미지)를 상향 표본추출(up-sampling, 즉 데이터 표본의 크기를 늘림)을 하는 것이다.

```
def build_discriminator(img_shape):
    input = Input (img_shape)
    x = Conv2D (32, kernel_size=3, strides=2, padding="same") (input)
    x = LeakyReLU(alpha=0.2) (x)
    x = Dropout (0.25) (x)
    x = Conv2D (64, kernel_size=3, strides=2, padding="same") (x)
    x = ZeroPadding2D (padding=((0, 1), (0, 1))) (x)
    x = (LeakyReLU(alpha=0.2)) (x)
    x = Dropout (0.25) (x)
    x = BatchNormalization (momentum=0.8) (x)
    x = Conv2D (128, kernel_size=3, strides=2, padding="same") (x)
    x = LeakyReLU(alpha=0.2) (x)
    x = Dropout (0.25) (x)
    x = BatchNormalization (momentum=0.8) (x)
    x = Conv2D (256, kernel_size=3, strides=1, padding="same") (x)
    x = LeakyReLU(alpha=0.2) (x)
    x = Dropout (0.25) (x)
    x = Flatten() (x)
    out = Dense (1, activation='sigmoid') (x)

    model = Model(input, out)
    print("-- Discriminator -- ")
    model.summary()
    return model
```

이 코드를 보면 먼저 이상한 모양으로 생긴 zeroPadding2D() 계층이 눈에 뜨일 것이다. 두 번째 합성곱 후에 텐서가 $28 \times 28 \times 3$에서 $7 \times 7 \times 64$로 바뀌었는데, 이 zeroPadding2D() 계층이 행과 열의 한쪽에 0을 추가해서 텐서가 $8 \times 8 \times 64$ 모양이 되도록 하는 식으로 짝수로 되돌린다.

배치 정규화와 드롭아웃을 모두 사용한다는 점은 더 특이하다. 일반적으로 이러한 두 계층은 함께 사용되지 않지만, GAN의 경우에는 신경망에 도움이 되는 것처럼 보인다.

적층 모델을 구축하기

이제 생성기(generator)와 판별기(discriminator)를 모두 조립했으므로 두 모델을 겹쳐 쌓은(stacked, 적층한) 세 번째 모델을 조립하고 생성기 손실을 제공해 생성기를 훈련하는 데 사용할 수 있다.

이렇게 하려면 다음 코드와 같이 새 모델을 만들면 되는데, 이번에는 이전에 나온 모델 자체를 새 모델의 계층으로 사용한다.

```python
discriminator = build_discriminator(img_shape=(28, 28, 1))
generator = build_generator()

z = Input (shape=(100,))
img = generator(z)
discriminator.trainable = False
real = discriminator(img)
combined = Model(z, real)
```

우리가 모델을 구축하기 전에 판별기의 훈련 특성(discriminator.trainable)을 False로 설정하고 있다는 점에 유념하라. 즉, 이 모델의 경우 역전파를 하는 중에는 우리가 판별기의 가중치를 갱신하지 않는다. 이번 장의 앞부분에 나오는 *적층한 훈련* 단원에서 언급한 바와 같이, 판별기의 가중치는 동결하고 해당 스택과 함께 생성기 가중치를 옮기는 일만 할 것이다. 판별기는 따로 훈련을 받게 될 것이다.

이제 모든 모델이 구축되었으므로 다음 코드와 같이 모델을 컴파일해야 한다.

```python
gen_optimizer = Adam(lr=0.0002, beta_1=0.5)
disc_optimizer = Adam(lr=0.0002, beta_1=0.5)

discriminator.compile(loss='binary_crossentropy',
                      optimizer=disc_optimizer,
                      metrics=['accuracy'])

generator.compile(loss='binary_crossentropy', optimizer=gen_optimizer)
combined.compile(loss='binary_crossentropy', optimizer=gen_optimizer)
```

보다시피 두 가지 맞춤형 Adam **최적화기(Adam optimizers)**를 만들고 있다. 그 이유는 우리가 자주, 판별기나 생성기 중 어느 한 쪽의 학습 속도만 바꾸면서 나머지 한쪽을 느리게 함으로써 어느 쪽도 다른 쪽을 압도하지 않는 안정적인 GAN으로 마무리하기를 바랄 것이기 때문이다. 또한 여러분은 내가 beta_1 = 0.5를 사용하고 있다는 점도 알아차릴 것이다. 이 값은 내가 진행해 왔고 또한 성공했던 DCGAN 논문에서 권장하는 값이다. 학습율을 0.0002 부터 해 보는 게 좋으며, 이 값은 DCGAN 논문에도 나와 있다.

훈련 루프

이전에는 모델에서 .fit()을 호출하는 사치를 누렸고, 데이터를 여러 미니배치로 쪼개고 훈련하는 과정을 케라스가 처리하도록 맡겼다.

불행하게도, 우리는 판별기와 적층 모델을 단 한 개의 배치에 대해 따로따로 갱신하는 일을 수행해야 하기 때문에, 루프를 몇 개 사용해 구식이 된 방식으로 작업을 수행해야 한다. 항상 이런 식으로 일이 진행되고는 했었기 때문에, 일이 조금 더 많아지긴 했지만, 오히려 나는 고향에 대한 그리움을 느끼는 것 같았다. 다음 코드는 그러한 훈련 기법을 보여 준다.

```
num_examples = X_train.shape[0]
num_batches = int(num_examples / float(batch_size))
half_batch = int(batch_size / 2)

for epoch in range(epochs + 1):
    for batch in range(num_batches):
        # 이 배치에 대한 잡음용 이미지들.
        noise = np.random.normal(0, 1, (half_batch, 100))
        fake_images = generator.predict(noise)
        fake_labels = np.zeros((half_batch, 1))

        # 이 배치에 대한 진짜 이미지들.
        idx = np.random.randint(0, X_train.shape[0], half_batch)
        real_images = X_train[idx]
        real_labels = np.ones((half_batch, 1))

        # 판별기를 훈련한다(진짜는 1로 분류되고 생성된 것은 0으로 분류된다).
        d_loss_real = discriminator.train_on_batch(real_images, real_labels)
```

```
        d_loss_fake = discriminator.train_on_batch(fake_images, fake_labels)
        d_loss = 0.5 * np.add(d_loss_real, d_loss_fake)
        noise = np.random.normal(0, 1, (batch_size, 100))

        # 생성기를 훈련한다.
        g_loss = combined.train_on_batch(noise, np.ones((batch_size, 1)))

        # 진행 상황을 그림으로 그려낸다.
        print("Epoch %d Batch %d/%d [D loss: %f, acc.: %.2f%%] [G loss: %f]". %
                    (epoch, batch, num_batches, d_loss[0], 100 * d_loss[1], g_loss))
        if batch % 50 == 0:
            save_imgs(generator, epoch, batch)
```

확실히 여기에서 많은 일들이 일어나고 있다. 전과 같이 이 코드를 띄엄띄엄 나눠서 보자. 먼저 잡음 벡터를 생성하기 위한 코드를 살펴보자.

```
noise = np.random.normal(0, 1, (half_batch, 100))
fake_images = generator.predict(noise)
fake_labels = np.zeros((half_batch, 1))
```

이 코드는 잡음 벡터 행렬(이전에 우리가 z라고 불렀던 것)을 생성해 생성기로 보낸다. 그리고 나서 이 코드는 생성된 이미지들로 구성된 집합을 돌려받게 되는데, 나는 이것을 가짜 이미지라고 부른다. 이 가짜 이미지들을 사용해 판별기를 훈련할 예정이므로, 실제로는 생성된 이미지임을 나타내는 0이 우리가 사용하려는 레이블이 된다.

여기의 텐서의 모양은 half_batch $\times 28 \times 28 \times 1$이다. half_batch는 여러분이 생각한 바로 그것이다. 배치 중 나머지 절반이, 나중에 우리가 조립할 진짜 데이터가 될 것이므로 생성된 이미지로 배치의 절반만 만든다. 진짜 이미지를 얻으려면 다음 코드처럼 X_train에 걸쳐 마구잡이로 색인 집합을 생성하고 X_train의 조각(slice)을 진짜 이미지로 사용한다.

```
idx = np.random.randint(0, X_train.shape[0], half_batch)
real_images = X_train[idx]
real_labels = np.ones((half_batch, 1))
```

그렇다. 이 경우에 우리는 복원추출(sampling with replacement)을 하고 있는 중이다. 복원추출이 효과가 있기는 하지만 미니배치 훈련을 시행하는 최선의 방법은 아닐 것으로 보인다. 그렇지만 아마도 복원추출이야말로 가장 쉽고 가장 흔한 게 아닌가 싶다.

이러한 이미지들을 사용해 판별기를 훈련하고, 이것들이 진짜 이미지가 아니므로 레이블로는 0이 아닌 1을 할당할 것이다. 이제 판별기용 훈련 집합을 조립했으니 판별기를 갱신할 것이다. 이전에 거론한 적이 있는 소프트 레이블을 사용하지 않고 있다는 점도 유의하자. 최대한 이해하기 쉽도록 하기 위해서다. 다행이 이번 경우에서는 신경망에 소프트 레이블이 필요하지 않기도 하다. 다음 코드를 사용해 판별기를 훈련할 것이다.

```
# 판별기를 훈련한다(진짜는 1로 분류되고 생성된 것은 0으로 분류된다).
d_loss_real = discriminator.train_on_batch(real_images, real_labels)
d_loss_fake = discriminator.train_on_batch(fake_images, fake_labels)
d_loss = 0.5 * np.add(d_loss_real, d_loss_fake)
```

여기서 나는 판별기의 train_on_batch() 메서드를 사용하고 있다는 점에 주목하라. 이 메서드를 이 책에서 처음으로 사용했다. train_on_batch() 메서드는 순방향 전파 및 역방향 전파를 정확히 한 차례만 수행한다. 이 메서드를 호출할 때마다 모델을 이전 상태에서 한 번 갱신한다.

또한 내가 진짜 이미지와 가짜 이미지를 별도로 갱신하고 있다는 점에도 주목하라. 이것은 내가 이전에 이번 장 앞 부분에 있던 '생성기 아키텍처' 단원에서 언급했던 GAN 기법을 담은 깃에 담아 둔 조언이다. 특히 훈련 초기 단계에서 진짜 이미지와 가짜 이미지가 근본적으로 다른 배포판에서 나온 경우, 두 데이터셋을 같은 갱신에 쓰도록 두면 훈련 시 배치 정규화에 문제가 생길 것이다.

판별기가 갱신되었으므로 이제 생성기를 갱신해야 한다. 이 작업은 다음 코드와 같이 결합된 스택을 갱신해 간접적으로 수행된다.

```
noise = np.random.normal(0, 1, (batch_size, 100))
g_loss = combined.train_on_batch(noise, np.ones((batch_size, 1)))
```

결합된 모델을 갱신하기 위해 우리는 새 잡음 행렬을 만드는데, 이번에는 잡음이 전체 배치만큼 클 것이다. 이를 스택에 대한 입력으로 사용하면 생성기가 이미지를 생성하고 판별기가 해당 이미지를 평가하게 된다. 마지막으로 우리가 진짜 이미지와 생성된 이미지 사이에 오차를 역전파하기를 바라므로 1을 레이블로 사용할 것이다.

마지막으로, 훈련 루프는 epoch/batch에서 판별기와 생성기의 손실을 보고하고, 다음에 나오는 코드와 같이 모든 에포크의 매 50개 배치마다 save_imgs를 사용해 사례 이미지를 생성하고 디스크에 저장한다.

```python
print("Epoch %d Batch %d/%d [D loss: %f, acc.: %.2f%%] [G loss: %f]" %
                (epoch,batch, num_batches, d_loss[0], 100 * d_loss[1], g_loss))
if batch % 50 == 0:
    save_imgs(generator, epoch, batch)
```

save_imgs 함수가 우리가 진행하는 만큼 생성기를 사용해 이미지를 생성해 내므로, 우리는 애써 노력한 성과를 볼 수 있게 된다. 우리는 다음 코드를 사용해 save_imgs를 정의할 것이다.

```python
def save_imgs(generator, epoch, batch):
    r, c = 5, 5
    noise = np.random.normal(0, 1, (r * c, 100))
    gen_imgs = generator.predict(noise)
    gen_imgs = 0.5 * gen_imgs + 0.5

    fig, axs = plt.subplots(r, c)
    cnt = 0
    for i in range(r):
        for j in range(c):
            axs[i, j].imshow(gen_imgs[cnt, :, :, 0], cmap='gray')
            axs[i, j].axis('off')
            cnt += 1
    fig.savefig("images/mnist_%d_%d.png" % (epoch, batch))
    plt.close()
```

이 함수는 보답으로 잡음 행렬을 생성하고 이미지 행렬을 검색하는 식으로 생성기만 사용한다. 그런 다음 matplotlib.pyplot을 사용해 이러한 이미지를 5×5 격자 꼴로 디스크에 저장한다.

모델 평가

이미지를 생성하기 위해 심층 신경망을 구축할 때 좋은 것은 다소 주관적이다. 훈련 과정의 몇 가지 사례를 살펴보면 GAN이 MNIST를 생성하기 위해 학습을 시작하는 방법을 직접 확인할 수 있다.

아주 초기 에포크일 때 아주 초기인 배치에서 신경망은 다음과 같다. 확실히 이 시점에서 생성기는 MNIST 생성에 대해서는 전혀 아는 바가 없어서 다음 그림과 같이 잡음밖에 생성하지 않는다.

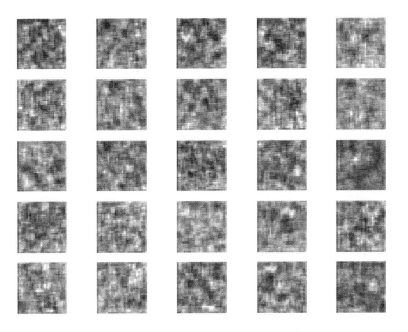

하지만 다음 그림들에서 볼 수 있듯이 50개의 배치만 들어가도 무엇인가 일이 벌어진다.

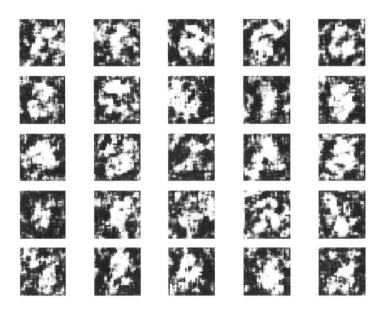

그리고 에포크 0의 200개 배치를 처리하고 나면 다음 그림에서 보듯이 숫자에 거의 가까워진 것을 볼 수 있다.

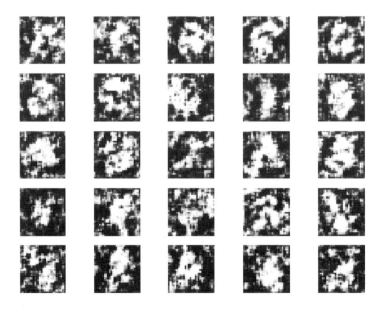

한 에포크를 다 거쳐서 생성해 낸 그림은 다음과 같다. 이렇게 생성된 숫자들이 꽤 괜찮은 편인데, 나는 판별기가 왜 속아 넘어갔는지를 알 수 있을 것 같다. 이 시점에서도 약간 더 개선할 수 있을 것 같기는 하지만, 컴퓨터가 다음 이미지와 같이 상당히 설득력 있는 MNIST 숫자를 생성하는 것을 보면, GAN이 제대로 작동한 것으로 보이다.

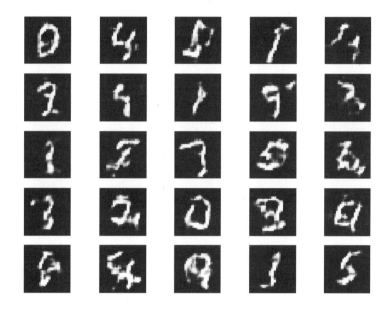

대부분의 코드는 동일하지만, 이번 장을 마치기 전에 컬러 이미지를 사용하는 예제를 하나 더 살펴보자.

케라스 GAN을 사용해 CIFAR-10 이미지를 생성하기

나는 신경망 아키텍처를 거의 변경하지 않은 상태에서 컬러 이미지를 사용하는 예제를 제시할 뿐 아니라 깃에도 해당 예제를 실어 둠으로써, 여러분이 GAN으로 자신이 소유한 데이터를 처리하려고 할 때 그 일에 착수할 기반을 마련해 주는 게 좋겠다고 생각했다.

CIFAR-10은 유명한 데이터셋인데, $32 \times 32 \times 3$ 모양으로 된 RGB 컬러 영상 6만 개가 10개 범주에 걸쳐 분포하게 구성되어 있다. 그 범주들은 비행기, 자동차, 새, 고양이, 사슴, 개, 개구리, 말, 배, 트럭이다. 바라건대, 여러분이 나중에 생성된 이미지를 볼 때, 상상할 수 있었던 것을 볼 수 있기를 바란다.

CIFAR-10을 적재하기

케라스가 CIFAR-10에 대한 적재기(loader)도 제공하므로 데이터셋을 적재하는 방법은 다음 코드에서 보듯이 이전과 똑같다.

```
from keras.datasets import cifar10
def load_data():
    (X_train, y_train), (X_test, y_test) = cifar10.load_data()
    X_train = (X_train.astype(np.float32) - 127.5) / 127.5
    return X_train
```

생성기를 구축하기

생성기는 $32 \times 32 \times 3$ 크기로 된 이미지를 생성해야 한다. 이를 위해서는 다음과 같이 신경망 아키텍처에 대한 두 가지 작은 변화가 필요하다.

```
input = Input (noise_shape)
x = Dense (128 * 8 * 8, activation="relu") (input)
x = Reshape((8, 8, 128)) (x)
x = BatchNormalization (momentum=0.8) (x)
x = UpSampling2D () (x)
x = Conv2D (128, kernel_size=3, padding="same") (x)
x = Activation("relu") (x)
x = BatchNormalization (momentum=0.8) (x)
x = UpSampling2D () (x)
x = Conv2D (64, kernel_size=3, padding="same") (x)
x = Activation("relu") (x)
x = BatchNormalization (momentum=0.8) (x)
x = Conv2D (3, kernel_size=3, padding="same") (x)
out = Activation("tanh") (x)
model = Model(input, out)
```

32로 끝나야 하고 두 번에 걸쳐 상향 표본추출을 해야 하므로 8로 시작해야 한다. 조밀 계층을 변경하면 이 일을 쉽게 수행할 수 있으며, 각 계층의 꼴이 $128 \times 7 \times 7$에서 $128 \times 8 \times 8$로 바뀐다.[8]

우리의 이미지가 이제는 3개 채널을 포함하고 있으므로, 마지막 합성곱 계층에는 1개 채널이 아닌 3개 채널이 있어야 한다. 이게 전부다. 이제 우리는 컬러 이미지를 생성할 수 있다!

판별기 구축

판별기는 거의 완벽할 정도로 변하지 않는다. 입력 계층은 $28 \times 28 \times 1$에서 $32 \times 32 \times 3$으로 바뀌어야 한다. 계층에서 ZeroPadding2D 없이도 산술이 되므로 별 문제 없이 ZeroPadding2D를 제거할 수 있다.

훈련 루프

다음 코드와 같이 CIFAR-10에 들어 있는 이미지의 크기에 해당하는 새 차원이 필요한 판별기 빌드를 호출하는 일을 제외하면 훈련 루프는 변경되지 않은 상태로 유지된다.

```
discriminator = build_discriminator(img_shape=(32, 32, 3))
```

 한 가지 데이터셋에서 그 밖의 데이터셋으로 이동할 때 학습 속도나 신경망 아키텍처를 조정해야 하는 경우가 가끔 있는데, 다행히 이번 예제에서는 그럴 일이 없다.

모델을 평가하기

CIFAR-10 데이터셋은 확실히 더 복잡하며 신경망에는 훨씬 더 많은 파라미터가 있다. 그렇기 때문에 시간이 더 걸릴 것이다. 에포크 0, 배치 300일 때 보일 법한 이미지는 다음과 같다.

---

8 (옮긴이) 일단 원문 그대로 번역하기는 했는데, 128×8×80에서 8×8×128로 바뀌고 있음을 두 번째 줄과 세 번째 줄에서 알 수 있다.

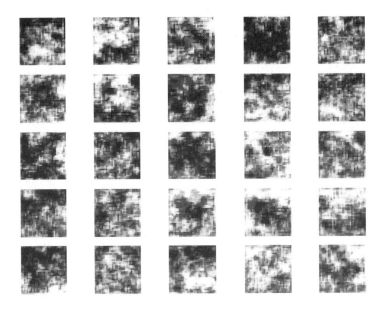

윤곽선이 보이는 것 같기는 하는데, 실제로는 무엇인지 알아보기 어렵다. 하지만 우리가 몇 에포크를 기다린다면, 우리는 분명히 흐릿한 다람쥐와 이상한 물고기를 보게 될 것이다. 다음 그림에서 볼 수 있듯이 무언가의 모양이 나타나는 것을 볼 수 있지만 여전히 감이 잡히지 않는다.

다음 그림들은 12 에포크 이후의 생성기를 보여준다.

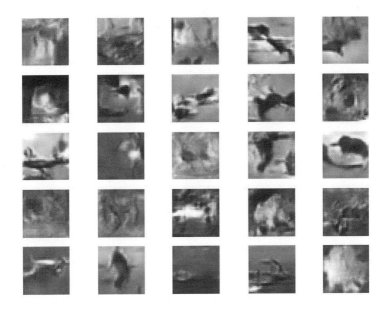

해상도가 아주 낮은 새나 물고기 그리고 어쩌면 비행기나 트럭 같은 게 보인다. 물론 앞으로
도 더 전진해야 하겠지만, 우리가 만든 신경망이 이미지를 만드는 법을 학습하게 되었는데,
꽤나 흥미롭다.

요약

이번 장에서는 GAN을 살펴보았고 GAN이 새로운 이미지를 생성하는 데 어떻게 사용될 수 있는지도 알아보았다. 우리는 GAN을 잘 만들기 위한 몇 가지 규칙을 배웠고 MNIST와 CIFAR-10 이미지를 시뮬레이션하는 방법도 배웠다. GAN이 만든 놀라운 그림들을 뉴스를 통해 본 적이 있을 것이다. 이번 장을 읽고 이번 장에 나온 예제들로 작업해 보았다면 여러분도 동일한 일을 할 수 있는 도구를 지닌 셈이 된다. 이러한 관점을 받아들이고 적용하기 바란다. 남은 제약점이라고는 상상력과 데이터 그리고 GPU와 돈이 전부다.

이 책에서는 간단한 회귀 분석에서 생성적 적대 신경망에 이르기까지 많은 딥러닝 응용 사례를 다루었다. 실무를 담당하고 있는 데이터 과학자나 머신러닝 기술자가 손을 뻗치기 힘든, 학계 및 연구 분야에 존재해 왔던 딥러닝 기술을 실제로 활용하는 데 이 책이 큰 보탬이 되기를 진심으로 바라고 있다. 또한 더 나은 심층 신경망을 구축하는 방법과 더 전통적인 모델에 대비되는 심층 신경망을 사용해야 할 시기에 관한 정보도 이 책이 제시했기를 바란다. 나를 따라 이 13개 장을 거쳐오며 이 책을 읽어 준 점에 고마운 마음을 전한다.

> *"우리 모두는 누구도 선생이 되지 않는 공방에 속한 견습생이다."*
>
> – 어니스트 헤밍웨이